本书出版得到
中国社会科学院出版基金资助

中国田野考古报告集

考 古 学 专 刊

丁种第七十号

西汉礼制建筑遗址

中国社会科学院考古研究所　编著

文 物 出 版 社

北京·2003

内 容 简 介

　　本书收入1958～1960年在西安西北郊（汉长安城南郊）发掘的十四座西汉礼制建筑遗址的全部资料，同时收入1956～1957年在同一地区发掘的大土门遗址资料。内容分为十章：第一章绪言；第二章建筑遗址群综述；第三章第三号遗址；第四章第一号、第二号、第四号至第十一号遗址；第五章第十二号遗址；第六章第十三号遗址；第七章第十四号遗址；第八章出土的砖、瓦、瓦当；第九章大土门遗址；第十章结语。

　　这批西汉礼制建筑遗址为古代中国所特有，对中国东汉魏晋以后各代的礼制建筑有重大而深远的影响；对中国古建筑学，尤其是中国传统的礼制建筑制度的研究，都有重要意义。对广大的文物考古工作者及古代史研究者都有重要的参考价值。

THE WESTERN HAN RITUAL ARCHITECTURAL COMPOUND SITES

(WITH AN ENGLISH ABSTRACT)

The Institute of Archaeology
Chinese Academy of Social Sciences

The Cultural Relics Publishing House
Beijing · 2003

专家推荐意见

中国社会科学院考古研究所编著的《西汉礼制建筑遗址》，全面、详细、准确地报道了1958～1960年在西安汉长安城南郊发掘的14座规模宏大、保存良好的礼制建筑物遗址的发掘成果。这些遗址属于文献记载中所见的圜丘、明堂、辟雍、太学、灵台、社稷坛和王莽九庙等建筑物中的一部分，是公元前2世纪至1世纪前后的西汉和新莽时期的国宝级建筑物的遗址。这些礼制建筑物为中国古代所特有，其对中国后世各代的礼制建筑物有重大而深远的影响。

报告书在文字上的叙述详细、清楚，论证确切、周到，并有比较丰富的插图和图版。报告书的出版将为中国汉代考古学的研究提供重要的新资料，而且将为中国古建筑学，尤其是为具有长久历史的中国传统的礼制建筑制度的研究提供全新的、可靠的资料。

——中国社会科学院考古研究所研究员　王仲殊

《西汉礼制建筑遗址》是一本具有重要学术价值的考古学专著。它收录了考古研究所于1958—1960年间在汉长安城南郊发掘的十四座礼制建筑的全部材料，除对它们作了客观报道外，还结合文献，对它们的年代、原来的名称等逐一做了考证。书中还配有大量插图与照片，使文献所记的西汉礼制建筑，因发掘与研究而重现于世人的面前。这是目前国内第一本有关礼制建筑的发掘报告。

黄展岳同志参予了遗址的发掘，并长期从事汉代考古的研究，对历史文献有很深的功底。它的发表，对汉代乃至先秦时期的礼仪制度及反映的思想意识的研究具有重要的意义。

此书编排合理，考证精当，论据与事实谐和一致，文字表述准确清楚，是一部高质量的考古学专著，特予推荐。

——中国社会科学院考古研究所研究员　殷玮璋

学术委员会评审意见

该书为目前国内第一本有关礼制建筑的发掘报告。该书的出版，将为中国古代礼制建筑制度深入研究及汉代考古学研究提供重要新资料。该项成果著作权不存在争议。

中国社会科学院考古研究所
学术委员会主任　刘庆柱

目　　录

插表目录

插图目录

图版目录

167. F12 中心建筑东堂 66 号础石（上有朱书"张君卿伯"等字，由南向北）

168. F12 中心建筑北堂出土的刻字残土坯

169. F12 中心建筑南堂被烧焦的地基夯土

170. F12 中心建筑南堂地面下的土坯地基（由西向东）

171. F12 中心建筑南堂地面下的构造（由东南向西北）

172. F12 中心建筑南堂 34 号壁柱至 107 号础石之间的地面下构造（由西南向东北）

173. F12 中心建筑南堂东部地面出土情形（由西向东）

174. F12 中心建筑北堂厢房东半部（由北向南）

175. F12 中心建筑北堂厢房西半部（由北向南）

176. F12 中心建筑北堂厢房东墙（由东向西）

177. F12 中心建筑东堂厢房 82 号础石之上础石（由南向北）

178. F12 中心建筑北堂厢房 73 号上础石（由东向西）

179. F12 中心建筑北堂厢房 74 号上础石（由东向西）

180. F12 中心建筑北堂厢房中部的地基（由西北向东南）

181. F12 中心建筑北堂厢房地面下构造（由西向东）

182. F12 中心建筑东堂厢房墙基（由西北向东南）

183. F12 中心建筑南堂隔墙（由西南向东北）

184. F12 中心建筑南堂 84 号础石及前台（由西向东）

185. F12 中心建筑北堂出土的石礅

186. F12 中心建筑东堂 54 号础石（由西北向东南）

187. 发掘前的"影山楼"（第十三号遗址）全景（由西南向东北）

188. 发掘前的"影山楼"（第十三号遗址）西面断崖（由西向东）

189. 第十三号遗址（F13）开工发掘（由北向南）

190. 第十三号遗址（F13）发掘探方全景（由东向西）

191. 与民工讨论发掘事项（由南向北）

192. F13 台基（主殿）14 号、13 号、12 号、11 号柱槽（由南向北）

193. 裸露在断崖上的 F13 台基（主殿）南壁（由东北向西南）

194. F13 台基（主殿）南壁上的 14 号柱槽（由东向西）

195. F13－2 房内西南隅之并立柱槽（由东北向西南）

196. F13－1、F13－2 出土情形（由南向北）

197. F13－1、F13－2 房前之廊道（由东向西）

198. F13 台基（主殿）上的砖阶（由北向南）

199. F13－8 和井 3、井 4（由东向西）

200. F13，井 10、井 11、井 12 和 30 号础石（由北向南）

201. F13，第五排水管道和井 8、井 9（由北向南）

237. Ⅰ式陶盆 F13H2②:2

238. Ⅰ式陶盆 T1308③:2

239. 戳印"共器"的陶盆片 F13H2②:24

240. Ⅰ式陶权 T1343②:1

241. 陶丸 F13H2②:27

242. 陶鼓风管 F13H2②:9

243. 陶拍 T1309③:9

244. 铁锸 T1339③:1

245. 铁锄 T1307③:4

246. 铁铲 T1309③:5

247. 铁斧 T1306②:2

248. 铁锛 F13H2②:20

249. 铁器柄 F13H2②:11

250. 铁凿 F13H2②:12

251. 铁凿 T1308③:13

252. 铁削 T1307③:3

253. 铁锥 T1310③:8

254. 铁码钉 F13 井 7:2

255. 铁钩 T1310③:3

256. 铁钩 F13H2②:33

257. 铁钩 F13H2②:34

258. 铁钩 F13 井 7:1

259. 铁鼎 T1310③:1

260. 铁鼎 T1310③:2

261. 铁灯 F13H2②:13

262. 圆形铁钉 F13H4②:2

263. 铁栏条 F13H2②:21

264. 铁剑 F13H2②:19

265. 铁镞 F13H2②:18、F13 采:4、T1341②:1、F13 采:3

266. 铜容器残片 F13H2 出土

267. 铜容器残片 F13H2 出土

268. 刻有"阳朔元年"等铭文的铜铞残片 F13H2②:16

269. "千金·氏"铜键 F13H2②:10

270. 残铜镜 F13H3①:17

271. 铜印 F13H3②:2

307. B 型延年半当 F13 井 6：2

308. C 型延年半当 T1339③：2

309. D 型延年半当 T1306③：5

310. D 型延年重文瓦当 T1345③：4

311. A 型Ⅰ式延年益寿瓦当 T1308③：3

312. A 型Ⅱ式延年益寿瓦当 F13H2：38

313. A 型Ⅲ式延年益寿瓦当 T1329③：1

314. A 型Ⅳ式延年益寿瓦当 F13L1：2

315. B 型延年益寿瓦当 T1306③：6

316. C 型延年益寿瓦当 T1341③：2

317. C 型延年益寿瓦当 T1311③：2

318. 长生未央瓦当 T1302③：9

319. 长乐未央瓦当 T1301③：2

320. 长乐未央瓦当 T1301③：3

321. 长生无极瓦当 F1201：1

322. A 型与天无极瓦当 F13－5：2

323. B 型与天无极瓦当 F13－5：3

324. C 型与天无极瓦当 T1342②：5

325. A 型千秋万岁瓦当 F7 东门采：1

326. B 型Ⅰ式千秋万岁瓦当 F13－5：4

327. B 型Ⅱ式千秋万岁瓦当 T1345③：7

328. 汉并天下瓦当 T1302③：5

329. A 型上林半当 F4 围墙东南角：1

330. B 型上林半当 T1306③：7

331. C 型上林半当 T1339③：4

332. A 型上林瓦当 T1302③：3

333. B 型上林瓦当 T1346②：1

334. C 型Ⅰ式上林瓦当 F3 西门：11，附 B 型筒瓦

335. C 型Ⅰ式上林瓦当 F3 西门：12

336. C 型Ⅱ式上林瓦当 F12 采：4

337. C 型Ⅱ式上林瓦当 F12 采：5

338. 素面半当 T1314③：3

339. A 型云山纹瓦当 F13 采：1

340. B 型云山纹瓦当 T1342③：3

341. B 型云山纹瓦当 T1342③：4，附 A 型筒瓦

第一章 绪 言

第一节 勘查发掘始末

西汉皇家礼制建筑，主要集中在长安都城南郊。据《汉书》、《水经注》等史籍的记载，这里分布有圜丘、明堂、辟雍、太学、灵台、王莽九庙、西汉初年的社稷坛和王莽新增的社稷坛等建筑，此外还有文帝的顾成庙、武帝卫后的思后园、戾夫人史良娣的戾后园和宣帝之父史皇孙的奉明园，等等。但这批西汉礼制建筑的确切位置，过去很少有人知道，也没有人写出这方面的考证文章。50年代初期，在西安老城的西北部，今大庆路、枣园路和汉城北路交汇处一带，兴起大规模的土木建筑工程，遗址不断遭到破坏，引起当地文物主管部门的注意。大约从1955年开始，陕西省文物管理委员会（以下简称"陕西省文管会"）就在这一带配合基建做些抢救性的清理工作。当时没有"文物保护法"，他们只能跟在建设工程的后面，努力捡寻被破坏的残存文物。在捡寻过程中，偶然发现多处成片的烧土瓦砾，又有石子路和夯土墙。凭既有的工作经验和文物知识，认为这里有大片的汉代建筑遗址，但因人力物力有限，无法主动开展工作。1956年7月，大土门村北边的一座大型建筑遗址（后来被认定为西汉辟雍遗址）正遭到某基建部门的野蛮破坏，遗址上部的文化层和部分遗迹已被摧毁三分之二，原在这一带尾随基建后面捡寻文物的同志火速报告陕西省文管会，省文管会即派所属文物清理队的唐金裕、李涤陈、卫大信等同志前去抢救发掘。鉴于这一带汉代遗址众多，又派雒忠如、郭士元、张瑞荃、张子波等同志带领多名民工在这一带开展大规模的钻探。当时已有部分遗址遭到不同程度的破坏，钻探工作比较顺利，至同年底，已探出九座建筑遗址的围墙轮廓。由于西安考古任务繁重，又值中国科学院考古研究所（以下简称为"考古研究所"）在西安和平门外成立西安研究室，经有关方面协调，把这片遗址的发掘任务交由考古研究所负责，原陕西省文物清理队的同志也调入西安研究室。

考古研究所接管汉城南郊工地任务后，大土门遗址的发掘工作仍由唐金裕负责，发掘工作至1957年10月结束。此后，工作人员撤回西安研究室搞反右整风，基建施工破坏文物无人过问。直到1958年9月底，考古研究所的领导才在所属洛阳工作站的整风运动结束会上宣布派黄展岳为汉城南郊发掘队队长。黄受命后立即从洛阳赶到西安，会同原在西安的唐金裕、张建民、姜立山、施楚宝、郑文兰组成发掘队赶到工地。厂方安排我们住在被他们迁出的原阎庄小学教室里。这里没有电灯，没有自来水，生活工作都不方便。工地机声轰鸣，地面坑洼成片，建筑材料随处堆积，部分遗址已裸露地面。这里到底有多少基建单位在施工动土，当时保密性很高，不允许局外人闻问，至今仍不甚了了。我们只知道进住的施工单位叫冶金机械厂。厂址建在阎庄枣园一带，范围很大，这时村民已外迁，厂方工程已全面铺开，建厂房、铺铁路，对遗址构成极大威胁。受当时错误思想的影响，基建部门急功近利，只顾眼前利益，不惜以牺牲文物为代价。我们多次向厂方陈述遗址的重要性，恳切要求宽延时日，遭到厂方拒绝，他们反要我们尽快为基建让路，说民工、食宿可以帮助解决，施工期限不能延缓。我们向陕西省、西安市文管部门呼吁，他们对我们的处境表示同情，因问题棘手难办，表示无能为力，爱莫能助。在这种极端困难的条件下，我们只能采取重点发掘、局部揭露、普遍钻探相结合的办法。

位于阎庄村的建筑遗址（第三号），保存较好，受威胁较大，经与厂方再三交涉，决定全面发掘。每天由厂方派 20～30 名民工协助。这时发掘队的成员又增加徐家国、魏遂志、高立勋、郑甦民等多人。我们兵分两路，一半人力投放在第三号遗址上，另一半人力分头负责厂区内的普遍钻探和局部发掘。大约经过半年时间（1958 年 10 月～1959 年 5 月），我们基本上掌握了在厂区内共有十一座遗址及其分布情况，依自北而南、自东向西的惯例，统一编列为第一号至第十一号遗址。

为了扩大影响，企望得到各界对这组建筑遗址的关心和重视，1959 年 6 月 20 日，我们通过新华社向国内外播发这项发掘消息，并先后在中国科学院《科学报》（1959 年 6 月 10 日）、《光明日报》（1959 年 8 月 15 日）、上海《文汇报》（1959 年 8 月 18 日）作了报道，郑重宣布这组建筑可能是"王莽九庙"，呼吁对其中的重点建筑遗址给予永久性保护。遗憾的是，我们的宣传苦心，未能得到厂方和有关领导部门的重视，报道发表后数天，伸入厂区的铁轨就沉重地压在第三号遗址中心建筑的上面，野蛮地捣毁了它，使它永无翻身之日。

当冶金机械厂厂区内的王莽九庙遗址进入发掘收尾阶段的时候，我们决定对分布在汉长安城南郊的礼制建筑遗址进行全面勘查。首先复查前面提到的大土门遗址和被圈入一一三厂的两座遗址。

大土门遗址位于汉长安城安门南出沿线东侧，西与王莽九庙相望。这座遗址的整体布局与王莽九庙的整体布局大体相似，但中心建筑更为复杂，保存也较好，外围墙的四周还有一条平面圆形的圜水沟，向北注入昆明故渠。遗址的所在方位及其"四面周水，圜如璧"的建制，与《水经注·渭水》和《三辅黄图》所载的西汉辟雍完全符合。汉以后的历代辟雍无不承袭其遗制。这座千载难逢的重要建筑遗址理应受到永久性保护。可是当我们前去复查时，遗址中心建筑已荡然无存。我们只能以悲痛的心情，把遗址方位补入汉长安城南郊礼制建筑遗址的总平面图中而悻悻离去。

被圈入一一三厂（对外叫庆安机械厂）内的两座遗址，1956 年陕西省文管会调查时曾发现，分别编号为 D6F5、D6F2。我们复查时，遭到很大阻力。一一三厂领导借口工厂保密，拒绝我们进入复查。几经交涉，才允许我们从旁门进出。在复查 D6F5 遗址时，我们发现这座遗址的中心建筑特别巨大，位置又恰在上述十一座遗址的南边中间。据《汉书·王莽传》记载，认定这座遗址应是王莽九庙中的太初祖庙。经报请所领导批准，进行发掘，依顺序编为第十二号建筑遗址。

在复查 D6F2 期间，我们发现在它的东边还有一座俗称"影山楼"的大台基遗址，当时正在受到破坏。经了解，获知——三厂准备在"影山楼"遗址上修建两座宿舍楼。厂方从兴平县雇来数十名民工在台基上取土，显然要把台基夷为平地。我们制止无效，即向西安市文化局告急声援。随后经过多次的抗争，才迫使厂方停止破坏活动，同意提供最基本的发掘经费，让我们进入厂区发掘。于是，我们重新组建发掘队，仍由黄展岳任队长，从 1960 年 2 月 5 日开始发掘，至同年 12 月底收工。依顺序编列影山楼为第十三号遗址，D6F2 为第十四号遗址。根据出土遗物，结合文献记载，初步考订第十三号遗址似为汉初利用秦旧址修建的社稷坛，第十四号遗址似为王莽新增的社稷坛。

汉长安城南郊礼制建筑遗址，从 1958 年 10 月开始发掘，至 1960 年 12 月底结束，历时二年有余。先后参加勘查发掘的同志很多，变动很大。根据当时的不完整记录及事后回忆，参加 1958、1959 年勘查发掘的有黄展岳、唐金裕、姜立山、张建民、徐家国、魏遂志、施楚宝、郑文兰、郑甦民、高立勋、杨国忠、梁星彭、张连喜、易漫白、汪遵国、潘其风、王明哲、孙善德等。参加 1960 年勘查发掘的有黄展岳、姜立山、高立勋、潘其风、张长庆、时桂山、陈国英、高兴汉、安德厚、余万民等。在勘查发掘期间及其后不久，因机构裁员、下放劳动等原因，多数同志离队他去，或被调往外地、外单位。时至今日，当年参加勘查发掘的同志都已退休，有的已经作古，健在的同志也多缺乏联系或无法取得联系。抚今追昔，不禁感慨系之。

第二节　资料整理编写

本报告收入 1958 年 10 月至 1960 年 12 月在西安西北部（汉长安城南郊）发掘的十四座西汉礼制建筑遗址的全部资料。

在发掘期间，资料整理便随着发掘工作的进程而逐步展开。比较集中的整理是在 1959 年夏季，由黄展岳、张建民、姜立山利用工休时间，共同审定文字记录，校核修订各遗址的绘图，并对出土数量最多的砖、瓦、瓦当进行了初步分式。

1960 年腊冬，田野发掘甫告结束，值机构精简、人员下放、退职等事故，张建民调往外单位，姜立山退职回家，其他同志也多先后离队，整理编写任务由黄展岳承担。至 1963 年年底，本报告的资料报道文稿大部分写出，绘图、照相基本完成。但自 1964 年 1 月起，因黄展岳连续三次参加四清运动，接着是"文化大革命"，随后又调任编辑工作，直到 1998 年才重新整理编写。这次重新整理，文字稿全部改写，插图、图版基本上采用过去的原图、原照片，补照、补绘的只占一小部分。

由于发掘工作大部分是在配合工程建设中进行的，事先对这里的遗址分布不了解，探方号、遗址编号未能预先统一安排，及至遗址分布基本清楚以后，才重新调整遗址编号，例如北边四座遗址，从东到西，原编阎庄东区遗址、阎庄中区遗址、阎庄西区遗址、枣园区遗址，调整后改编为第一号遗址、第二号遗址、第三号遗址、第四号遗址，省称 F1、F2、F3、F4。遗址编号变动后，遗址中心建筑中的四堂和探方号也相应作了调整。以调整后的第三号遗址为例：

中心建筑东堂编为 F301，南堂编为 F302，西堂编为 F303，北堂编为 F304。

原探方号 T1、……T11……调整为 T301、……T311……，余类推。

围墙上的四门和十三号遗址中的多种遗迹，一律在原编号前冠以所在遗址号。例如：

第三号遗址西门，省称 F3 西门。

第十三号遗址 7 号井，省称 F13 井 7。

第十三号遗址土坑 1，省称 F13H1。余类推。

第二章　第一号至第十二号
遗址综述

第一节　地理环境和地层堆积

第一号至第十二号遗址分布在汉长安城南城墙以南 1 公里外，适处安门以南沿线西侧，西安门以南沿线东侧一带。这里地势平坦开阔，古来为关中沃野之地。秦始皇建渭南上林苑，营朝宫于苑内，度此地应处秦上林苑东南缘。西汉建都长安后，这里属汉上林苑。西汉王朝陆续在这里修建一批仪礼性建筑，到西汉末年达到极盛。据我们考查，这组建筑修建于王莽在位期间，应是《汉书·王莽传》所载的王莽九庙。王莽末年，这组建筑随同汉长安城内的宫殿一起付之一炬。东汉迁都洛阳后，这里一片萧条，未再利用。东汉末建安年间，十六国的后赵、前秦、后秦和北朝的西魏、北周曾相继利用汉长安城为都，但对南郊未再经营。隋唐建都期间，这里属唐禁苑。大约从唐高宗以后，禁苑废弛，开始出现居民聚落和耕地墓地。唐末以后，直到 20 世纪 40 年代，历时 1000 多年少有改变。50 年代初期，在遗址范围内及其附近分布有大土门村、任家口、二府庄、郭家庄、阁庄、枣园、杨家围墙、金家堡、三民村、曹家堡等十多个村落。土地上种植小麦、谷子、苜蓿、棉花等旱地作物，地面上的近现代墓葬数以千计。（图一）

这里的地层堆积简单，实地踏查即可发现，第一号至第十二号遗址的中心建筑大多呈圆弧形隆起，稍稍高出周围地面，一般只要挖掉现代耕土层就可以见到中心建筑的部分中心夯土台，再挖掉几十厘米厚的东汉以后堆积层，整个中心建筑便显现出来了。在兴建这组建筑群以前，这里没有发现早于这组建筑的遗迹或遗物。我们仅在第四号遗址的围墙东南拐角处发现过一座婴儿瓦棺葬，年代约为西汉中期（详见第四章附录）。这组建筑群被焚烧以后，这里再没有发现大型的皇家建筑。大约从东汉以后，这里便逐渐变成了聚落、耕地与墓地。在我们发掘以前，施工单位已损毁很多古墓葬，其中以唐墓为多，古墓中的部分遗物被陕西省文管会收集，移存于原陕西省博物馆（今碑林博物馆）库房中。我们在碑林库房内曾见到出自汉城南郊数十座汉唐墓出土物。从遗物看，东汉墓多属东汉中晚期，唐墓大多属盛唐以后，也有少数属盛唐以前，其中年代较早的有永徽四年（653）苏兴墓志、乾封二年（667）桓表墓志、上元三年（676）费智海墓志、长寿二年（693）王感墓志、开元十八年（730）

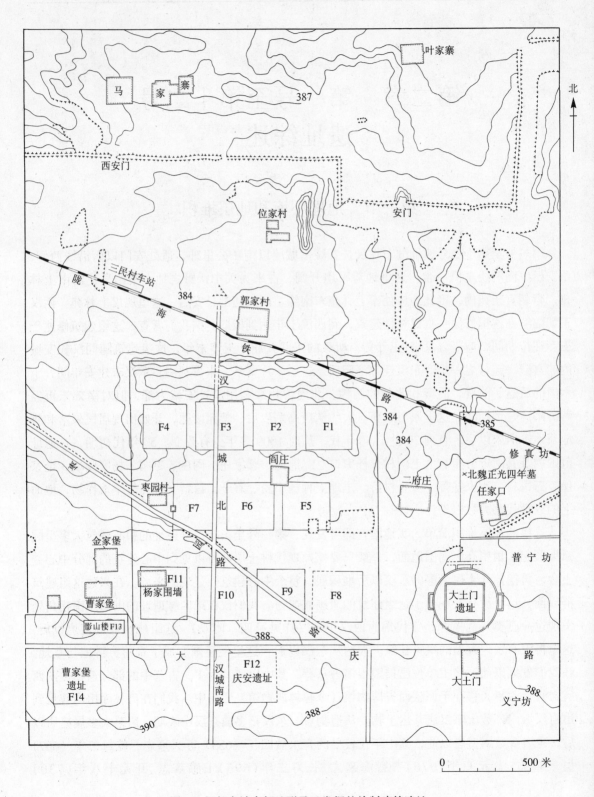

图一　汉长安城南郊地形及已发掘的礼制建筑遗址

梁保定墓志和宫人墓志多合。①

　　到了近现代，这组建筑遗址遭到更大的破坏。30 年代，国民党军队在第十二号遗址中心建筑处挖战壕，中心建筑已部分暴露在地面上；杨家围墙村的民房局部破坏了第十一号遗址的中心建筑；西安面粉厂局部破坏了第八号遗址的中心建筑和围墙；冶金机械厂在这里建厂后，第二号、第六号等多座遗址又遭到不同程度的破坏。属于开沟筑渠、修房造墓等一般性的破坏就更多了。出土现状表明，这组建筑群被焚烧后，废墟中的遗迹遗物就遭到扰动，础石、方砖、金属构件等被扰动尤为严重，因搬走础石、方砖、金属构件，遗址内部结构也遭到严重的破坏。覆盖在废墟上的后代堆积，土质杂乱，夹杂遗址废弃时的大量红烧土、土坯块和砖瓦建筑材料，还有汉五铢、王莽钱、唐宋明清等后代的铜钱和陶瓷片。在发掘范围内，我们发现的后代扰坑不下数十个，后代的人行道路十多条，还有一些汉墓和唐墓。由于施工单位催迫，不允许宽延发掘期限，我们只在遗址内顺便发掘四座汉墓和唐墓（详见第三章、第四章附录），估计尚有部分汉唐墓仍埋藏地下。

第二节　十二座遗址的布局

　　这十二座建筑遗址，适处于汉长安城安门与西安门南出 1 公里外的平行线内，平面都是呈"回"字形的建筑。第一号至第十一号建筑分三排平列，北排、南排各四座，方位南北相对；中排三座，交错于北排南排之间。由北排东起顺序编号：北排由东向西分别编为第一号、第二号、第三号、第四号遗址；中排由东向西分别编为第五号、第六号、第七号遗址；南排由东向西分别编为第八号、第九号、第十号、第十一号遗址。在这十一座遗址的四周，还绕以大围墙；在直对遗址中心建筑的大围墙上都置一座门阙，四面围墙上共有十四座门阙。南边大围墙外的正中，又有一座建筑遗址，其中心建筑比这十一座遗址的约大一倍，我们依次称为第十二号遗址。（图二）

　　对于这组建筑遗址群的平面布局，我们采取调查、发掘和全面钻探相结合的方法进行了解，获知每一座建筑遗址都是由一个中心建筑和一个方形围墙、四个门阙以及围墙内四隅各有一个曲尺形配房组成的。主体建筑位于围墙内正中，故称中心建筑。十二座建筑遗址的平面布局、建筑形式基本相同。中心建筑在围墙内正中，修建前，先在地面上挖出大方坑，填土夯实，再在这夯土基上建造。中心建筑平面呈方形，每边长 55 米左右，四面对称。中央有平面呈"亞"形的高大台基。发掘时，中心建筑的中央台基顶面绝大多数已被削去，现存台基面一般仅高出四周"厅堂"地面 1 米左右，只有第二号遗址中心建筑的中央台基地面仍有部分残存。据此残存，测得台基地面高出四面"厅堂"地面 2 米。复原时，即以"2 米"作为"厅堂"地面低于中央台基地面的通例。依《吕氏春秋·月令》，我们把中间部分称之

　　①　汉长安城南郊土门、枣园一带出土的唐墓志，已部分收入王仁波主编的《隋唐五代墓志汇编·陕西卷》，天津古籍出版社，1991 年。读者可参看。

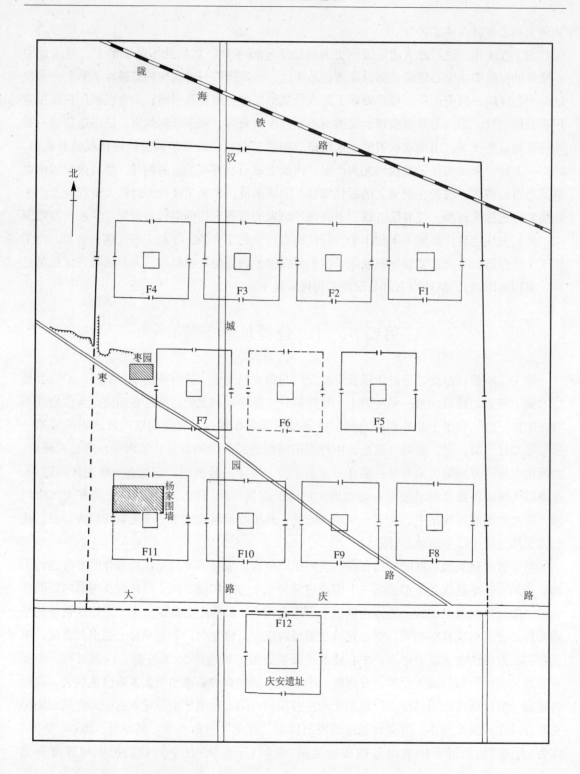

图二　第一号至第十二号礼制建筑遗址分布示意图

为"太室"，四隅凸出部分称为"夹室"。太室的面积恰好占中心建筑面积的一半，即每边长27.5米左右。夹室亦呈方形，每边长7.3米。太室和夹室的原来建筑早已毁没，室内地面大多不存。残存地面以草泥铺墁，表面粉刷朱红色的颜料。

太室的四面各有一个厅堂，内部结构完全相同。厅堂地面低于中央台基地面2米，低于外围台面0.5米。厅堂内并列柱础四排，每排四个。依《月令》，我们把东堂叫青阳，南堂叫明堂，西堂叫总章，北堂叫玄堂；四堂内部的左边（从外向里看，下同）各有一个厢房，右边各有一堵隔墙，是为左个、右个。四堂之间有绕过四夹室的走廊相通。其后壁（即中央台基的周沿）共有壁柱100个，四个厅堂内共有明柱112个。

四堂前面的外围台面上各有三个平面呈方形的夯土台。夯土台每边长2.8米左右，高0.3米。外围台面后沿即四堂的前墙，版筑而成，约高出前台台面0.4米，把四堂和方台隔开。方台的前面各有一小段铺砖的坡道，中间的铺砖坡道正对四门门道。铺砖坡道两侧是河卵石铺砌的散水，环绕在整个中心建筑的外围。

每座中心建筑的四周都有平面呈方形的围墙。围墙夯土筑造，每边长270~280米左右。两座围墙之间的东西距离约54米，南北距离约200米左右。每面围墙的正中各辟一门。门道宽5.4米。围墙四隅置配房，平面呈曲尺形，比较简陋，似为廊屋式建筑。

中心建筑的四门门道内都有大量的建筑材料出土，大都是西汉晚期流行的器形纹样。此外，还有一些带王莽时代标志的遗迹和遗物。例如：第十二号遗址中心建筑石柱础上有朱书"始建国"题记；第三号遗址中心建筑方台石础上有新莽改名"节砀"的地名题记；第二号遗址中心建筑地基内的土坯上有压印的"货布"钱文；在围墙四门遗址上出土苍龙、白虎、朱雀、玄武纹饰的四神纹瓦当，等等。

第十二号遗址的平面布局、建筑形式与上述十一座遗址相仿，但中心建筑每边长约100米，比十一座遗址的中心建筑约大一倍。中心建筑内的四堂构筑形式与上述十一座遗址的四堂也稍有不同。

可以肯定，这十二座建筑确系王莽即位时修建。建成后不久，便全部遭到毁灭性的焚烧，以后再没有利用。

需要说明的是，这组建筑遗址群的发掘是在配合基本建设工程中进行的，由于遗址规模宏大，发掘任务艰巨，而建设工程又十分紧迫，所以我们只能采取重点发掘、局部揭露、普遍钻探相结合的办法。首先发掘的是第三号建筑遗址，投放的工作量最大，上面的综述主要是根据这座遗址的记录。还有，在发掘以前，第八号遗址的中心建筑、第九号遗址的中心建筑、第十号遗址的中心建筑以及它们的部分围墙、门道已被各种厂房和民屋所压覆或破坏，无法钻探。第一号至第十一号遗址的南边大围墙，适当大庆路（原阿房路）横贯其间，绝大部分也不能钻探。我们进入发掘工地时，第六号遗址处已经是厂房成片，推测中心建筑应在车间内，也无法钻探；围墙虽然在厂房外，但地面已被推土机严重碾压，地面一片坑洼。我们仅在车间北边找到一段长约50米的北墙残段，其余三墙皆探寻无着，估计已全部毁没。对于这部分无法钻探的遗迹，只能用虚线标出。这是我们感到遗憾的，特此向读者说明。

第三节 大围墙遗址的勘查发掘

一 探查经过

大围墙遗址是在发掘第三号、第四号遗址期间抽出一部分同志对周围地面进行普查时逐渐被发现的。先后集中钻探两次。第一次钻探在 1959 年 10 月 20 日至同年 11 月 6 日，每日用探工 10 名，普遍钻探，目的是了解大围墙的形制和保存情况。参加探查的有徐家国、王明哲、孙善德、姜立山、施楚宝，汪遵国也参加了一段时间。第二次钻探是在 1960 年 9 月 10 日至同年 12 月 2 日，主要是探查十四门的门址位置，复查第一次钻探时遗留的问题。探查工作由施楚宝、潘其风负责，并测绘大围墙平面图，最后经郭义孚复查审定。

在两次钻探的中间，我们对大围墙西北拐角作了局部发掘。发掘工作由时桂山负责，工作日期是 1960 年 6 月 1 日至同年 7 月 30 日。

二 探查结果

大围墙围绕在第一号至第十一号遗址的四周，夯土筑造。平面近方形，每面围墙的保存情况不尽相同。大体说，北墙、东墙保存较好，全段基本上可以衔接，东北拐角尚存，可以确定；西墙仅存北半段和南段尽端数十米，西北拐角尚存；南墙大部分压在西兰公路（今属枣园路段）下面，毁坏严重，东西两端尽毁没，仅中段间有少许夯土墙基残存。如果把南墙中段向东向西延伸与东墙、西墙各自向南延伸相交，四边围墙的长度是：

　　　　东围墙长 1635 米，南围墙长 1490 米，

　　　　西围墙长 1660 米，北围墙长 1415 米。

围墙四边总长 6200 米。以 417.58 米折合西汉里 1 里计算[①]，约合西汉里 14.85 里。

大围墙全部埋在现代地面下，深 0.6~1.2 米不等。夯土筑成，土色黄，质地坚硬纯净，略带红褐色斑点。夯层清晰，每层厚 8~12 厘米。根据钻探资料以及大围墙西北角的发掘，获知墙基大部分建在黄色生土上，少部分建于黑色生土上。其构筑程序大体是：先在地面上挖出深约 1 米、宽约 5 米的长基槽，再在基槽内填土打夯，等夯筑到地面以后，再用版筑夹棍夯筑墙身，地面墙身亦宽 5 米，向上两侧逐渐减缩。当时的墙身高度已无法究明。根据汉长安城城墙遗址推测，大围墙的墙身高度约 2 米，墙顶宽约 1.8 米。

东围墙　东围墙西距第一号、第五号、第八号遗址的东墙分别约 70 米、240 米、40 米。墙基保存良好，从东北角向南 1500 米基本上可连接，1500 米处以南被大庆路毁没。如果把南端垂直延伸与南围墙残段延伸相交，东围墙全长应是 1635 米。方向 2°（北磁针 0°）。保存较好的墙基，几乎有一半被压在今西安电瓷厂的砖墙下，其中有一小部分已暴露在砖墙墙基

---

① 参见陈梦家：《亩制与里制》，《考古》1966 年第 1 期。

边的地面上。尚埋在现地面下的墙基，南段深 0.9～1.2 米，北段深 0.6～0.9 米，宽 3.5～5 米，厚 0.75～1.5 米。夯土纯净，内带红褐色小斑点，夯打坚硬，层次清晰均匀，每层厚 8～12 厘米。

南围墙　南围墙北距第八、九、十、十一号遗址的南墙约 180 米，紧靠大庆路。全段基本上被大庆路的路基、路边的电缆以及路两侧的工厂砖墙所破坏，能见到的只有一小部分暴露在砖墙边的夯土。东西两端皆残缺。东半段夯土时断时续，尚有遗迹可寻。西段仅存 40 米，位置恰在东段向西延伸线上。如果把残迹连成一直线，再分别与东围墙、西围墙垂直相交，南围墙全长应是 1490 米。

西围墙　西围墙残存北段 730 米，东距第四号遗址西墙约 70 米。这段墙基保存较好，距现地面深 1 米，宽 5 米，厚 0.8～1 米。方向 2°（北磁针为 0°）。南段仅存墙基长 40 米，位置恰在北段南沿线上。如果向南延伸，与南围墙向西延伸线相交，西围墙全长应是 1660 米。

北围墙　北距（垂直距离）汉长安城西安门和安门分别为 1060 米和 850 米；南距第一号至第四号遗址的北围墙约 230 米。北围墙是四面围墙中保存好的一面，西北、东北两墙角尚存。两个墙角之间的纬距 1415 米。墙基一般深 1 米，宽 5 米。方向正东西。

三　大围墙西北角的发掘

大围墙的四个墙角，仅存东北角和西北角。为了具体了解其筑造情况，我们选择西北角做了局部发掘。

大围墙西北角位于三民村车站南 0.5 公里处，南距番号叫五一二厂的西墙北门约 100 米，紧靠三民村桃园。在墙角边缘处开 8×8 米探方 4 方（编号 T21～T24），12×2 米探沟一条（编号 T25）。

（一）地层堆积情况

第 1 层：耕土层。厚 0.2～0.3 米。土色黄。

第 2 层：后代堆积层。厚 0.22～1.1 米。土色褐黄，内含汉代砖瓦和唐宋以后的陶瓷片。有唐墓一座和唐宋水沟一条，开口于此层并打破围墙夯土基。唐墓发现于围墙外拐角以南 3 米处，墙身稍受破坏。土坑墓，墓向偏南，葬具、人骨已朽，出开元通宝钱 2 枚。水沟东西流向，西边打破夯土墙基后拐向西南。沟上宽下窄，上宽 2.4～3.1 米，底宽 0.6～1.2 米，深 1.7 米，圜底，堆积灰黑色土，沟内出土汉代砖瓦陶片（可复原陶盆、陶筒各 1 件，见图三）和唐宋陶瓷片，内有宋元丰通宝钱 1 枚。因发掘面积不大，水沟走向不明。

第 3 层：西北角夯土墙全部露出，墙外地层土色深黄，内含汉代遗物和大围墙夯土碎块，属汉代文化层。

（二）保存情况

大围墙原墙顶已毁，现存台基均呈两个曲折形，即北围墙东来的墙身和西围墙北来的墙身在距离外拐角 18～19 米处均向两边扩宽 2.4 米，在各自延伸 4.5 米（北墙）和 4.9 米（西墙）处再向两边扩宽 0.7 米，各自延伸 14.4 米后相交，构成围墙西北角的外拐角。

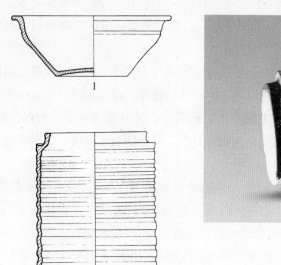

图三　大围墙西北角水沟中出土的陶盆、筒
1. 盆　2、3. 筒（1/6）

　　围墙西北角的筑造也是先在地面挖出基槽，然后在基槽内填土夯打，等夯筑到地面时再向上架版筑墙身。夯层坚硬，层次清晰，每层厚 7～10 厘米。出土时尚存版筑棍眼 2 个，直径均为 20 厘米，相距约 1 米，现存墙身高 1.6 米。（图四）

　　根据遗弃在后代堆积层和唐宋水沟内出土的汉代建筑材料推测，大围墙西北角顶上原来应有建筑物。仅就局部发掘出土的汉代遗物统计，共有 A 型板瓦 135 件，B 型板瓦 30 件，B 型筒瓦 77 件，几何纹残砖 8 块，云纹瓦当 1 件。如果全面发掘，出土汉代遗物当大大超过此数。由于建筑材瓦的大量存在，形式又与围墙内各遗址所出相同，故推定墙顶上原应有角楼之类的建筑。其次，我们注意到发掘中未见火烧土，砖瓦上罕见火烧痕迹，所以，我们又推定这座角楼可能不是毁于火焚，而可能是出于自然的废弃或人为的拆毁。从后代堆积、唐墓、唐宋水沟的发现看，西北角台基废弃后似未再利用。

第四节　大围墙上十四座门址的勘查发掘

一　探查经过

　　十四门遗址是在钻探大围墙的过程中逐渐被发现的，钻探日期和负责人见第三节。钻探结果表明，大围墙上共有十四座门址。其分布情况是：东面围墙上有三座门址，由北而南顺序编为一、二、三号门址；南面围墙压在今大庆路下，无法钻探，估计有四个门址，由东而西顺序编为四、五、六、七号门址；西面围墙上有三座门址，由南而北顺序编为八、九、十号门址；北面围墙上有四座门址，由西而东顺序编为十一、十二、十三、十四号门址。这十四座门址，从已探得或已发掘的所在方位获知，其位置与第一号至第十一号遗址围墙上的对

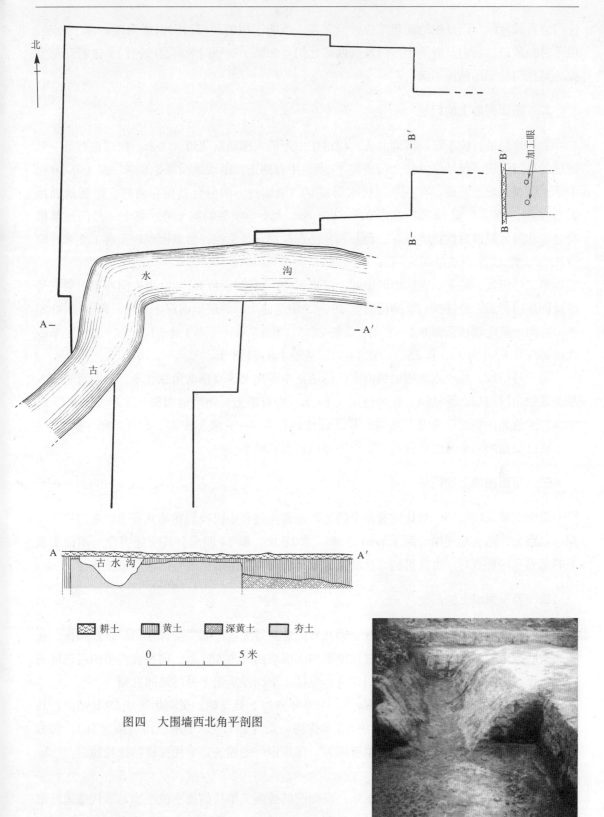

耕土　黄土　深黄土　夯土

0　　　　　5 米

图四　大围墙西北角平剖图

应门道自成直线。门址的地面建筑皆毁没无存，所能了解的是门道和门道两侧的夯土台基。由于时间紧迫，我们只对第十号门址（西墙北门）和第十一号门址（北墙西门）进行局部发掘，其他门址采用钻探了解。

二　东面围墙上的门址

第一号门址，位于东面围墙北头，门道正中距离大围墙东北角353米，向西正对第一号遗址的东门门道。经钻探，获知门道宽19米，中有路土，距现地面深1.8米，路土厚30厘米。土色黑，质地坚硬。有一条现代水渠横穿门道而过。南侧台基保存尚好，距现地面深0.5～1米，长26、宽14米，基厚0.8～1.8米。大小与发掘的第十号、第十一号门址基槽符合。北侧台基遭后代扰坑破坏，台基长宽已有缺损，经钻探，台基距现地面深1.2米，现存长20、宽12米，基厚0.6～1.6米。

第二号门址，位于东面围墙的中间，门道正中距离第一号门址400米，向西直对第五号遗址的东门门道。经钻探，获知门道宽19米，中有路土，距现地面深1.4米，路土厚30厘米。南侧台基距现地面深0.6～1.4米，长24.5、宽13米，基厚1.4～1.8米。北侧台基距现地面深0.6～1.4米，长25.1、宽14米，基厚1.4～1.8米。

第三号门址，位于东面围墙的南头，门道正中距离大围墙东南角325米，向西直对第八号遗址的东门门道。经钻探，获知门道宽19米，中有路土，距现地面深1.5米，路土厚20厘米，土色黑，坚硬起薄层。两侧台基距现地面深0.6～1米，长24、宽14米，基厚1.1米。比已发掘的第十号门址台基和第十一号门址台基略小一些。

三　南面围墙上的门址

南面围墙无法钻探，估计应有四个门址。在普探过程中，我们在第九号遗址南门以南发现一段路土，路土距现地面深1.1～1.3米，宽18米，厚14厘米。其所处方位与南面围墙上的第五号门址直对。由此推测，这段路土有可能与南面围墙第五号门址门道相连接。

四　西面围墙上的门址

西面围墙南半段破坏殆尽，第八、第九号门址探寻无着。北半段保存稍好，经钻探，获知北头的第十号门址尚存，测得门道正中距离大围墙西北角480米，向东直对第四号遗址的西门门道。经研究，决定对第十号门址进行发掘。下面报道第十号门址的发掘。

第十号门址，由施楚宝负责发掘，从1960年4月5日开始，至同年5月28日结束。共开10×10米探方4个（T1～T4），10×3米探沟一条（T5），3×2米探沟一条（T6）。探方开在门道内，探沟开在门道两侧。位于探方、探沟以外的遗迹，采用探铲钻探校验。

（一）地层堆积

第1层：耕土层。厚0.1～0.25米。发掘前已被施工单位的推土机推掉，汉代遗迹已部分露出。有近代墓6座，原地保存，未清理。

第2层：后代堆积层。厚0.1～0.4米。土色灰褐，土质松软，内含少量近代陶瓷片和汉代瓦片。

第3层：门址废弃后的堆积层。长13、宽2.3、厚1米。遗物集中堆积在北侧台基外侧，堆积层底部压在台基槽内。出土遗物混杂在灰黑土中，计有B型板瓦110片，B型筒瓦75片，A型Ⅰ式云纹瓦当2件（详见第八章），铁削2件，形制不明

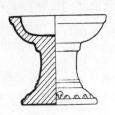

图五
大围墙西墙北门
（十号门址）出土
的陶灯（1/4）

的残铁器4件，Ⅰ型五铢1枚，新莽货泉4枚。此外有陶盆、陶罐残片17片，完整的陶灯1件。陶灯豆形，盘内无烛针，座上压印三角形纹和兽头纹，高9.6厘米。（图五）另有唐墓、近代墓6座，后代扰坑3个，均打破门道中的路土，未发掘。后代扰坑内杂有被扰乱的原门址础石、瓦片和红烧土等。

（二）保存情况

门道距现地面深1.9米，宽18.1米。出土时，面上有一层淤土，厚约5厘米，色黄，坚硬细腻，似为门道废弃后流水形成。去掉淤土后出现路土，路面平整。在门道中间的路土上发现车轨两条，东西走向，痕迹长6米，两轨距离1.5米，轨迹深3～7厘米。轨迹两侧略高出路土面，当系长期通行所形成。轨迹旁出新莽"货泉"铜钱1枚。

门道两侧有夯土台基，去掉近代堆积层后露出。大小形制相同。各长23、宽14、厚2.3米，高出门道1.6米。原来的台面已毁没，现存台面台基夯打坚硬，层次均匀，每层7～10厘米。台基内侧地面上发现有河卵石铺砌的散水，发掘前已遭推土机铲除，凌乱散落。（图六）

通过对北侧台基外侧堆积层的发掘，我们对门道两侧台基的构筑有了比较全面的了解。获知台基是先在地面上挖出深0.7米、长宽略大于基身（四边约宽出10厘米）的凹槽，再在凹槽外侧置木板，然后填土夯打，待夯打到地面后，两侧同时加木板，再在木板内填土夯建垫基部分。原先留出的基槽外侧部分，则形成一条干沟。这种筑造方法，与汉长安城城墙墙基外侧的干沟完全一样。

根据后代扰坑中的堆积物以及已被毁的河卵石散水的发现，推测两侧台基上应有阙楼之类的建筑。

五　北面围墙上的门址

北面围墙上有四座门址，西起第一门是第十一号门址。门址西距大围墙西北拐角约200米，紧靠三民村桃园东头，北对汉长安城西安门，南对第四号遗址的北门。钻探后决定局部发掘，详下。

第十二号门址，南对第三号遗址的北门。钻探表明保存尚好。门道距现地面深2.1米，宽20.3米。门道中有路土，厚20厘米左右。门道两侧的台基距现地面深0.5～0.7米，大小近似，长25、宽12、高出门道约1.6米。

第十三号门址，南对第二号门址的北门。据钻探，保存尚好。门道距现地面深2.1～2.3米，宽18.6米。中有路土，厚20～30厘米。门道两侧的夯土台基距现地面深0.9～1.1米，大小近似。西侧台基长20.5、宽14.2、厚1.6米。东侧台基长21.3、宽12.3、厚1.6米。

第十四号门址，南对第一号门址的北门。经钻探，保存较差。门道距现地面深2.1米，宽20米。中有路土，厚40厘米左右。门道两侧的夯土台基距现地面深0.7～1.1米。台基周边后代扰坑很多，台基遭到较大破坏，残长17、宽14、厚1.4米。

下面报道第十一号门址的发掘。

因时间紧迫，人力有限，经钻探确定位置后，决定采用局部发掘。在门道和东侧台基处开2×10米探沟一条（T11），3×14米探沟一条（T12），2×15米探沟一条（T13），在西侧台基北边开10×10米探方一个（T14）。1960年6月15日开始发掘，至同年8月20日结束，由时桂山负责。

（一）地层堆积

第1层：耕土层。厚0.2～0.3米。

第2层：后代堆积层。厚0.5～1.1米。土色黄，土质松软，内含少量唐代陶瓷片和汉代瓦片。在此层中发现唐墓2座，唐代扰坑2个。唐墓打破门道路土，未发掘。唐代扰坑均发现于T12探沟中。1号扰坑平面呈椭圆形，长径约0.3、短径0.2、深0.15米。坑内有开元通宝135枚，乾元重宝15枚，唐代筒瓦4片。2号扰坑长约3、宽1.5、深1米。坑壁不规整，坑内主要是汉代遗物，少量唐代砖瓦。汉代遗物共有B型板瓦622片，B型筒瓦204片，云纹瓦当3件（D型Ⅰ式1件、F型Ⅱ式2件），玄武纹瓦当3件（详见第八章），陶盆、陶罐残片52件。遗物中未见火焚痕迹。

第3层：门址废弃后的堆积层。厚0.5～1.3米。两侧台基上的堆积土呈深黄色，遗物很少。门道堆积土为花土，土色较杂，发现路土、车轨以及货布、货泉等。

（二）保存情况

门道距现地面深2.5米，宽18.8米。门道上有一薄层细黄土，厚2～3厘米，似为门道废弃后水流堆积而成。细黄土下面是路土，路面平整，宽16米，东边被两座唐墓破坏。路土上发现新莽货布1枚，货泉1枚，车轨痕迹2条。车轨南北走向，但不平行，北端轨距2.2米，南端轨距1.5米。东轨痕宽20～22厘米，深4厘米。西轨痕宽26～31厘米，深约10厘米。这种现象，当系长期通行所形成。

门道两侧有夯土台基，原台基顶面已毁，现存台基距现地面深1米，台基大小相同，长23.6、宽14米，高出门道1.5米。台基夯打坚硬，层次清晰，每层厚7～10厘米。西侧台基保存较好，四壁版筑痕迹犹存。东侧台基保存较差，边缘已被唐墓和近代墓破坏。（图七）

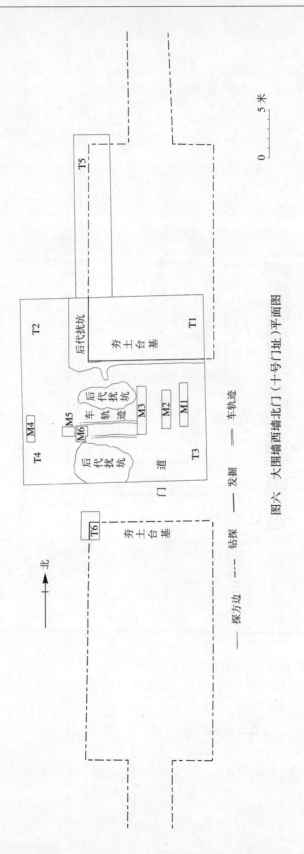

图六　大围墙西墙北门（十号门址）平面图

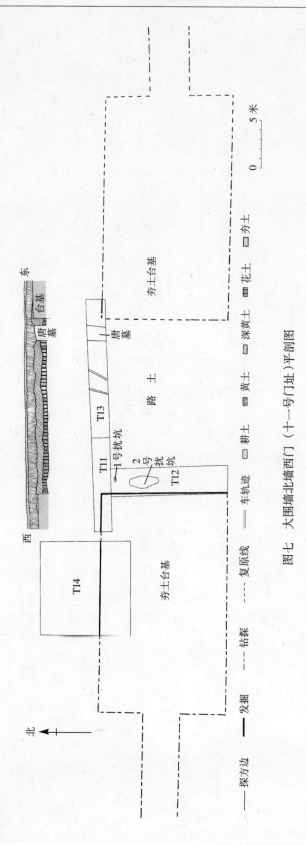

图七　大围墙北墙西门（十一号门址）平剖图

六　小结

由以上资料知，大围墙上的十四座门址各自与围墙内的建筑遗址门址对直，门址均由门道和两侧夯土台基组成，门道宽 18 米左右。门道内大多有路土、车轨痕迹。路土厚 20～40 厘米，两轨痕迹距离 1.5 米。未见门槛、础石（或柱洞）和门扉痕迹。门道两侧均有夯土台基，台基形制大小相同，长 23、宽 14 米左右，高 1.5～2 米不等。四壁垂直，形同土阙，台面均遭毁没，原来高度不明。从门址废弃后的堆积遗物和后代扰坑中出土的汉代遗物分析，两侧夯土台基上原来应有阙楼建筑，门址废弃后，未再利用。门道实为出入通道，无门。门址废弃后仍作行人车马通道使用。门址和出土遗物中未见火焚痕迹，推测这十四座阙楼可能系人为拆毁或自然废弃。在西汉末年的那场动乱大火中，可能基本上未被殃及。门址上及其附近，多有唐墓发现，说明这里到唐代已成墓葬区。

第三章　第三号遗址

第一节　概　况

第三号遗址位于阎庄村西南边。1958 年 10 月初我们进住工地时，村民已外迁，民屋大多被夷为平地，遗址中心建筑已部分暴露在现地面上。经与厂方交涉，我们决定对第三号遗址进行全面发掘，发掘重点是遗址的中心建筑。由厂方提供民工，每日 20～30 人不等。在发掘中心建筑期间，对遗址的围墙、四门以及围墙四隅的曲尺形配房进行钻探。（图版 1～3）之后，从发掘中心建筑的工作人员和工人中抽出一部分力量发掘遗址的东门、南门、西门以及围墙东南角和配房的一部分。发掘从 1958 年 10 月 2 日始，至 1959 年 12 月底基本结束。参加工作的有黄展岳、姜立山、张建民、魏遂志、徐家国、施楚宝、郑文兰、郑甦民、高立勋，参加一段时间的有唐金裕、张连喜。由于本遗址的范围很大，发掘期限紧迫，所以我们对不同部位采取不同的处理方法。中心建筑是发掘的重点，根据钻探资料，在初步确定范围后，在地面上划出 60×60 米的发掘区，发掘区内布 12×12 米的探方 25 个。发掘时，在每个探方中划出十字隔梁，分为四个小方。（图版 1）围墙、四门、配房，大体照此办法处理。围墙至中心建筑空旷地带采用钻探了解，未发现任何建筑遗迹。（图八）

遗址上的地层堆积比较简单，以中心建筑南北中轴线的西壁为例。（图九）

第 1 层：现代耕土层。厚 0.2～0.3 米。土色黄褐，质地松软，内多作物根茎和杂草，还有少量的近现代的瓷片、清代铜钱，以及从遗址中翻动起来的夯土块、红烧土和瓦片。挖掉现代耕土层，中心建筑的中心台就基本上暴露出来了。

第 2 层：东汉以后的堆积层。厚约 0.2～0.4 米。中心台的四周和围墙、门址上大多有这一层堆积。土色灰黄，松软杂乱，内含遗址中翻动山来的红烧上、夯土块，瓦片增多，还有汉五铢钱、隋五铢钱、唐开元通宝、宋元祐通宝及天禧通宝，唐宋耀州窑瓷片。东汉墓、唐墓、明清墓，东汉以后的扰土坑、行人道路等皆开口于此层，而且多数打破了遗址。

第 3 层：遗址废弃的堆积层。遗址焚毁后，遗址中的建筑材料随即被翻动搬走，尤其是木料、础石、砖瓦等可供利用之物，未被扰动的原堆积数量不多。

第二节　中心建筑

中心建筑是整个建筑物的主体建筑，位于整个遗址的正中，其中心线分别直对围墙上四

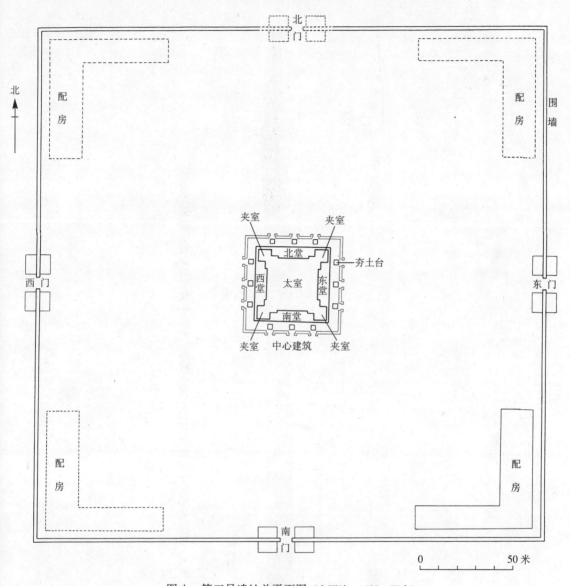

图八　第三号遗址总平面图（含围墙、四门、配房）

门的门道中心。现存地面较周围略为隆起。

　　中心建筑是由中心台、四堂、前台三部分组成，平面呈方形，四边对称。中央是一个平面呈"亚"形的高大台基，我们称为中心台。据《吕氏春秋·月令》，我们把中心台上的建筑称为"太室"，中心台四隅的建筑称为"夹室"。中心台的四面各有一个厅堂，依其所在的方位，分别称为东堂（青阳）、南堂（明堂）、西堂（总章）、北堂（玄堂）。四堂的大小、布局完全相同。堂内的左边（从外向里看，下同）都有一间厢房，右边都有一堵隔墙，是为左个、右个。四堂之间都有绕过四夹室的夹道相通。四个厅堂的前面各对着三个方形夯土台。每个方形夯土台的前面又都有一小段方砖铺的路面，以及河卵石环绕铺砌的散水，散水每边

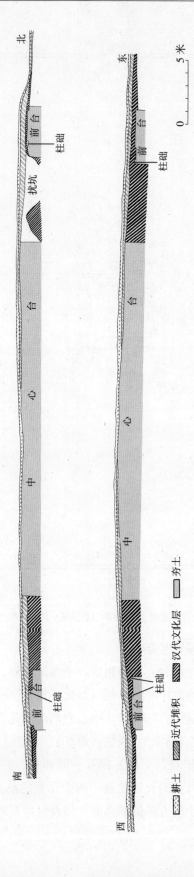

图九　第三号遗址中心建筑南北中轴线西壁、东西中轴线北壁地层堆积剖面图

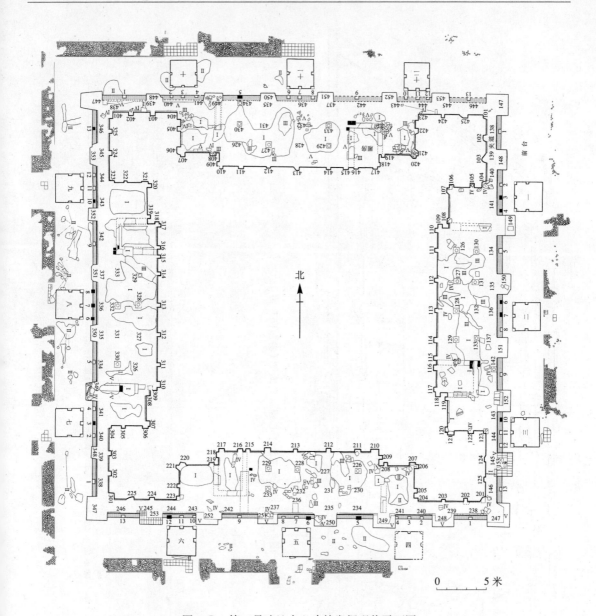

图一〇　第三号遗址中心建筑发掘现状平面图

Ⅰ.草泥地面　Ⅱ.灰烬　Ⅲ.烧渣　Ⅳ.残础石　Ⅴ.土坯　Ⅵ.墙

长 54.5 米。(图一〇～一三；图版 4～10)。

下面分中心台、四堂、前台三部分报道。

一　中心台

中心台的面积占中心建筑总面积的一半稍强。太室台基平面呈方形,每边长 28.4 米,夹室台基的平面也是方形,每边长 7.3 米。

中心台全部夯土筑造。分台基(地下部分)和台身(地上部分)两部分。基壁四面垂

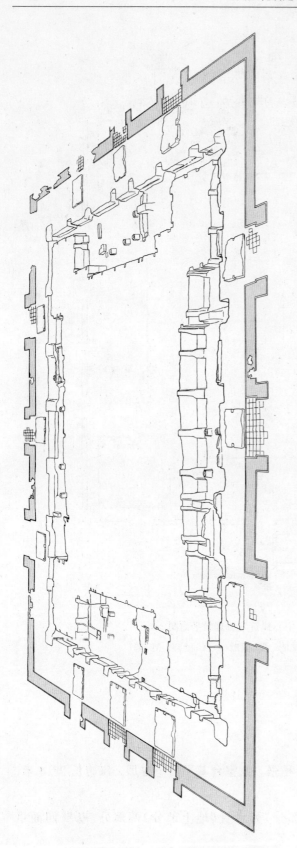

图一一 第三号遗址中心建筑鸟瞰图（由西向东看）

图一二 第三号中心建筑南北中轴线剖面图

直。台身和台基的上半部，夯土极为坚硬，层次均匀，每层厚 6～8 厘米。台基下部夯土硬度稍差，每层厚 15～20 厘米。台基建在生土上，每边比台身宽出 10 厘米左右。由基底至现存中心台面高 4.5 米，扣除台基高 1.65 米，现存台身高 2.85 米。

原来的台面早已毁没，现存台面光秃一片，中央稍高于四边。台面上遍布近代扰坑、墓葬和人行道路。在近代扰坑中，发现有属于本遗址的础石和瓦片。说明原台面高于现台面。根据第十二号遗址中心建筑中心台上残存的原地面和第二号遗址发现的倒覆在中心建筑西堂内的中心台土墙判断，本遗址中心台上原来应有木构建筑，推测中心台中央是主殿——太室，四隅是配殿——夹室。台身的四壁构成四堂的后壁，壁面涂抹草泥墙皮。详下节。

二　四堂

四堂分置于中心台的四边，大小、结构相同，分别称东堂、南堂、西堂、北堂。中心台台身四壁构成四堂的后壁，前台内侧壁构成四堂的前壁。前后壁相距 6 米，两夹室相距 24 米，中间构成每个厅堂的主要活动空间。

（一）厅堂

厅堂地面低于现存中心台台面最高点 1.22～1.28 米。根据我们对第二号遗址中心台原台面的实测，四堂地面距中心台原地面应为 2 米，低于前台地面 0.5 米。

我们曾对四堂地面的水平差进行实测，设中心台面最高点为 0，在四堂不同部位各设十个测点。40 个测点与中心台最高测点的平均差仅 6 厘米左右，表明四堂地面处于同一个水平面上，水平差甚微。

出土时，四堂的梁柱、屋架等木结构已不存，柱础石亦多数散失，保留下来的大多是置础石立木柱的柱槽和础坑，残存地面（图版 11）以及厢房与隔墙的残垣断壁。柱础石分明柱础与暗柱础两种。明柱础置于四个厅堂及其两侧通道和夹道内，每堂有 28 个明柱础，四堂共 112 个。暗柱础置于中心台外侧壁，即四堂后壁，故亦称"壁柱础"，每堂 25 个，四堂共 100 个。（图一四～一七）不论明柱暗柱（壁柱），大都是二石重叠构成一个柱础座，仅个别作一石或三石重叠的柱础座。出土时，木柱已不存，仅在少数柱槽内发现有木柱焚烧的灰烬。残存下来的础石，大多是被焚烧崩裂，或因形体太大不易搬动，故得以保留下来。从保存下来的础石获知，础石顶面（即置木柱的石面）均与厅堂地面平齐。为便于叙述，我们对这批础石（础石不存者指其础坑）做了统一编号，一个柱础座（含上下础石）编一个号，四个厅堂各编 53 个号。按中心台外侧壁、厅堂、通道、夹道、前壁的顺序，从右到左（由外向里看）编排：

东堂　中心台东壁（由北向南）　　　101～125 号

　　　厅堂（由北向南）　　　　　　126～137 号

　　　通道和夹道（由北向南）　　　138～146 号

　　　前壁（由北向南）　　　　　　147～153 号

南堂　中心台南壁（由东向西）　　　201～225 号

　　　厅堂（由东向西）　　　　　　226～237 号

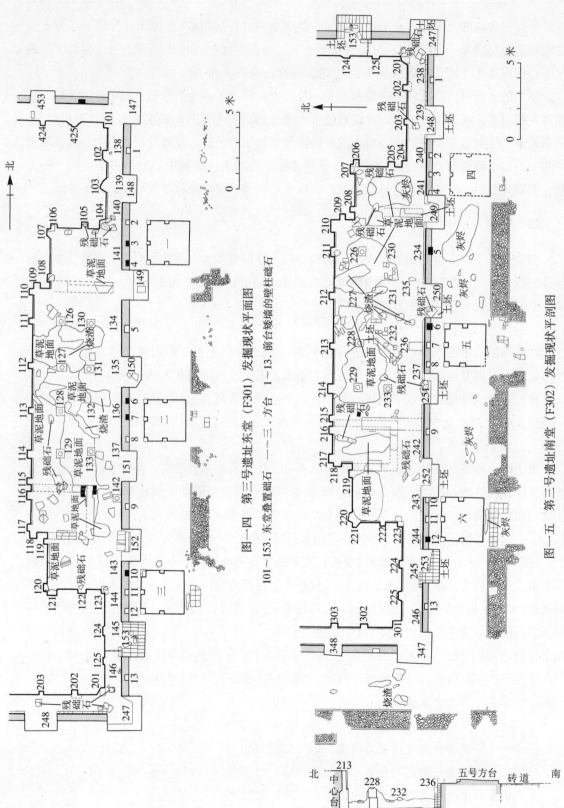

图一四 第三号遗址东堂（F301）发掘现状平面图

101～153. 东堂叠置础石 一～三. 方台 1～13. 前台矮墙的壁柱础石

图一五 第三号遗址南堂（F302）发掘现状平剖图

201～253. 南堂叠置础石 四～六. 方台 1～13. 前台矮墙的壁柱础石

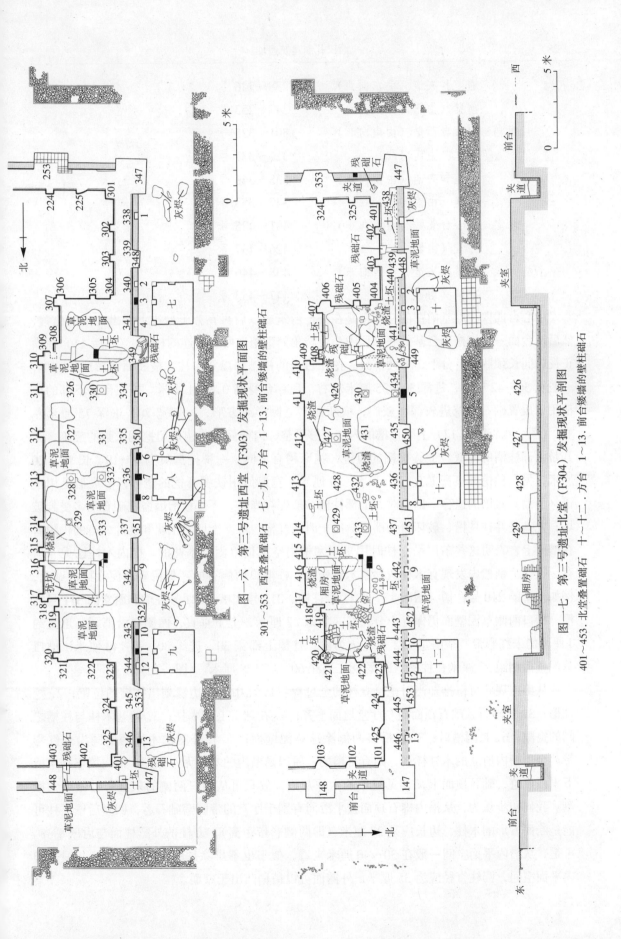

图一六　第三号遗址西堂（F303）发掘现状平面图

301～353. 西堂叠置础石　七～九. 方台　1～13. 前台矮墙的壁柱础石

图一七　第三号遗址北堂（F304）发掘现状平剖图

401～453. 北堂叠置础石　十一～十二. 方台　1～13. 前台矮墙的壁柱础石

	通道和夹道（由东向西）	238～246 号
	前壁（由东向西）	247～253 号
西堂	中心台西壁（由南向北）	301～325 号
	厅堂（由南向北）	326～337 号
	通道和夹道（由南向北）	338～346 号
	前壁（由南向北）	347～353 号
北堂	中心台北壁（由西向东）	401～425 号
	厅堂（由西向东）	426～437 号
	通道和夹道（由西向东）	438～446 号
	前壁（由西向东）	447～453 号

中心台四壁和厅堂前壁的柱槽都是在夯土台筑成以后再在夯土台边上划出柱槽的位置，然后从台面一直掏挖到台基的底部。中心台转角处则挖出两个并连的柱槽。（图版 11）柱槽正视如同长颈瓶形，分上、下两部分。挖在台身的柱槽用以立木柱，横断面方形或长方形，一般宽 36～42 厘米，进深 30～35 厘米左右，现存台身高 0.8～1.1 米。挖在台基下部的柱槽用以放置础石，挖进较深，较广，横断面略呈圆形或方形，一般宽 70、进深 75 厘米左右。（图一八；图版 12）上下柱槽的内壁不够平整，内壁面上普遍遗留挖掘工具的痕迹，尤其是下部柱槽的内壁。工具挖掘的痕迹，宽窄稍有不同：一种挖掘痕宽 9～10、长 15～20厘米；另一种挖掘痕宽 1.5～2、长 5～10 厘米。宽痕似用铁镢开挖的遗存；窄痕似是用小镐（手锄）修饰的遗存。出土时，上部柱槽一般保存尚好，下部柱槽因盗挖础石而多受到破坏，尤其是并连柱槽，破坏更为严重。出土时，柱槽内堆塞土坯、土块和瓦片，有的仍附着在槽壁上，表明这些东西是立柱时用来填塞槽内空隙借以固定木柱的。槽内木柱已无一遗存，仅在个别槽内发现有木柱灰烬或木柱残段。柱槽口两侧有的还保留着草泥涂抹的壁面，例如南堂的 210 号柱槽（图版 13）、211 号柱槽、212 号柱槽、221 号柱槽和西堂的 311 号柱槽，槽口两侧草泥壁面仍保存十分完好，相距 27 厘米，上下垂直，两侧边沿都画一道宽约4 厘米的朱红彩带。举南堂 212 号柱槽为例：柱槽上部宽 30、进深 30、高 140 厘米，槽口草泥壁面相距 27 厘米；柱槽下部宽 68、进深 60、高 128 厘米。（图一九）

从出土现状可以推知当时挖槽立柱的全过程：1. 在中心台边缘划出柱槽的位置；2. 挖柱槽；3. 置础石，础石顶面应与厅堂地面平齐；4. 在础石上立木柱；5. 填塞木柱与柱槽之间的空隙；6. 封闭槽口；7. 在槽口两侧涂抹草泥壁面；8. 在外露的木柱两侧画出朱红彩带。至于槽内所立的木柱样式，则有待斟酌。原因是槽内的木柱无一保存，槽内填塞物未留下木柱痕迹，础石顶面上又罕见成形的木柱灰痕，故只可从槽口两侧的朱红彩带做点儿推测。我们初步认为，从槽内础石顶面皆平滑而有别于厅堂的带圆窝础石看，四堂后壁立柱可能是断面方形的木柱，边长应是 27 厘米（即两侧彩带距离），方柱的外露柱面与后壁平齐。可是，从槽内平面空间一般在 30～40 厘米来看，似乎也不排除是圆形木柱的可能。根据槽内平面空间，圆柱直径应为 35 厘米，外露面可以稍稍凸出于壁面。

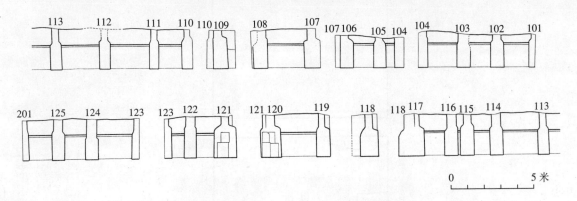

图一八　第三号遗址东堂(F301)后壁柱槽展视图

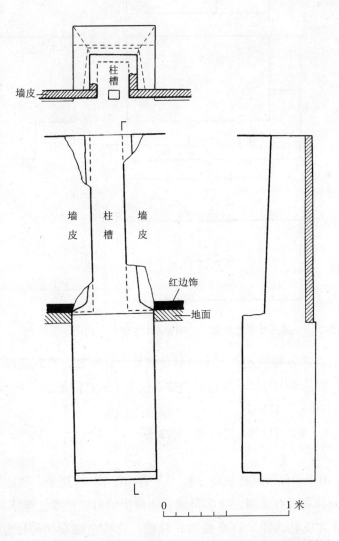

图一九　第三号遗址南堂（F302）212号柱槽平剖图

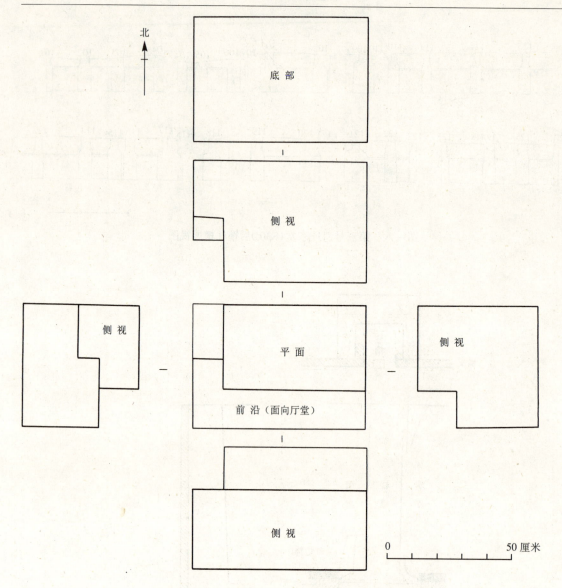

图二〇　第三号遗址东堂（F301）111 号础石平剖图

　　础石在建筑物废弃后大部分被掠走，人为的翻动破坏十分明显，残断的础石片比比皆是。未被移动或移动而位置基本上可以认定的后壁础石仅 7 个，它们是：

　　　　东堂　111 号、120 号、121 号

　　　　南堂　206 号、210 号、211 号、214 号、223 号

　　　　西堂　314 号

东堂 111 号仅存上础石，出土于柱槽前扰坑中。长 71、宽 50、高 48 厘米。顶面平滑，前沿和左侧边做出裙肩，顶面和底面有朱书，字多漫漶，能辨识的有"子孝"等字。（图二〇）东堂 120 号、121 号为并立柱础，皆二石重叠为一柱础，立柱之础石面与厅堂地面平齐。120 号上础石为纵长方形座，长 42、宽 44、高 73 厘米。顶面琢磨平滑，向外的一边做出裙

肩，四个侧面和底面稍加琢制，琢痕犹存，未打磨，较粗糙，尚平整。下础石亦纵长方形座，长50、宽55、高75厘米。121号上下础石的大小形式与120号基本相同，但上石裙肩处已劈残。通高138厘米，础座下填土厚10厘米，使上础石顶面与120号顶面平齐。（图二一；图版14、15）南堂206号仅存上础石，为横长方形座，长70、宽54、高48厘米。顶面平滑，有竖行朱书"牛长兄作"四字，向外的一边做出裙肩。（图二二）出土时被弃置于206号、207号（并立柱础）柱槽扰坑中。210号仅存上础石，出土于柱槽前扰坑中，已残，残长42、宽56、高47厘米。顶面平滑，前沿做出裙肩。（图二三）南堂214号和西堂314号仅存下础石。214号下础石长60、宽50、高80厘米。314号下础石置柱槽底部，未揭开。

　　厅堂中部，各有立明柱的础石12个，分3行，每行4个，排列整齐，纵距均2.5米，横距均1.5米。础石置厅堂地面下，仅露出立木柱的圆槽于地面上。本遗址四堂中部现存明柱础石20个，它们是：

　　　　东堂　126号、127号、128号、129号、130号、131号、133号
　　　　南堂　226号、228号、229号、233号
　　　　西堂　328号、329号、330号、332号
　　　　北堂　427号、429号、430号、433号、434号

明柱础石也都是二石重叠，上下石均作纵长方形座，大小与后壁的暗柱础石差不多，不同的是，上础石顶面琢出周边凸起的圆槽，周边高出础石面7~9厘米，圈外壁多数略呈弧形，少数外壁接近垂直。圈内圆槽深5.5厘米左右，直径23厘米。此圆槽当是承托圆木柱的。由圆槽内径可知，圆木柱直径应是23厘米或接近23厘米。举南堂226号、229号础石为例：226号上石长宽均56厘米，圆槽高9、外径43、内径23厘米；下石长宽亦56、高64厘米。（图版16）229号上石长56、宽53厘米，圆槽高9、外径44、内径23厘米，通高73厘米；下石长宽各52、高69厘米。（图二四）出土时，础石多半被掠走，础坑内堆满红烧土、草泥地皮和被弃置的破裂础石残片。还有个别未完成的础石，在南堂扰坑中曾发现2件，石面上已勾勒出圆槽轮廓。（图二五；图版17）幸未掠走的上础石大都焚裂残缺，有的已焚成石灰状，下础石一般保存完好。

　　厅堂前沿和夹道内的础石密度更大，受破坏尤为严重。根据已发掘的遗址现状复原，每个厅堂两侧至夹道拐弯处各置础石9个。这9个础石与厅堂最外一排的4个础石处同一直线上，都紧贴前壁。这些础石的制作形式和大小，与厅堂中部的12个础石完全相同，但被破坏更为严重。本遗址仅存东堂南通道142号础石（图版18）。

　　四堂前壁上各置础石7个（四堂共28个），破坏尤为严重。（图二六）前墙墙身几乎全部圮毁，墙基部分也因移动础石而遭到严重破坏，遗存下来的只有东堂149号、152号、153号下础石和南堂250号、西堂349号的残础石。东堂149号下础石是二块并列的横长方座，片麻岩琢制，正面平整，其他仅稍加打制。东堂152号下础石已残，长65、残宽43、厚27厘米，正面中间琢出凹槽用以放置上础石，这是很少见的。（图二七）153号下础石由多块石料拼合而成，（图二八；图版19、20）形体比149号础座稍大，亦片麻岩琢制。南堂250号和西堂349号的上下础石均被移动、砸碎，但南堂250号上础石的顶面尚存大半个圆

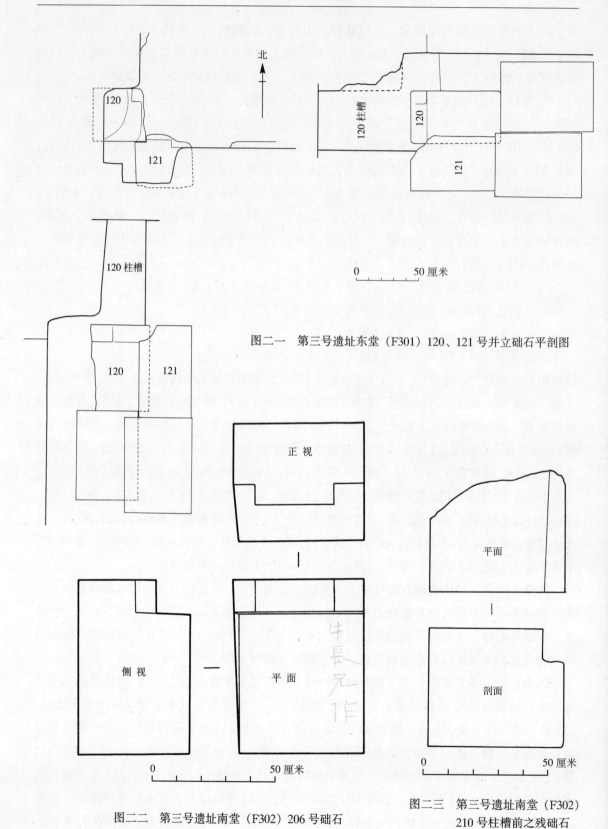

北

0 ——— 50 厘米

图二一　第三号遗址东堂（F301）120、121 号并立础石平剖图

图二二　第三号遗址南堂（F302）206 号础石

图二三　第三号遗址南堂（F302）
210 号柱槽前之残础石

0 ——— 50 厘米

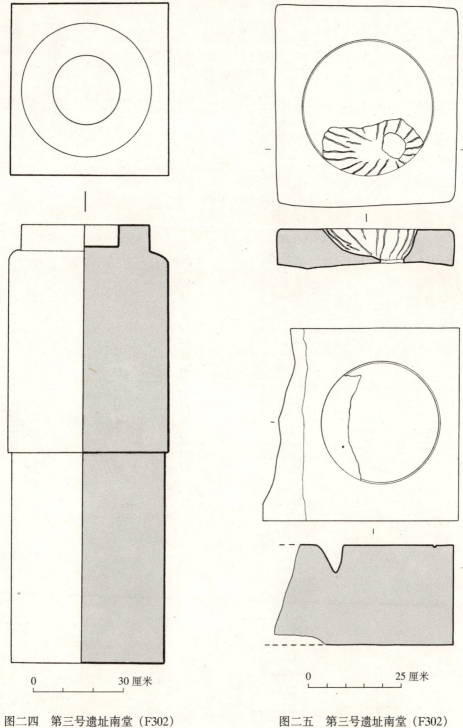

0　　　　　　30 厘米

图二四　第三号遗址南堂（F302）
229 号础石平剖图

0　　　　　　25 厘米

图二五　第三号遗址南堂（F302）
未完成之础石 2 块

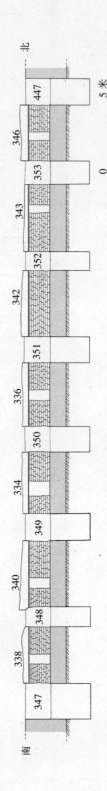

图二六 第三号遗址西堂（F303）前壁正视图

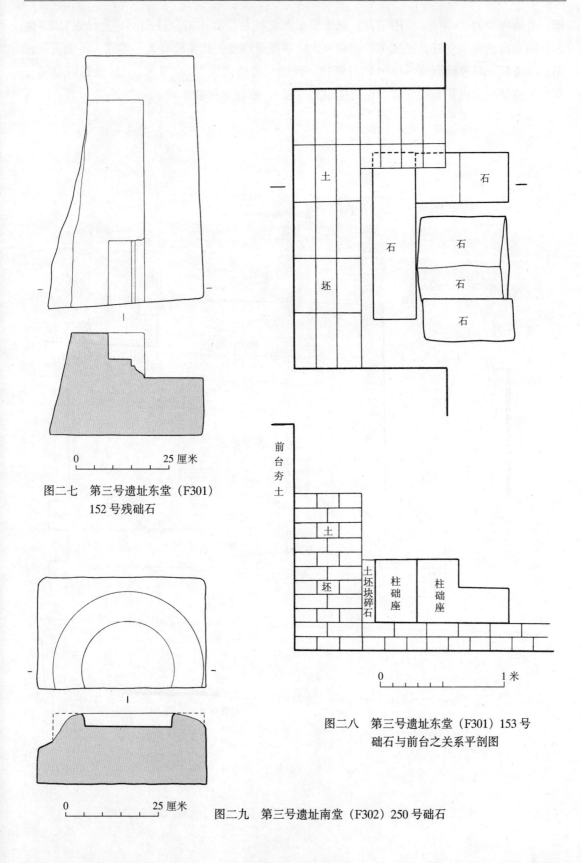

图二七　第三号遗址东堂（F301）
152 号残础石

0　　　　　　　　25 厘米

图二八　第三号遗址东堂（F301）153 号
础石与前台之关系平剖图

0　　　　　　　　25 厘米

图二九　第三号遗址南堂（F302）250 号础石

槽，复原内径为 23 厘米。（图二九）说明前壁的立柱与厅堂内的立柱相同，直径也是 23 厘米。四堂内拐角的立柱直径则可能比较粗大。本遗址四堂的拐角础石无一遗存，不能直接说明，参考第一号遗址西堂 347 号础石资料，该础石圆槽内径为 50 厘米。（详见第四章第一节）本遗址四堂内拐角的立柱，很可能也是直径为 50 厘米的圆木柱。

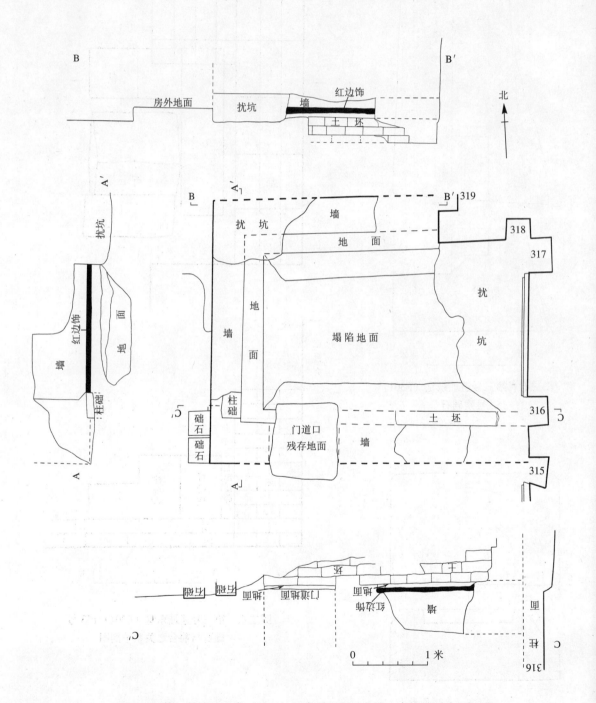

图三〇　第三号遗址西堂（F303）厢房平面图及北壁、南壁、西壁正视图

遗址出土的础石石料，经西安地质学校刘从云先生亲临现场考察鉴定，认为这组建筑遗址的础石石料主要产自秦岭，四堂内立木柱的上础石（含明柱础和暗柱础）皆大理岩（俗称大青石）琢制。下础石的石料比较复杂，有细砂岩、石英岩、片麻岩多种，以细砂岩为多。厢房、隔墙、前墙壁柱和前台方台上的单块础石，石料与四堂内的下础石石料基本相同，亦以细砂岩为多，大约是就近捡选或开采的。（参见表二）

（二）厢房

四个厅堂的左边各有一个厢房，构筑形式全同，大小如一。都是利用中心台四边壁作后壁，其他三壁用土坯垒砌成三堵墙。土坯墙里外两面涂抹草泥墙皮。门设在面向厅堂的外侧。出土时墙壁大多倒塌搅乱，残高10~80厘米不等。西堂厢房保存较好，即以西堂厢房为蓝本，参照东、南、北三堂厢房以及其他遗址的厢房资料叙述。

西堂厢房平面呈长方形，现存北壁残高9~17、南壁残高32~54、西壁残高15~80厘米。东壁为后壁，残高约1米。依三壁外拐角（建筑面积）计算，长4.36、宽3.6米，扣除三壁厚度（各0.56米），房内约长3.8、宽2.5米。（图三〇；图版21~23）

厢房的前壁和左右壁全用单行土坯垒成。土坯每块长46、宽23、厚12厘米。墙基的土坯比较完整，作二纵二横交错垒砌，基宽约1米，共8层，通高约1.1米，全部隐埋在厅堂地面下。（图版24）墙基的上面垒砌墙身，作一纵一横交错垒砌，土坯多残块。墙身厚46厘米。墙身两面涂草泥，草泥厚约5厘米，所以墙身的总厚度约为56厘米。草泥分三层，底层麦秸泥较粗，中层麦秸泥较细，表层为细黄泥，其上粉刷白色颜料。内外墙根和门道两侧的墙皮上加绘一条宽约7厘米的红色边饰。房内地面与厅堂地面平齐，或稍低2~3厘米。房内地面结构与厅堂地面相同。出土时，房内地面几乎全部倒塌，仅在墙根处残存少许原地面。（参见图版11）塌陷的地面保存很好，有的红艳如新，似未经践踏。

房门设在右壁外侧。门道与房内地面和厅堂地面平齐，宽0.9米。门道内铺墁草泥地面，表面施红色颜料。门道两侧受到严重破坏，从南堂厢房东墙外扰坑中出土的础石和第二号遗址西堂厢房出土现象看，门道两侧均置有础石。（图版25、26）础石平面方形或长方形，顶面平滑，长宽约30多厘米，厚25厘米左右。（图三一；图版27）础石上未见门眼，亦不见与门有关的痕迹。所以我们不敢肯定厢房是否设门扉。

厢房前壁的两端和左右壁的转角处也都设置础石。参照第二号遗址西堂厢房出土现状，厢房前壁两端应有础石6个，各

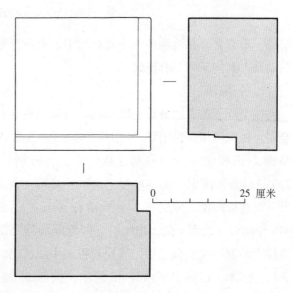

图三一　第三号遗址南堂（F302）厢房门道北侧之础石

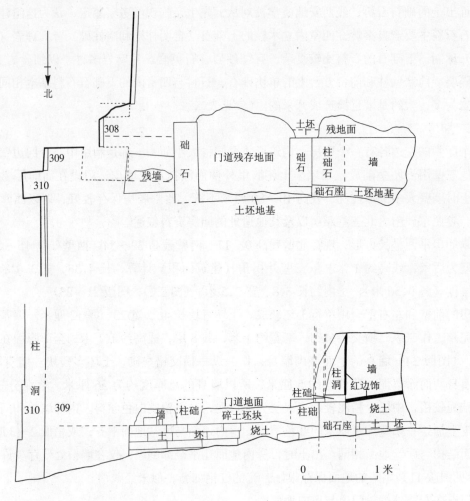

图三二　第三号遗址西堂（F303）隔墙平面图、正视图

呈品字形放置，在两端各三个础石当中，有一个是上下二石重叠的础石。这些础石亦为立木柱而设，其构架细节有待研究。

（三）隔墙

四个厅堂的右边各有一堵隔墙，复原长约 5.4 米，把厅堂与夹道分隔开。四堂隔墙形式全同。西堂隔墙保存稍好，（图版 28）其他三堂隔墙大多残毁。隔墙的墙基和墙身全用土坯垒砌，（图版 29、30）一端连接中心台，分别处在 108 号、109 号础石（东堂），208 号、209 号础石（南堂）及 308 号、309 号础石（西堂）及 408 号、409 号础石（北堂）之间；另一端连接前壁，分别在 149 号础石（东堂）、249 号础石（南堂）、349 号础石（西堂）、449 号础石（北堂）处。出土时，四堂隔墙均已倒塌，现存墙身高 10～86 厘米。隔墙两面涂抹麦秸泥墙皮，分三层，底层较粗，中层次之，表层细黄泥，上刷粉白颜料。两面墙皮厚各约 5 厘米，连同土坯墙身 46 厘米，共厚 56 厘米。门道设在近中心台约 1 米处，宽 1.2 米。门道亦施草泥地面，涂红色颜料，与厅堂地面全同。（图三二）根据南堂隔墙（图三三）

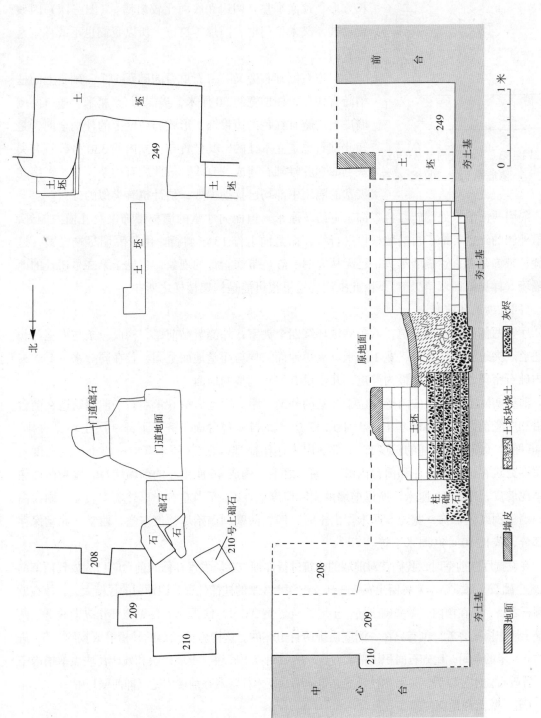

图三三　第三号遗址南堂（F302）隔墙平面图、正视图

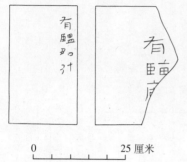

图三四　第三号遗址南堂（F302）
隔墙东边之 208 号础石

出土现象，可以认定，门道两侧应有础石。础石平面方形或长方形，顶面平整，四边和底面比较粗糙。（图三四）因残毁过甚，又未见门框、门扉等痕迹，所以我们也不敢肯定是否有门扉。

门道右侧础石旁又有二石重叠的础石 1 个。础石上的柱槽尚有残存，柱槽宽约 30 厘米，进深约 35 厘米，槽口两侧墙皮上均施有红色的边带饰，形式与后壁上的柱槽全同，是知此础石也是立木柱的，其位置与厅堂内的 330 号础石和夹室上的 305 号础石连成一直线，彼此应有构架关系。东南北三堂的隔墙中部均已扰动塌毁，估计也有类似的础石。

隔墙两面墙根处均施红色带饰，宽约 7 厘米。但面向厅堂的墙根带饰仅及柱槽内侧处，柱槽外侧的红色带饰不再沿墙根作平行线，而是向上作 13 度斜行。由于隔墙尽端已毁，这条斜行带饰是否直达隔墙尽头，已无从究明。红色带饰斜行的现象，也见于第二号遗址的西堂隔墙（详见第四章第二节）。由此推测，这里很可能是构架楼梯之所在。

（四）夹道和前壁

厅堂两侧各有一条夹道，八条夹道环绕四个夹室，外侧紧贴前壁，构成一条与夹室等长的通道。夹道各长 7.3 米，宽 1.1 米。夹道地面结构与厅堂地面全同，且在同一水平上。夹道内础石密集，遭受扰动最为严重，几乎没有一片完整的地面。

前壁实际上是前墙的内壁，位于厅堂的外围，距离厅堂后壁 6 米左右。前墙筑造在前台内沿和厅堂前沿的土坯地基上。土坯共 12 层，高与前台台面平齐，下部 9 层土坯作直排，宽 46 厘米（即一块土坯的长度），上部 3 层土坯作横排，宽 23 厘米（即一块土坯的宽度）。前墙即夯筑在这三层土坯和前台内沿 23 厘米之上，构成 46 厘米厚的前墙墙身。墙身两面涂抹草泥墙皮，厚约 10 厘米，所以前墙的实际厚度应在 56 厘米左右。里外墙皮表面均刷粉白色，墙根刷红色带饰，宽约 5 厘米。出土时，四堂前壁倒塌殆尽，仅东堂、西堂、北堂保存一部分，残长 10～40 厘米不等。

在发掘厅堂前壁时，我们曾对前墙的构筑进行详细观察。发现在修筑前台时已为放置前壁前的 28 个础石（每堂 7 个）各留出宽 2.3 米、进深 1.3 米的柱槽位置，因预留的柱槽太大，故在放置础石之后，又在槽内三壁垒砌土坯。土坯长 46、宽 23、厚 12 厘米。后壁土坯作纵向叠置，两侧壁土坯作横排叠置，也有只在一侧壁横排两行土坯的。这样就使预留的柱槽缩成宽约 1.3、进深约 0.8 米的空间，比础石面积仅稍大一点。然后用夯土碎块、土坯碎块和残砖瓦块填塞槽内空隙。置础石立木柱以后，再沿木柱延线夯筑前墙，把木柱隐藏在前墙内壁（即前壁）中。

（五）壁面和地面

四堂前后壁、地面以及厢房、隔墙的墙面全部用草泥土涂墁，仅厚度略有不同。厅堂的前后壁，草泥壁面厚约 10 厘米。一般分三层：底层较粗，系用麦秸（或黍稷）的茎叶拌泥打底，厚 5～7 厘米，质地疏松；中层用细麦秸泥，厚 2～3 厘米；表层涂细黄泥，厚 1～2 厘米；

最后在细泥上粉刷白色颜料。个别处在粗细麦秸泥(即底层、中层)之间垫衬一二片残瓦片。此外,有的在粗麦秸拌泥打底以前,先用谷物秆(或杂木)扎成直径约3~4厘米的编束秆儿,再用木钉(或竹钉)把编束并排钉于墙壁上,然后涂上粗麦秸泥。(图版31~36)

厅堂后壁的草泥壁面保存较好,保存下来的约占一半左右。前壁草泥壁面则几乎剥落不存。出土时,壁面的颜色仅局部保存纯白,其他大多呈淡红色、浅黄色、灰白色,或在灰白色之中夹杂黑色。这种现象,当系建筑遭受大火焚烧,长期掩埋地下发生化学变化所致。

四堂前后壁一片粉白色,仅在壁根、柱槽口两侧绘出一条红色边饰。壁根处较宽,约6~7厘米;柱槽口两侧较窄,约4~5厘米。红边饰上有的还可以隐约地看出排刷涂抹的痕迹,推测是使用一种毫毛制作的排笔涂刷的,颜料似为土朱。

四堂地面也是用草泥铺墁。草泥一般分三层:拌泥的麦秸粗细与前后壁全同,只是用谷物秆编束排架或用杂木铺底的做法较为普遍。地面草泥较厚,大多在10~15厘米之间,草泥地面上全部粉刷朱红色,色彩浓艳,似未经践踏,个别处华丽如新。紧贴地面的础石圆槽和后壁础石裙肩处也画出红色带饰,带饰宽约3~4厘米。

出土时,四堂地面几乎全部塌陷、断裂。主要原因应是建筑物焚毁后,础石、土坯和其他建筑材料被搅动掠走所致。幸后壁壁根处和残存础石处的地面尚有部分保存,确知草泥地面系铺墁在土坯层上,土坯层的下面才是夯土地基。从草泥地面到夯土地基上间距1.24米。

(六)础石题记

四堂础石上大多有题记。题记大多是朱书,个别阴刻。字体均为不规范的隶书。出土时,朱书大多漫漶不辨。可辨识的内容大都是数号、工匠姓名和吉祥语。现将可辨识的题记辑录如表一。(图三五)

表一　　　　　　　　　　　第三号遗址中心建筑四堂础石上的文字

序号	础石号或出土位置	朱书或阴刻	题记内容	备注
1	111号柱槽前残础石	朱书一行四字	富贵□作	图三五-1,1
2	111号柱槽前残础石	朱书一行二字	□鏵	图三五-1,2
3	111号上础石顶面	朱书三行十二字以上	□□□孝 □□□□僖 春□□□□	图三五-1,3
4	111号上础石底面	朱书二行六字	□□□　□子孝	图三五-2
5	115号柱槽边残础石	朱书一行三字	□四年	图三五-3,1
6	115号柱槽边残础石	朱书二行六字	□□□　□三□	图三五-3,2
7	115号柱槽边残础石	朱书一行三字	□王昌(侧面另有朱书,不可辨)	图三五-3,3
8	152号柱槽边残础石	朱书一行三字	工侯成	图三五-3,4
9	152号柱槽边残础石	朱书一行二字	春□	图三五-3,5
10	206号上础石顶面	朱书一行四字	牛长兄作	图三五-4
11	208号柱槽前残础石侧面	阴刻一行三字	有临□	图三四;图三五-5,1
12	同上,另一侧面	半阴刻半朱书一行四字	有临□□("临"字朱书半刻)	图三四;图三五-5,2
13	211号上础石顶面	阴刻一行三字	⊠⊠⊠	图三五-5,3
14	429号上础石东侧面	朱书二行七字	□王文仲□　上□	
15	433号上础石南侧面	朱书一行四字	工容真□	图三五-5,4

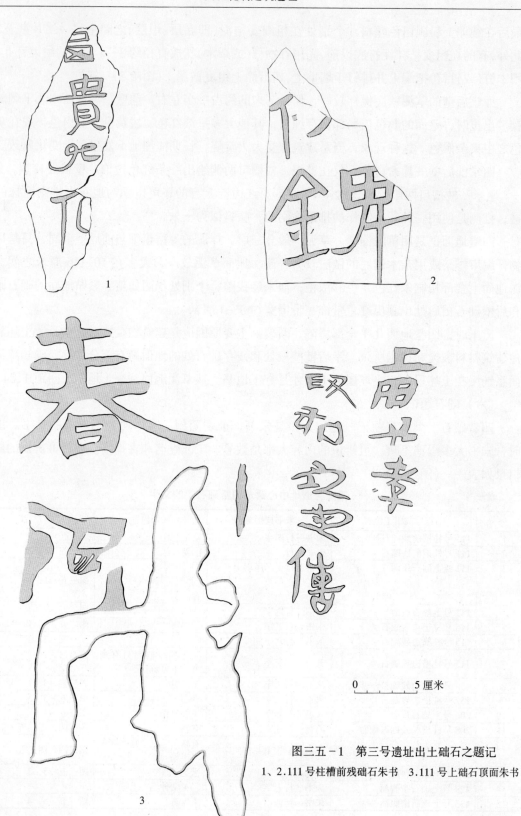

图三五-1 第三号遗址出土础石之题记
1、2.111号柱槽前残础石朱书 3.111号上础石顶面朱书

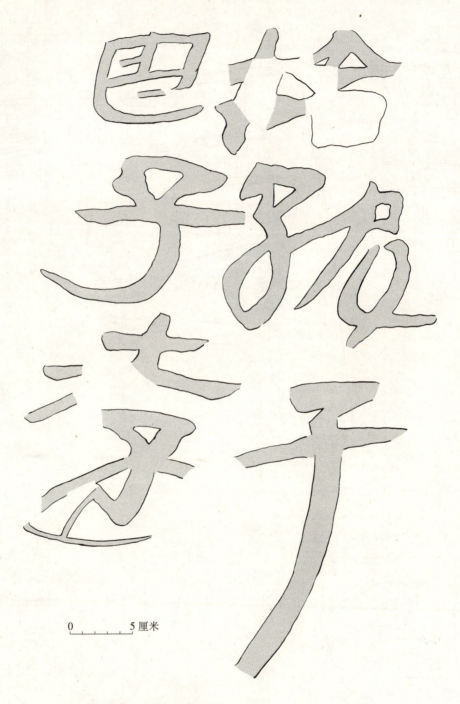

0 _____ 5厘米

图三五 - 2　第三号遗址出土础石之题记（111号上础石底面朱书）

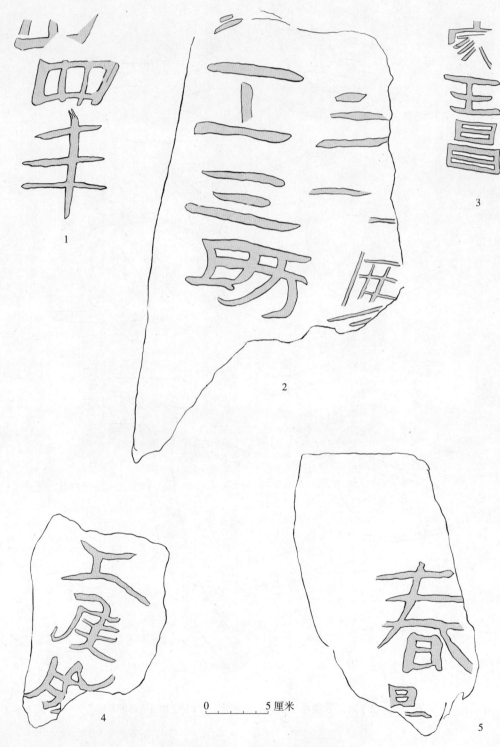

图三五－3　第三号遗址出土础石之题记

1～3.115 号柱槽边础石朱书　4、5.152 号柱槽边础石朱书

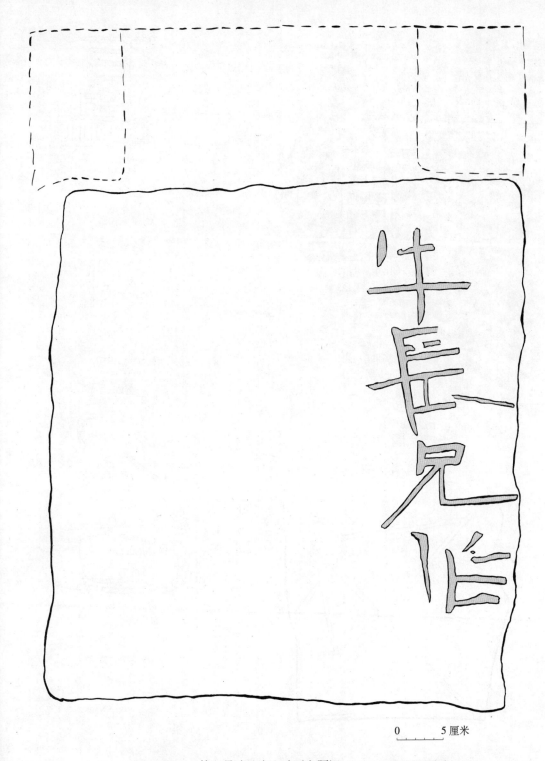

0 ____ 5 厘米

图三五－4 第三号遗址出土础石之题记（206号上础石顶面朱书）

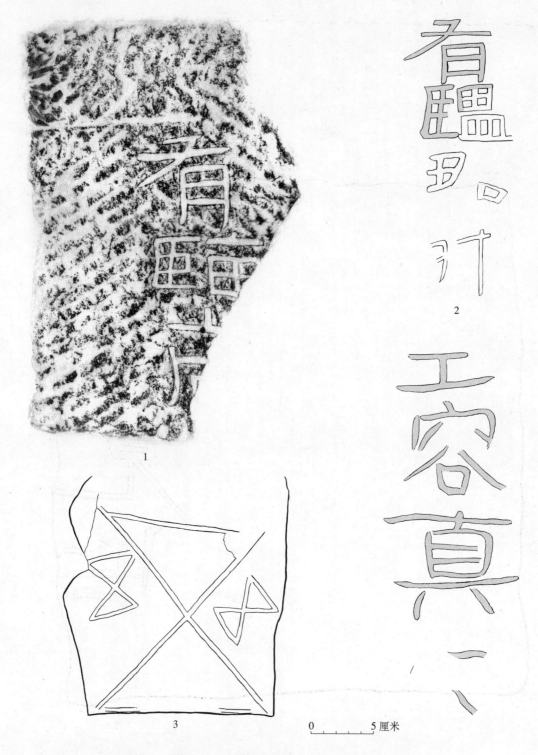

图三五–5　第三号遗址出土础石之题记

1、2.208 号柱槽前础石侧面阴刻　3.211 号上础石顶面刻文　4.433 号上础石南侧面朱书

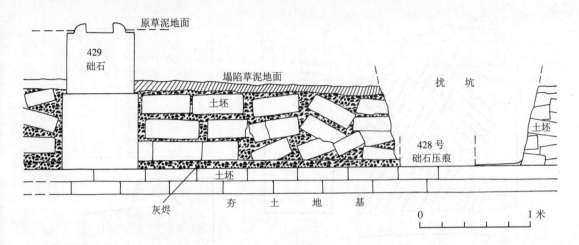

图三六　第三号遗址北堂（F304）428、429 号础石间之剖面图

（七）草泥地面下的结构

四堂草泥地面下有五层土坯垒砌（其他遗址也有只见三层土坯垒砌的，详第四章）。本遗址所见的五层土坯分上三层、下二层垒砌，中间留有空隙。（图版 37～42）以北堂局部保存完整的地段（428 号至 429 号础石之间）解剖为例（图三六）。其堆积情况是：

1．塌陷的草泥土地面厚 10 厘米，上距原地面约 50 厘米。

2．在塌陷的草泥土地面下有三层垒砌的土坯，残块多于整块，对缝平铺、错缝平铺都有。完整土坯长 46、宽 23、厚 12 厘米左右。三层厚度在 36 厘米以上。出土时，这三层土坯都已被烧成砖红色，坚硬似砖，错乱叠置。土坯有的被烧变形，弯曲，龟裂呈硫渣状，（参见图版 37～39、42）实际堆积厚度为 50～60 厘米。由于圮毁坍塌严重，这三层土坯原系紧排密铺或留有空隙，则未敢判断。

3．三层土坯之下是灰烬，厚 15 厘米左右。上部灰烬呈灰白色，下部灰烬呈炭黑色。灰烬中偶见未烧尽的木料。（图版 43、44）

4．灰烬之下又有两层基本完整的土坯，大体作错缝平叠，排列紧密，未经火烧，保存原来的灰黄色，共厚 24 厘米。428 号、429 号础座就放置在这两层土坯上。

5．两层土坯之下是夯土地基，基面上距原草泥地面 1.42 米。夯土坚实纯净，经钻探，夯土厚 1.46 米，以下才是自然土。

我们又对东堂、南堂做局部复查，情况与上述完全相同。厅堂础座和厢房、隔墙地基都放置在下两层土坯之上，灰烬厚 3～5 厘米。个别处更厚。例如南堂隔墙东边发现木炭堆积厚 30～60 厘米，未烧成灰烬的木材达 2 公斤有余。（参见图三三）木材有粗有细，多数是直径 2～3 厘米的自然树枝，也有少数直径在 20 厘米左右的加工木材。（图版 45）

从夯土地基上距草泥地面 1.42 米推算，上三层土坯和下两层土坯之间应有 60 厘米左右的间隙，这段间隙显然是已成为灰烬的原有木料的高度。这些木料似乎不可能是平铺的木板。我们猜想，最大的可能是用木板和短木柱隔成高 60 厘米左右的取暖烟道。至于如何构

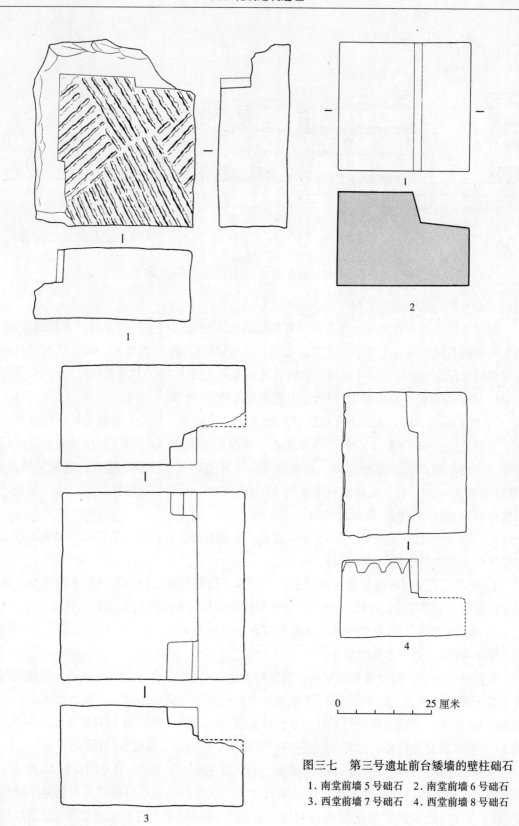

图三七　第三号遗址前台矮墙的壁柱础石

1. 南堂前墙 5 号础石　2. 南堂前墙 6 号础石
3. 西堂前墙 7 号础石　4. 西堂前墙 8 号础石

0　　　　　　　　25 厘米

架，尚有待进一步研究。

从四堂夯土地基的钻探资料看，整个中心建筑应是营建在这层夯土地基上的。也就是说，这层夯土地基是在挖方坑后最先在方坑内填土夯筑的。在这层夯土地基上，再分别夯筑中心台、前台。四堂内的这一层夯土地基，表面呈黑灰色，极坚硬，有的地段用探铲难以打穿，似是经大火焚烧所致。

三　前台

厅堂的外围是前台，也是夯土筑造。台面高出厅堂地面 0.5 米。在台面内侧边沿上筑夯土墙，即前墙。前墙内壁成为厅堂的前壁，前墙外壁就成为前台的后壁。台面中间每边设置三个方形土台。每个土台的前面都有砖砌的坡道，坡道两边是河卵石环绕镶砌的散水。整个中心建筑的边长即以散水的相对外拐角计算。

（一）前墙外壁

前墙的筑造及内壁的情况上面已述及。这里记述外壁及外壁上发现的柱槽、础石。从残存的外壁得知，外壁的壁面也是草泥涂墁，表面刷粉白，基部画一条宽约 5 厘米的红色带饰。壁面上发现有柱槽，也是在墙身筑造以后再挖出来的。柱槽一般宽 25、进深 30 厘米。槽口两侧也有红色带饰。柱槽底部置础石，础石的形制与厅堂后壁柱槽中的上础石基本相同，顶面前沿也多琢出裙肩。裙肩以下埋入柱槽底部，仅裙肩以上露出台面。顶面平整，裙肩与前墙外壁面取平。础石大小不一，一般略呈长方形，长 30、宽厚各 20 多厘米；（图版 46）少数呈方形，边长 50、厚 30 厘米左右。出土时，础石大多散失，柱槽亦多毁没，保存较多的是西堂前墙外壁七个（3 号、6 号、7 号、8 号、10 号、11 号、13 号），其次是东堂前墙外壁五个（3 号、4 号、6 号、7 号、10 号），北堂前墙外壁四个（2 号、5 号、8 号、13 号），南堂前墙外壁三个（5 号、6 号、12 号）。（图三七）彼此参照，获知前墙外壁每边应有础石 13 个，其中位于三个方台的对应处各三个，与三个方台前沿的三个础石各自对直。（图三八）其余四个础石均匀地放置在上述三组础石之间，相距各 4.5 米。础石上原应立木柱，出土时，木柱已全部焚毁，但附近多有灰烬遗存，其中以西堂前墙外壁 6 号础石上的灰烬遗存较完整，平面近圆似方，直径约 18 厘米，未敢判定为圆柱或方柱。

（二）方台

每面前台上各有三个方台，东堂前台自北向南编为一、二、三号方台；南堂前台自东向西编为四、五、六号方台；西堂前台自南向北编为七、八、九号方台；北堂前台自西向东编为十、十一、十二号方台。每面三个方台的间距各 9 米左右。方台皆夯土筑造，大小相仿，每边长 2.8 米左右，原来的台面已毁，残高 10～30 厘米不等。推测原来高度应为 30～40 厘米。残存的方台四壁也是用草泥涂抹壁面，草泥厚约 2～4 厘米，表面刷粉白。出土时，粉白壁面大多剥落，壁根处是否原有红色带饰，已不清楚。每个方台的边缘挖有五个柱槽，其中三个挖在方台面向前墙的边沿上，两个挖在方台左右两侧近中腰处。柱槽形式与前墙外壁柱槽近似，槽口两侧也有红色带饰。出土时，前沿础石保存较多，两侧础石保存较少。础石

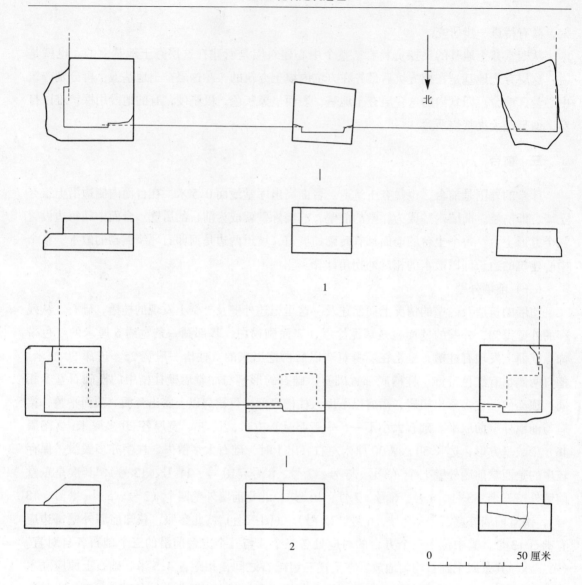

图三九　第三号遗址南堂（F302）五号、六号方台前侧础石平剖图

1. 五号方台前侧础石　2. 六号方台前侧础石

大小与前墙外壁础石略同，顶面平滑，多数在前沿琢出裙肩，裙肩以下埋入柱槽底部，裙肩以上露出前台面，并与方台壁面取平。（图三九）西堂七号方台前沿中间础石上有阴刻隶书题记一行："官工节砀周君长"。"长"字下部略残，余甚完整。（图四〇；图版47、48）"周君长"当为官工的姓名，是知此建筑系官方建造。"节砀"据《汉书·地理志》下"梁国砀"县自注："山出文石，莽曰节砀"。应劭曰："砀山在东"。师古曰："砀，文石也，其山出焉，故以名县。"这七字题记的发现，为本遗址建造年代的确定，提供了直接证据。

　　方台及其周边遗存灰烬甚多，保存最完整的是九号方台右边础石上的木炭烬，厚约3厘米，直径20厘米，周边残损欠清，故亦未敢肯定是圆柱或方柱。（图版49）

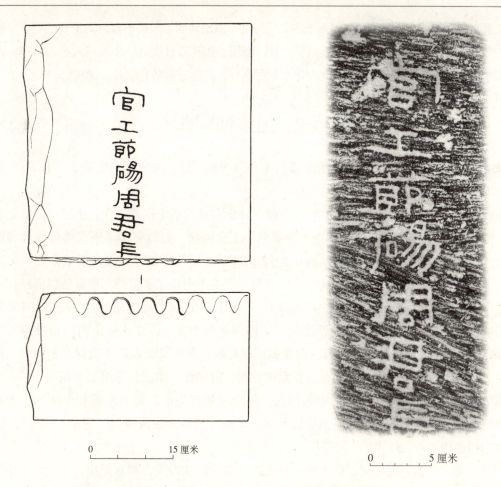

图四〇 第三号遗址西堂（F303）七号方台"官工节砀周君长"础石及拓片

（二）前台地面

前台地面涂墁草泥土，稍薄，厚约3厘米。出土时，台面几乎全部覆盖烧土、灰烬和残瓦片，厚20～30厘米不等。方台与砖铺坡道之间堆积尤甚。清除灰烬后，发现台面普遍有被焚烧的痕迹，草泥剥毁殆尽，从残存少许的草泥地面看，前台地面粉刷红色颜料。

（三）砖铺坡道

砖铺坡道设在方台的前面，相距36厘米，似为踏登方台而设。砖铺地面略呈斜坡状，内高外低，平面略呈倒"凸"字形，长2.8米。使用素面方砖铺砌。方砖每块边长34厘米，厚4厘米。后半部铺砖4行，每行11块，前半部铺砖4行，每行9块，均直缝平铺。坡道的前后两边用同形式的素面方砖竖立镶嵌，两侧边用小条砖横置镶嵌，条砖长34、宽9.5、厚4厘米。坡道两边连接河卵石铺砌的散水。出土时，砖铺坡道大多残缺，只有十号和十一号方台前的砖铺踏步保存稍好。（图版50）

（四）石铺散水

散水系利用天然河卵石铺砌，每边长52.5米，宽1.3米左右。在靠近方台处，分别作直角外折，镶嵌于砖铺坡道两侧，并与坡道两侧平齐。河卵石大小相当均匀，一般长10～12厘米、宽

5~7厘米左右，竖立，约三分之二埋入土中，三分之一露出地面。铺砌平直，紧密规整划一，微呈斜坡状。散水的两边和散水与砖铺坡道交接处，都用小条砖横置镶嵌，小条砖大小如上述。四边散水的保存情况不尽相同，其中以北面散水保存稍好，其他三面略有缺失。（图版51）

第三节　围墙和配房

围墙主要采用钻探了解，仅发掘围墙东南角（图版52）。由姜立山负责，工作自1959年3月10日开始至同年4月20日结束。

围墙保存尚好，四面墙体基本上可以衔接。一般在现代耕土层或近代扰土层下露出夯土墙体，距现地表深约30~40厘米。夯土黄褐色，土质纯净，夯打坚实。现存墙体底部和墙基部分，墙基、墙体均宽4.3米，残高0.5~2米不等。墙体上部已毁没，围墙附近未见建筑用的遗物，原来的墙顶形式已无从究明。我们对围墙东南角做了发掘，根据钻探资料，开探方三个，每方12×12米，其中二方（T381、T382）开在围墙外拐角处，另一方（T383）开在围墙内拐角处。经发掘，获知近拐角的墙体两边各加宽0.5米，使东南拐角成为每边5.3米的方形土台。拐角顶面已毁没，因发掘面积有限，附近又未发现建筑材瓦，拐角上面原来是否有建筑也未可知。围墙其他三拐角未发掘，经钻探，情况与东南拐角相同。

围墙的四个拐角犹存，以两个相邻的拐角外边交接点为准，每边实测长274米。由东门、南门、西门以及东南拐角的发掘位置验证，东南拐角外边距离南门门道中心点137米，距离东门门道中心点134米。

因基建施工紧迫，配房做工作不多。经钻探，证实围墙四隅内都有配房，平面均呈曲尺形。我们仅对东南隅配房进行局部发掘，详情如下。

东南隅配房保存不好，地面建筑已毁没，仅存基址。曲尺形基址两边各长65米，与东墙南墙各自平行，东距东墙墙根3.9米，南距南墙墙根3.5米，东配房宽17.5米，南配房宽12.6米。（图四一）因发掘面积不大，配房的具体构造不明。参照大土门遗址，配房前面无墙，是为敞厅；后边有夯土墙，从前檐柱础石（天然河卵石，未加工）排列观察，配房每边各10间，每间房以夯土墙分隔，房内涂墁草泥地面。配房周围有铺地砖和河卵石铺砌的散水。（参见本书第九章图一六五）本遗址的配房构筑形式可能与之近似。

第四节　四门门址

一　概况

四门分别位于四面围墙正中，四门门道直对中心建筑。经钻探，初步认定东门、南门、西门保存稍好，决定全面发掘；北门门址遭后代扰坑破坏严重，未予发掘。东门由姜立山负责，南门由郑文兰、施楚宝负责，西门由郑甡民负责。发掘日期都在1959年上半年。

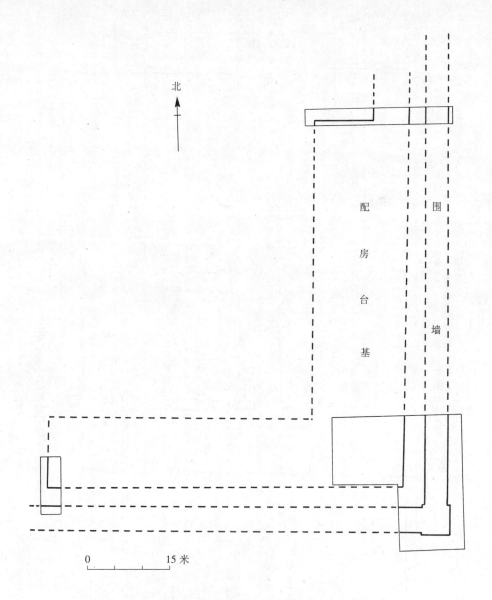

北

配
房
台
基

围

墙

0　　　　15 米

图四一　第三号遗址围墙东南角及配房平面图

三门门址的发掘方法相同，都在钻探出的门道上方处划出长 48、宽 24 米的范围，然后在此范围内划出 8 个 12×12 米的探方进行发掘。

三门门址的地层堆积都较简单。分 3 层：

第 1 层：表土层。厚 0.2~0.3 米。土色黄褐，土质松软，内含作物根茎。

第 2 层：近代扰土层。厚 0.3~0.6 米。内含清代铜钱，门址翻动上来的有汉代红烧土、瓦片和瓦当等。第 2 层以下即见门道两旁的夯土台，

第 3 层：门址被毁后堆积在门道内的建筑材料。主要有红烧土、灰烬、瓦片、瓦当、柱础石。在西门门道东端，出土瓦片尤多，上下叠压成堆，白虎纹瓦当大多发现于此。

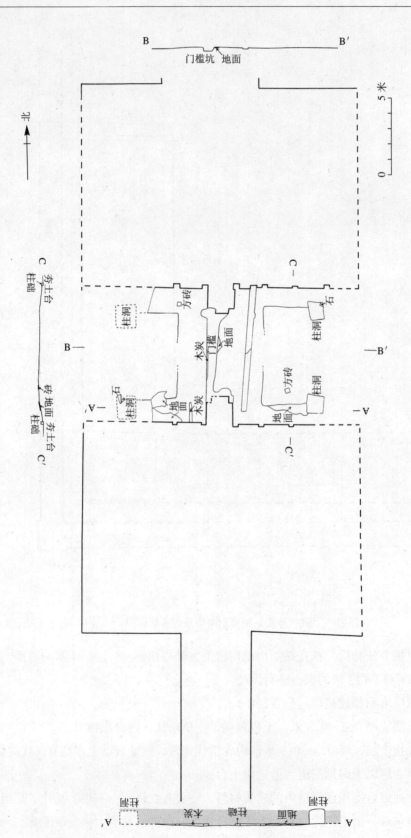

图四二　第三号遗址西门门址平剖图

西门门址保存稍好，东门、南门已严重破坏。从残迹看，三门形制大小基本一致。下面以西门为例，残缺处参照东门、南门遗存补充之。

二　西门门址

西门门洞以两侧夯土台之长度和距离为准，长 19 米，宽 9 米。两侧夯土台中央各向里凸出长宽 1.8 米，形成宽 5.4 米的通道，是为门槛所在。出土时，门槛已焚毁，仅存凹槽，槽宽 45、深 20 厘米左右，槽内堆积灰烬，是知门槛应是宽约 45 厘米的方木，埋入地下 20 厘米左右。如果方木的厚度也是 45 厘米，则木门槛高出地面应是 25 厘米。出土时，门楣门框已毁没，门槛两端之门臼座亦已散失，仅存臼座残坑。（图四二）

门道近两端处各有础石 2 个，互为对称。出土时仅存础坑，础坑口平面略作方形，每边长 1 米许，深近 1 米。坑内堆积碎石、瓦片等，坑底有放置础石的压印痕迹，参照大土门遗址东门同位置出土的础石推知，这两对础石的形制应与厅堂的明柱相同。础石向上的一面也应有圆形凹槽，槽内径 23 厘米左右。如推测不误，门洞内应有 4 根支撑门楼的明柱。

门道距离两侧夯土台内侧壁各 1.8 米的地面呈 8 度斜坡。门道地面、斜坡地面和夯土台内侧壁壁面皆铺草泥，残存不多。地面草泥厚约 5 厘米，与中心建筑草泥相同，分三层：底层粗麦秸泥，中层细麦秸泥，表层细泥，细泥上涂朱红色。壁面草泥稍薄，结构相同，表层似涂刷粉白色，出土时已呈淡黄色。

门道两侧的夯土台，大小相同，长 19、宽 13.5 米。原台面已毁没，仅在北侧夯土台上发现础石坑一个，内有础石碎块。参照第四号遗址东门和大土门遗址的出土情况，两侧夯土台面上均有一条宽 1.8 米（与伸入门洞的夯土台同宽）的夯土隔墙，把夯土台分为内外两部分（详见第四章第三节和第九章）。西门北侧夯台上之础石坑适在隔墙两侧处，表明西门两侧夯土台上也有一条宽 1.8 米的隔墙。大土门遗址除隔墙外，在门道和夯土台周围还有方砖铺地、河卵石铺砌的散水等设施。本遗址四门应与之近似。

西门址发掘后，经测绘，获知第三号遗址西门与第四号遗址东门同处在正东西直线上，门道中心相距 54.5 米。以门道中心点为准，第三号遗址西门门道比第四号遗址东门门道高出约 15 厘米。二门之间有路土相通。（图版 53～55）

第五节　出土遗物

本书所指的出土遗物，主要是指已脱离原配置部位的建筑材料以及遗弃在遗址中的单个文物，如方砖、条砖、筒瓦、板瓦、瓦当、陶器、铜铁构件、铜钱等。附属于遗址上的夯土、础石、土坯、铺地砖、草泥土及已被烧成灰烬的木料，均在遗址叙述中交待，不再重复。

收入本节的出土遗物，大都发现于中心建筑和四门门址中。发现于中心建筑的遗物，多数出自四堂内和前台上；发现于四门的遗物，多数出自门道内。

出土数量最多的是板瓦、筒瓦和瓦当。瓦当一般保存完好，板瓦、筒瓦几乎全部残破。

出土于中心建筑的瓦片（含板瓦片、筒瓦片，下同），大多烧成砖红色。每个厅堂和每个前台堆积中都有数百片之多。出土于四门门址的瓦片，除少数被焚变红外，大多数保存原来的青灰色，每座门址中均有数十片出土，详见第八章。

中心建筑被焚烧后即遭到严重扰动，木柱、建筑物的雕饰工艺品以及室内陈设物已无一幸存，支撑木柱的础石亦多散失，金属材料仅铁钉一项出土稍多，其他亦寥寥无几。下面以四个厅堂（含所属前台）为单位分别报道，较特殊的器物，另加器物号，并附说明。

东堂出土铁冒钉2件，铁曲钉5件，残铁条1件，铜垫残片2件（F301：2、F301：3），Ⅰ型五铢钱1枚。

南堂出土铁冒钉13件（其中小冒钉5件），铁曲钉11件，铜垫残片1件（F302：1）。

西堂出土铁冒钉9件，铁曲钉4件，铁刀形器2件（F303：19、F303：20），铁筒1件（F303：8），铜凸形器2件（F303：5、F303：6），铜合页形器1件（F303：2），铜板状器2件（F303：3、F303：4），铜竹叶形器1件（F303：7），形制不明的残铜器片若干。

北堂出土铁冒钉11件，铁曲钉7件，铁刀形器1件（F304：4），铜垫残片4件，铜凸形器残片3件，烧焦铜片（形制不明）7件，西汉四铢半两1枚，Ⅱ型五铢1枚，货泉1枚。

南门门址出土B型五铢1枚，货泉1枚。

以下分别介绍。

铁冒钉　35件。顶端圆冒，直径3.5~4厘米，长27~28.5厘米，重113.5克左右，个别长33厘米。（图四三，1、2；图版56）另有小冒钉5件，皆出南堂内，器形与大冒钉同，冒径3、钉身长7~9厘米。（图版56）应是使用于木构架上的栓钉。

铁曲钉　27件。锻件。顶端曲折与钉身成直角。钉身断面方形，边缘棱角明显，有的脱碳，性能甚好，未生锈或少生锈。（图版56）钉身长9~11厘米。其中一件一面粘连铁板，钉尖附有朽木残迹，显然是焚烧后塌落下来的。标本F302：2，长9厘米。（图四三，3）

铁筒　1件。F303：8，出西堂隔墙附近。铸件，一端封闭，如同车軎。长4.2、口径2、厚约0.2厘米。（图四三，4）

铁刀形器　3件，锻件。F304：4，未生锈，一端被压微翘，边棱清楚，两端截断。长14、宽2~2.2、厚0.6厘米。F303：19和F303：20，大小相同，一端斜截。长14、宽1.6~1.8、厚0.4厘米。（图四四，5）大约都是未使用的铁材。

铜垫　7件。皆平板状残片。出土时多数烧成硫渣状。从器形看，可能是木柱下的垫座，古称柱质。《战国策·魏策一》："公宫之室皆以炼铜为柱质"，可能就是这种厚2.8厘米的砖块状铜片。标本F301：2，残长16、残宽10.8、厚2.8厘米。（图四四，1）

铜板状器　一套2件，互相扣合。F303：3，长23.5、宽4.8厘米，一侧带子口。（图四四，2；图版57）F303：4，长22、宽4.9厘米，一侧带母口，可以扣合。（图四四，3；图版57）除子母口扣合处以外，正反两面都涂抹一薄层细泥，泛淡黄色。这种器物，似为箍套于木构上的铜饰件，为求观瞻悦目，衔接后涂上与壁面同样的淡黄色。

铜竹叶形器　1件。F303：7，断面半圆形，长5.5、宽1.8、最厚0.7厘米。一端有孔，

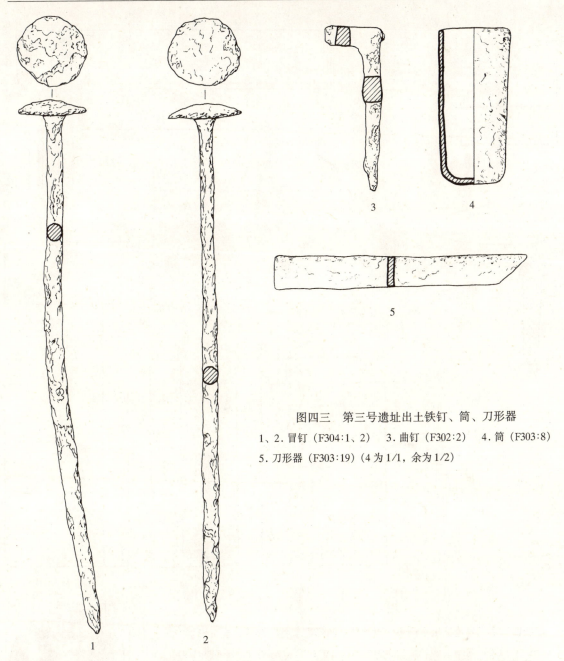

图四三　第三号遗址出土铁钉、筒、刀形器

1、2. 冒钉（F304：1、2）　3. 曲钉（F302：2）　4. 筒（F303：8）

5. 刀形器（F303：19）（4 为 1/1，余为 1/2）

铜钉尚留孔中。钉长 4.3 厘米，圆头，钉尖劈削。（图四四，4；图版 58）F203 也有发现。

　　铜合页形器　1件。F303：2，出西堂厢房附近。顶上正中有圆纽，下有两片平行板。通高 10、宽 7、厚 2.1 厘米。表面涂一薄层淡红色的细泥。（图四四，5；图版 59）同形器在第二号遗址西堂也有发现。从器形看，似应与另一件套合使用。可能是木构建筑上的铜饰物。

　　铜凸形器　5件。皆残缺，断面凸字形，中空，内存木烬。一端封闭，有子母口。出土时，正面、侧面及反面都涂薄层细泥，泛淡红色，大小稍有不同。标本 F303：5，长 16.5、宽 10.2、高 7.4 厘米。（图四四，6；图版 60）有的在顶端有一刀刻缺口，如发现于西堂厢房

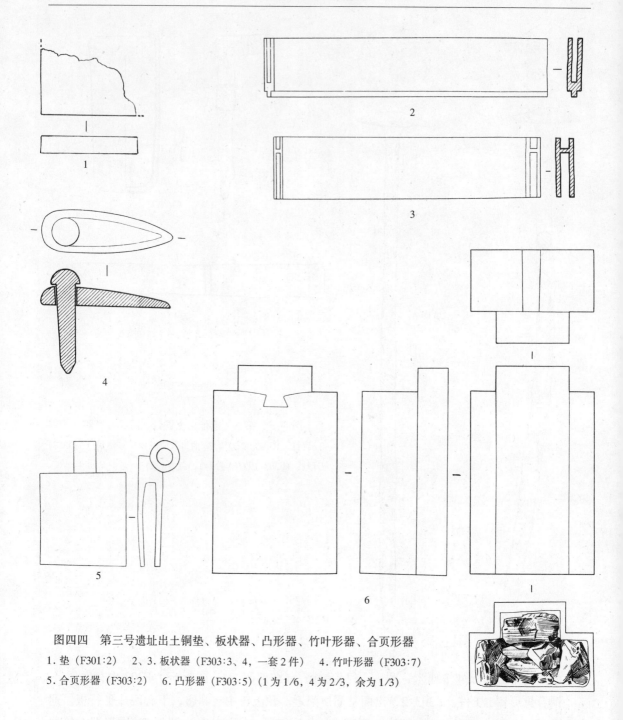

图四四　第三号遗址出土铜垫、板状器、凸形器、竹叶形器、合页形器

1. 垫（F301:2）　　2、3. 板状器（F303:3、4，一套2件）　　4. 竹叶形器（F303:7）

5. 合页形器（F303:2）　　6. 凸形器（F303:5）（1为1/6，4为2/3，余为1/3）

　　的 F303:6。同样有缺口的器形，在第二号遗址西堂、第四号遗址东堂都有发现，证明凸形器系由带有子口和带有母口的两器套合使用的，缺口是供套合的标志。由器内有木烬、器表有红色细泥，推测此器应是套在横梁两端的装饰零件。

　　铜钱　共出四铢半两1枚，五铢2枚，货泉5枚。（图版61）这些铜钱，皆汉代考古遗址所习见。据《史记·平准书》，四铢半两系文帝时铸造。据《汉书·食货志》，货泉系王莽时铸造。据《洛阳烧沟汉墓》（科学出版社，1959年）铜钱分型研究，这2枚五铢分属Ⅰ型、Ⅱ型。Ⅰ型铸造于武帝、昭帝时期，Ⅱ型铸造于宣帝至平帝时期。以下述及五铢分型，均据此书，不再一一标明。

表二 　　　　　第三号遗址中心建筑四堂内遗存础石登记表　　　　　单位：厘米

四堂础石编号		柱　式	上　础　石	下　础　石	备　注
东堂	111	壁柱	71×50×48	已失	石上有朱书"子孝"二字，已移出槽外
	120	壁柱	42×44×73	50×55×75	与121号础石并立
	121	壁柱	34×45×73	42×51×65	与120号础石并立
	126	明柱	54×54×64	有，未揭开	
	127	明柱	50×52×75	有，未揭开	
	128	明柱	53×51×70	有，未揭开	
	129	明柱	57×54×？	有，未揭开	
	130	明柱	55×50×？	有，未揭开	
	131	明柱	56×52×73	有，未揭开	
	133	明柱	51×53×74	有，未揭开	
	142	明柱	52×52×73	52×52×68	
	149	明柱	已失	120×63×30 63×60×30	下础石二石并列，呈横长方座
	152	明柱	已失	65×43×27	下石已残
	153	明柱	已失	150×111×50	四石合并成一础座，已断裂
南堂	206	壁柱	70×54×48	已失	石上朱书"牛长兄作"，已移置槽外
	210	壁柱	42×56×47	已失	上石已残，移出槽外。顶面有阴刻文字
	211	壁柱	48×45×50	已失	上石已残，移出槽外
	214	壁柱	已失	60×50×80	
	223	壁柱	47×47×47	已失	上石已残，移出槽外
	226	明柱	56×56×77	56×56×64	
	228	明柱	约55×55×68	未揭开	上石已烧成石灰状
	229	明柱	56×53×73	52×52×69	
	233	明柱	55×55×68	57×57×74	
	250	明柱	已残，顶面圆槽尚存	已砸碎	
西堂	314	壁柱	已失	有，未揭开	
	328	明柱	52×52×62	有，未揭开	
	329	明柱	51×52×64	有，未揭开	
	330	明柱	55×50×68	有，未揭开	
	332	明柱	56×53×70	有，未揭开	
	349	明柱	移动砸碎	已砸碎	

续表二

四堂础石编号	柱　式	上　础　石	下　础　石	备　　注
北堂　427	明柱	$52 \times 52 \times 62$	$52 \times 52 \times 72$	
429	明柱	$52 \times 51 \times 64$	有，未揭开	上础石东侧面有朱书
430	明柱	$54 \times 50 \times 65$	有，未揭开	上础石南侧面有朱书
433	明柱	$52 \times 52 \times 64$	有，未揭开	
434	明柱	$55 \times 55 \times 75$	$54 \times 54 \times 60$	

说明：本表只登记四堂内有上下石的础座。厢房、隔墙、前台上的础石未计入。

附录

一　361 号东汉墓

位于第三号遗址南门门址附近。1958 年 12 月 3 日晚上，施工单位清除近代墓时发现。我们发觉后赶到现场，发现墓道、砖券顶已被摧毁，即由郑文兰负责清理。编号 M361。

361 号墓为单室砖券墓，由墓道、甬道、主室组成。（图 1）墓向 182 度。墓道已毁。甬道入口处有子母砖封门。甬道长 2.75、宽 2.2、高 1.2 米。甬道两壁用条砖横砌，条砖长 28、宽 21、厚 5.2 厘米；顶部用楔形子母砖券顶。主室长 5.6、前宽 5.8、后宽 5、高 1.28 米。四壁用条砖叠砌，顶部用楔形子母砖券顶。主室近后壁处置棺床。棺床用两层条砖铺砌，长 5、宽 1.55、厚约 0.2 米。条砖长 38、宽 17、厚 8 厘米。木棺已朽，仅剩板灰。骨架一具，已朽，仅存牙齿数枚，头向东，面向不明。仅棺床前随葬陶罐 1 件，绿釉，小直口，广肩，小平底，肩上有神兽浮雕纹饰，高 13 厘米。（图 1；图版 1）这种陶罐是西安地区西汉末至东汉初最流行的一种罐式，故定此墓为东汉初期墓。

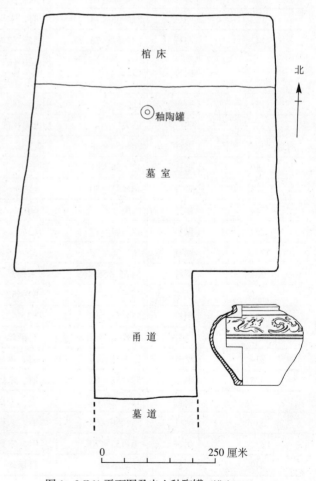

图 1　M361 平面图及出土釉陶罐（罐为 1/6）

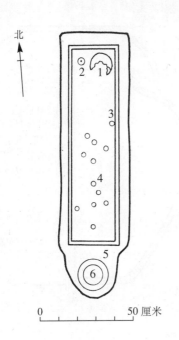

图 2　M371 平面图（附照片）

1.头骨　2.铜镜　3.铜铃　4.铜钱　5.陶罐　6.陶盆

图 3　M371 之陶棺

二　371 号东汉墓

位于第三号遗址西门门道北侧台基夯土层中。1959 年 6 月 1 日发掘西门门址时发现。由郑甡民负责清理。编号 M371。

墓口已毁，现存墓坑长 1.42、宽 0.4、深 0.3 米。墓向 3 度。（图 2）坑底置陶棺一具。陶棺长 111、宽 28、高 25、壁厚 4 厘米。模制。棺外壁模印菱形几何纹。（图 3）以粗绳纹大板瓦作棺盖。棺内埋婴孩骨架一具。已朽，仅存头骨数片，头向北，面向不明，似为仰卧

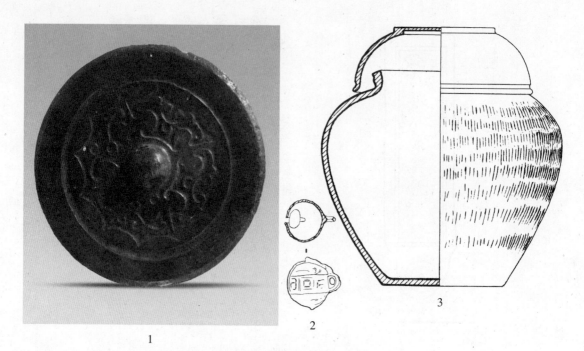

图4　M371 出土铜镜、铜铃、陶罐、陶盆
1.铜镜　2.铜铃　3.陶盆、罐（1、2 为 1/1，3 为 1/4）

图5　M371 出土铜钱
1.半两　2~4.五铢　5.大泉五十　6.货泉　7、8.小泉直一

葬式。棺内随葬铜镜、铜铃各1件、铜钱84枚；棺外南端随葬陶罐1件，以陶盆倒覆作盖。

铜镜　圆纽，内区环绕四蝠纹，外区微凹，平素。直径6.4厘米。(图4-1)

铜铃　合范铸成，中空。铃上有纹饰，顶有纽，穿孔。高1.5、腹径1.1厘米。(图4-2)

铜钱　84枚。其中Ⅲ型五铢33枚（内穿上星纹2枚，穿上×纹1枚），Ⅳ型42枚（内反文1枚，剪轮2枚），轻薄小半两1枚，大泉五十1枚，货泉3枚，小泉直一3枚，无文小钱1枚。(图5)

陶罐　灰色。直口微侈，广肩，平底。器表饰细绳纹。口径7.2、高27.2厘米。(图4-3)

陶盆　灰色。盆沿略外卷，平底。无纹饰。口径9.6、高7厘米。(图4-3)

据《洛阳烧沟汉墓》对汉五铢的分型研究，Ⅲ型五铢铸行于东汉前期，Ⅳ型五铢铸行于东汉后期。轻薄小半两系东汉末年铸行。大泉五十、货泉、小泉直一系王莽当政时铸造，东汉仍流行。与此墓四蝠纹镜和铜铃近似的同类器，在西安、洛阳等地东汉晚期墓都有出土，故定此墓为东汉晚期墓。

第四章 第一号、第二号、第四号至第十一号遗址

第一节 第一号遗址

一 概况

第一号遗址在这组建筑群的东北部，阿房果园内，北距陇海铁路约 200 米。1956 年陕西省文管会曾做过调查，发现本遗址的围墙，编号 D6F11（《考古通讯》1957 年 6 期）。随后，厂里修建一条小铁路，本遗址的中心建筑遭到局部破坏，在铁路两侧的断崖上堆积着遗址被焚毁时的红烧土、草泥土和瓦片，所以，我们进入厂区后不久就发现了。经钻探，确定中心建筑的大体位置，决定发掘西堂未被破坏部分。开三个探方（T101、T102、T103），每方 15×15 米，南北排列，由姜立山负责发掘，工作自 1959 年 4 月 26 日开始，至同年 7 月 15 日结束。（图版 62）

地层比较简单。

第 1 层：表土层。厚 0.2 米左右，土质松软，黄褐色，内有近现代遗物。

第 2 层：为汉以后堆积层。厚 0.3 米左右。土质松软，黄褐色中泛红，内有近代瓦片和从遗址中翻动起来的红烧土。

第 3 层：遗址堆积层。数量最多的是瓦片，夯土、烧土、土坯、础石、灰烬等也相继暴露。在发掘过程中，发现本遗址的建筑形制与第三号遗址完全相同，保存不太好，遗址堆积中扰坑很多，所以只发掘 T101、T102 二探方，并对探方范围内的西堂地基进行揭剖。

二 中心建筑

中心建筑由中心台、四堂、前台三部分组成。中心台、前台经钻探证实，四堂经钻探后选择被破坏较轻的西堂厢房以北部分进行发掘。发掘出土的柱槽、础石按第三号遗址的编号法进行统一编号。

在发掘范围内，揭出厢房、中心台西壁 315～325 号柱槽（含础石）和前壁内的 342～346、351～353 号础坑（含础石）。属于北堂的 401～403 号柱槽和 447 号础坑也一起揭出。前台矮墙部分受破坏较甚，也做了清理。（图四五；图版 63、64）

中心台西壁上的柱槽，从现存中心台面到柱槽底部深 1.7～1.8 米，正视多数呈溜肩瓶形，上口宽 50、进深 30 厘米，底部宽 120、进深 80 厘米左右；少数呈折肩瓶形，上口宽 50～

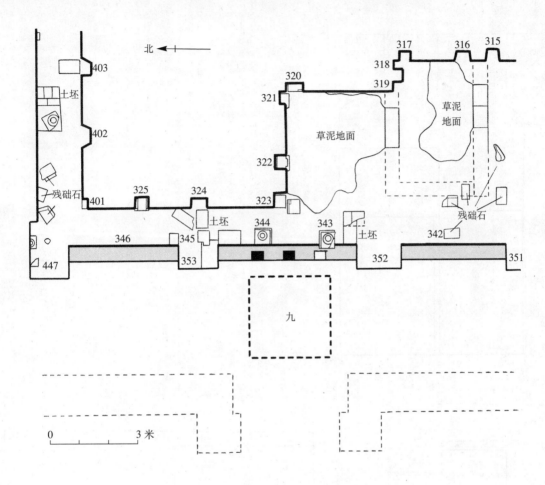

图四五　第一号遗址西堂（F103）局部发掘平面图

70、进深 30 厘米，底部宽 110～130、进深 80 厘米。槽内础石大多被掠走，发掘时 320、322、325 号上下础石俱存，321、323、324 号以及属于北堂的 401、403 号仅存下础石。（图版 65～68）举 320、321 号并立柱础为例，柱槽深 1.71 米，底部平面呈直角形。（图四六）320 号上石为大理石琢制，长 50、宽 55、高 35 厘米，面向厅堂的一侧做出裙边；下石为红砂岩，长 50、宽 53、高 73 厘米，面向厅堂的侧面朱书二行：

　　　　王□□　王子然（图四七；图版 65）

字倒置，应是朱书后放置。321 号柱础仅存下石，红砂石制，长 48、宽 49、高 75 厘米。面向厅堂的侧面朱书二行七字：

　　　　第三□□　王子然（图四八；图版 65）

322 号二石俱存，上石朱书一行三字，下石朱书二行七字：

　　　　兄□□（上石）

　　　　第二十九　□□□□（下石）（图四九；图版 66）

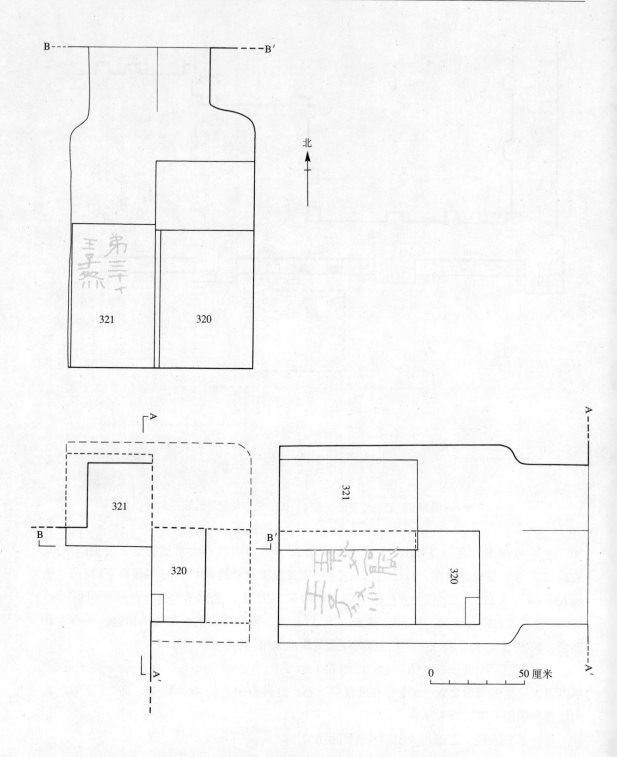

图四六　第一号遗址西堂（F103）320、321 号并立础石平剖图

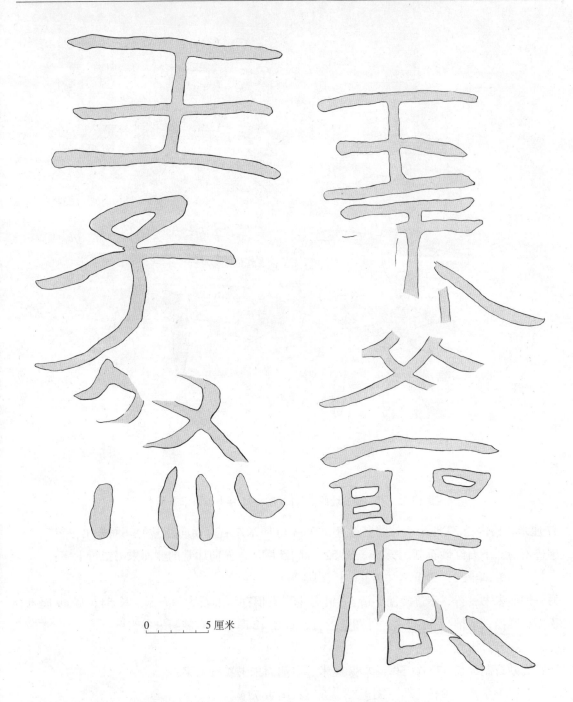

图四七 第一号遗址西堂（F103）320 号下础石朱书摹本

401 号仅存下石，朱书二字、阴刻二字：

第二（朱书） 纪氏（阴刻）（图五〇；图版 68）

西堂内的明柱础大多遭到破坏，仅 343、344 号础石尚存，（图版 69）另有少量残石弃置扰坑中。343 号上石为大理石（大青石）制，略残，长宽各52厘米，顶面有圆槽，连槽高

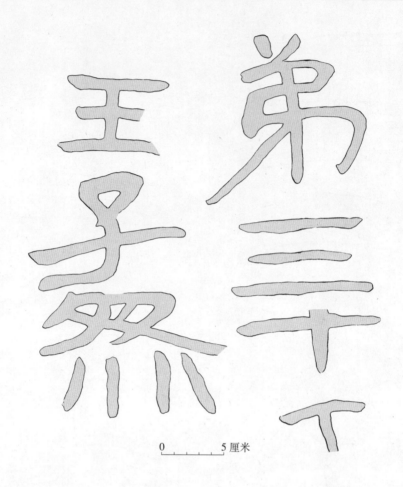

0 ⎯⎯⎯⎯⎯ 5 厘米

图四八　第一号遗址西堂（F103）321 号下础石朱书摹本

37 厘米，槽内径 23 厘米，外圈壁近直，直径 40 厘米左右。面向厅堂的一面朱书一行三字，字迹不清。下石红砂石制，长 56、宽 52、高 85 厘米，面向厅堂的侧面朱书二行七字：

　　　　第二十八　　王子然（图五一；图版 70）

另一侧面朱书一行，字迹漫漶不清。344 号上下石俱存，上石大理石制，长 54、宽 49 厘米，顶面有圆槽，通槽高 32 厘米，外圈壁近直，直径 42 厘米。右侧面朱书四字：

　　　　第二十九

下石红砂石制，长 57、宽 50、高 88 厘米。右侧面朱书二行七字：

　　　　王子然　　工何先作（图五二、五三；图版 71）

　　在清理础石时，发现在 343 号柱础的南边和 344 号柱础的北边各 0.4 米处的草泥地面下各有一段土坯垒砌的地基。土坯 8 层，每块长 48、宽 24、厚 13 厘米。土坯基本完整，横排二块。344 号北边的土坯地基 4 行，连接前墙与西北夹室台基。343 号南边的土坯地基 3 行，从前墙基至柱础稍延伸处，长约 0.75 米。前壁沿边的明柱础两侧，也有类似的土坯地基，用以承托草泥地面。

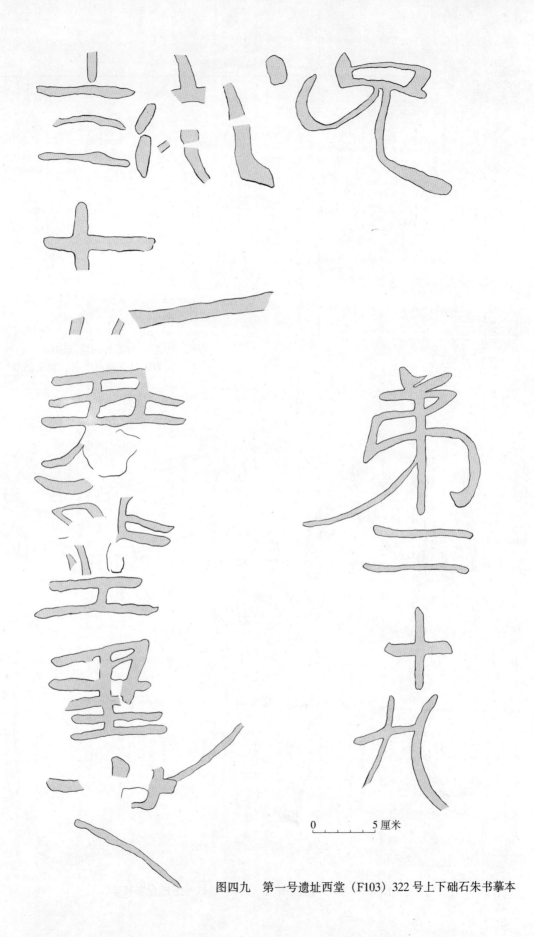

0   5 厘米

图四九　第一号遗址西堂（F103）322 号上下础石朱书摹本

0 ⊢⊢⊢⊢⊢ 5 厘米

图五〇　第一号遗址西堂（F103）
401 号下础石朱书、刻文摹本

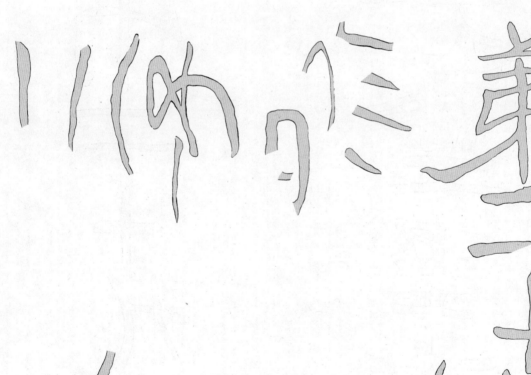

0 ⊢⊢⊢⊢⊢ 5 厘米

图五一　第一号遗址西堂（F103）343 号下础石朱书摹本

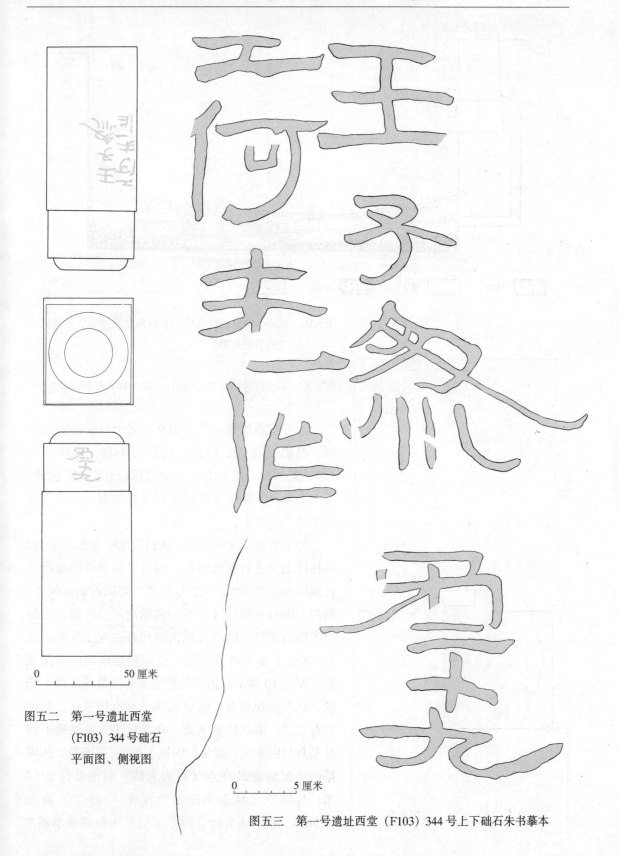

图五二　第一号遗址西堂
　　　　（F103）344 号础石
　　　　平面图、侧视图

0　　　　　　50 厘米

0　　　　5 厘米

图五三　第一号遗址西堂（F103）344 号上下础石朱书摹本

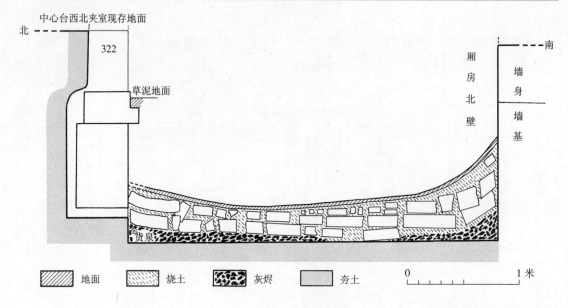

中心台西北夹室现存地面

北

322

草泥地面

南

厢
房
北
壁

墙
身

墙
基

◎货泉

| 地面 | 烧土 | 灰烬 | 夯土 |

0　　　　　　　1米

图五四　第一号遗址西堂（F103）厢房北墙至 322 号础石间
　　　　之地基剖面图

图五五　第一号遗址西堂（F103）347 号础石平剖图

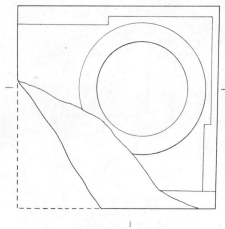

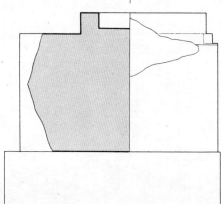

0　　　　50厘米

厢房被后代扰坑严重破坏，出土时仅存南北残
墙，西墙已尽毁，门址、础石均不存。北墙残长
1.4、宽 0.56、高 0.5 米，南墙残长 0.8、宽 0.56、
高 1.2 米。两墙墙基都用 8 层土坯垒砌，置夯土地
基上。

为了解西堂地基结构，我们选择厢房北墙至 322
号柱槽之间进行全面解剖。因为这里的草泥地面虽
已塌陷但完整无损，322 号柱槽内的础石仍然保存。
槽内上础石在面向厅堂的一侧做出裙边，裙边上的
草泥地面尚存，由草泥地面至地基面深 1.3 米。这
1.3 米由上至下可分三层。第一层是塌陷的草泥地
面，厚约 10 厘米；第二层是烧土和多数残碎的土坯
块，从出土现状看，厢房北墙下有土坯三层，其他
只有二层；第三层是灰烬。在靠近 322 号柱槽下的
地基灰烬内发现"货泉"铜钱 1 枚。（图五四）从塌
陷的草泥地面最高点（厢房北墙）到地基深 0.94
米，与原草泥地面至地基的深度（1.3 米）尚差
0.36 米。这 0.36 米的空间原来应是木构架或木料堆

积。(图版72、73)

顺着前壁向南，发现位于西南拐角的347号础石犹存。础石上下二石重叠，形体巨大。上础石大理岩琢制，方座形，一边略残，三边完好，每边长110厘米，高74厘米。顶面琢磨平滑，中间有凸起的圆槽，槽圈顶与圈壁呈直角。外圈径70、内槽径50、深10厘米。下础石亦作方座形，石英岩制，较粗糙，每边长120厘米，高62厘米，下部埋入土中，未剖开。(图五五；图版74、75)在已发掘的中心建筑遗址中，紧贴前壁的大础石均惨遭破坏，这是惟一仅存的一个。它至少说明，厅堂前壁内四个拐角都有一根直径约50厘米的木柱。

前墙破坏严重，仅在343、344号柱础处保存一小段，残长2.28、宽0.56、高0.15～0.2米，两面亦涂抹草泥墙皮。在这段前墙上发现有三个础石(一个仅存柱洞)，位置与九号方台前沿上的三个础石相对，础石略呈长方形，长33、宽24、厚20厘米左右。前边与前墙面齐平，表明中心建筑前台上的十二个方台的对应前墙上都应有三个础石。

三　围墙、四门和配房

围墙保存不好。经钻探，每边都有残断，一般深1米，基宽5米，厚0.6～1.2米。西北、西南两拐角已毁，以东南、东北两拐角的外边为准，实测东墙长260米。其他依残断墙迹各自延伸交叉，长度均在260米左右。每边距离中心建筑中心台约130米，与1956年陕西省文管会实测的长度相符。

四门、围墙经钻探证实，未发掘。

第二节　第二号遗址

一　概况

第二号遗址位于第一号遗址之西，第三号遗址之东。1956年陕西省文管会在这一地区勘查时发现了它的围墙，编号D6F12。随后厂里修建一条专用铁路，中心建筑遭到局部破坏。在铁路两侧的断崖上，堆积着遗址被焚毁的红烧土和残碎的建筑材瓦。在第三号遗址发掘后期，队里派张建民、杨国忠负责勘查。经钻探，确定中心建筑的大体位置，选定发掘西堂。开探方四个，编号T201～204，每方15×15米，南北纵列。自1959年3月1日开始至同年4月底结束。发掘出土的柱槽、础石等按第三号遗址的编号法统一进行编号。

地层堆积与第一号遗址近似，在表面层近代堆积层下面露出中心台和被焚毁的遗址堆积物。扰坑很多，近代现代墓不少。在我们发掘的范围内，北半部保存稍好，南半部破坏严重，且多近现代墓。

二　中心建筑

中心建筑由中心台、四堂、前台三部分组成。(图五六；图版76、77)

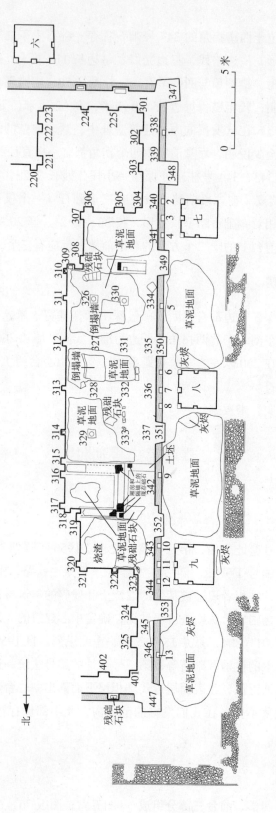

图五六　第二号遗址西堂 (F203) 平面图

发掘前，中心台面呈圆弧状，中央稍高于四边。发掘时，发现近中央处残存一小片原地面，约 0.5×0.5 米。原地面铺墁草泥，剥蚀严重。从零星残面看，草泥分三层：表层粗麦秸泥，中层细麦秸泥，上层细黄泥，表面刷红色颜料，总厚约 15 厘米。经钻探，这片原台面至台基底部厚 3.55 米。以这片原地面为基点，对已发掘的西堂地面进行实测，西堂地面距中心台原地面平均低 2 米；现存中心台台边高出西堂地面 0.8～1.3 米。

西堂保存稍好，构筑形式与第三号遗址西堂相同。后壁（即中心台西壁）草泥壁面也是由底层粗麦秸泥、中层细麦秸泥和上层细黄土泥构成，细黄泥上涂白色颜料。柱槽两侧和壁根为红色边饰。后壁二十五个柱槽（301～325 号）及属于南堂的六个柱槽（220～225 号）和北堂的二个柱槽（401、402 号）均基本完好。（图五六）槽口上部（立柱部分）宽 40～43 厘米，进深 25～38 厘米（一般 35 厘米左右），下部（置础石部分）较宽大，一般宽 60 厘米，进深 80 厘米左右。槽内壁上大多遗留铁工具挖掘的痕迹，工具刃部宽 1.5～2 厘米。柱槽口两侧有的还留有草泥壁面和朱红色边饰，保存最好的是 314 号柱槽。础石以上的槽口两侧距离为 24.5（上部）～28 厘米（下部），这应是当时立柱外露的宽度。（图五七；图版 78、79）

后壁柱槽内的础石大多被掠走，尚存的只有 309、310、314、322 号。其中 309、310 号为并立柱础，皆二石重叠。（图版 80）309 号上础石为方座形，大理岩制，长 50、宽 46、高 20 厘米。下础石为纵方座形，细砂岩制，长宽各 56、高 90 厘米。310 号上础石为纵方座形，大理岩制，长 45、宽 47、高 85 厘米，前沿有裙肩。（图版 81）下础石为横方座形，细砂岩制，长 63、宽 48、高 38 厘米。二上石顶面平齐，上距现存中心台台面深 1.09 米。二底座高差用夯土填补。（图五八）314 号为三块础石上下叠砌，皆细砂岩琢制，这是较少见的。上础石长 28、宽 48、厚 8 厘米，中础石长 53、宽 56、厚 18 厘米，下础石长 56、宽 60、厚 78 厘米。322 号上础石已被烧成粉末状，下础石未揭开，通高亦应在 1 米以上。（图版 82）

厅堂内的明柱础尚存三个，其中 326、330 号上下础石俱存，（图版 83）329 号仅存下础石。明柱础的石料与琢制方式和第三号遗址完全相同，缺失的明柱础，全部成为础坑。

出土时，厅堂地面全部塌陷，一般下陷 0.4～0.5 米，个别处达 0.6 米，坍陷自东向西倾斜，仅在靠近后壁的壁根处有一点点原来的草泥地面。草泥地面厚 10 厘米左右，表面涂红色颜料。（图版 84）在塌陷的地面上，我们发现有两片分别从中心台和隔墙上倒覆下来的土墙。（图五九）一片倒覆在 312 号和 313 号柱槽的前面，由东向西呈倾斜状，东距中心台西壁（即西堂后壁）仅 1 米，倒墙长 2、高 1.6、厚 0.43 米。墙身用土坯单行垒砌，两面涂抹草泥。土坯多残块，中间夹杂焦土。两面草泥结构相同，分三层：底层是粗麦秸泥夹杂木棍，厚约 5 厘米，在一小段内发现并排的木棍痕迹 7 孔，孔径 6～8 厘米；中层是细麦秸泥，厚 2 厘米左右；上层涂细黄泥一薄层，细泥上涂红色颜料。出土时，向上的一面保存尚好，压在西堂地面的另一面已残破不堪。（图五九；图版 85～87）从倒塌现象推测，这片土墙应是中心台上建筑物的西墙。如果推测可以成立，根据塌墙东距中心台 1 米左右推测，中心台的台面应高出厅堂地面约 2 米左右。把这片塌墙复原到中心台上，则墙顶部至少要高出厅堂地面 4 米左右。另一片土墙倒覆在 326 号和 330 号柱础之间，东距中心台 2.2 米，南距隔墙

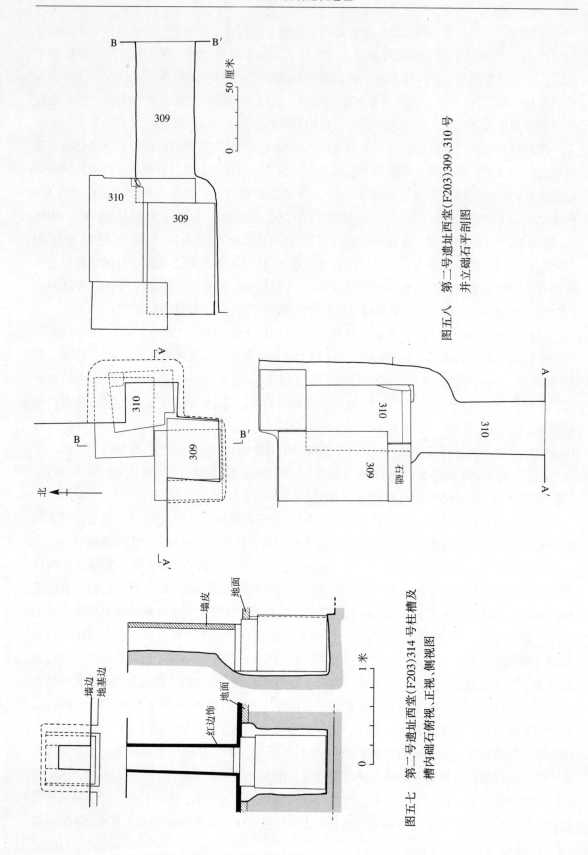

图五八　第二号遗址西堂(F203)309、310号
并立础石平剖图

图五七　第二号遗址西堂(F203)314号柱槽及
槽内础石俯视、正视、侧视图

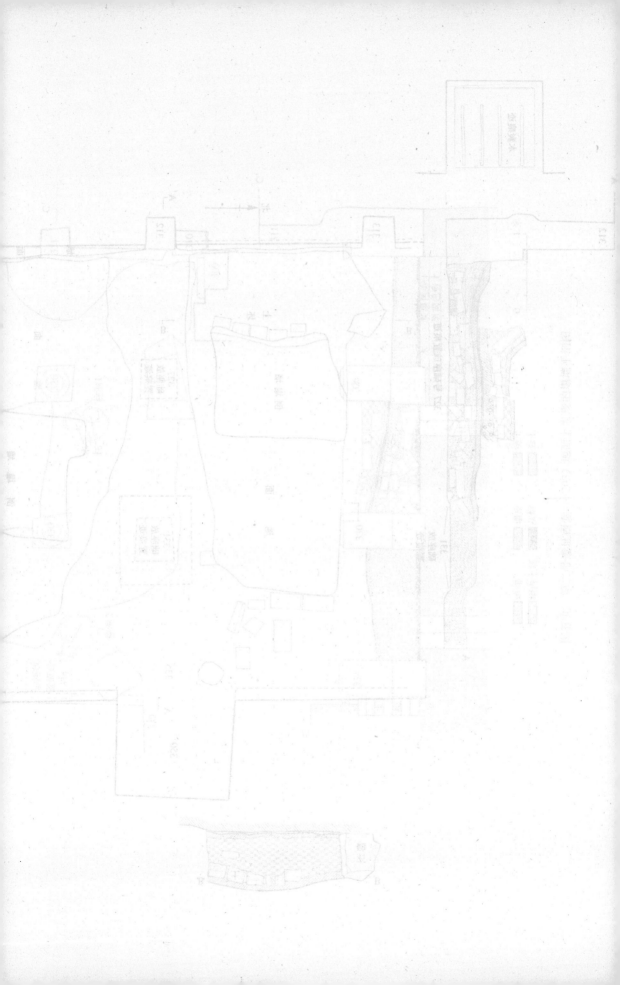

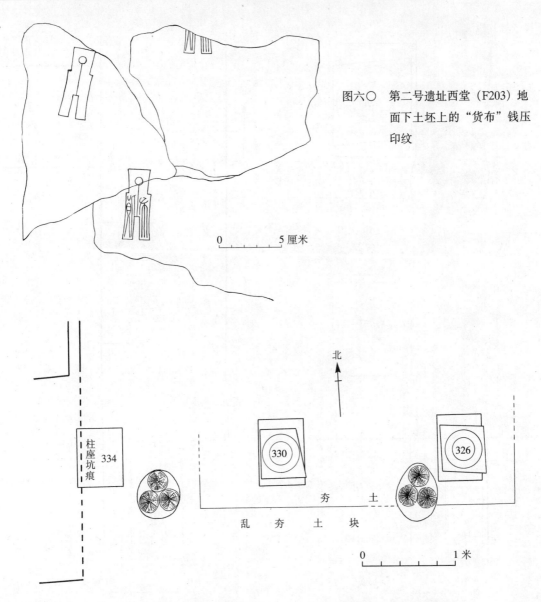

图六〇　第二号遗址西堂（F203）地面下土坯上的"货布"钱压印纹

0　　　　　　5 厘米

图六一　第二号遗址西堂（F203）326、330 号础石及近旁地基柱洞平面图

1.6 米，倒墙长 2、高 1.6 米。已破裂。墙身用土坯垒砌，错缝平铺，墙身两面用草泥涂抹，通厚 0.43 米。（图五九；图版 88）从倒覆现状看，可能是隔墙上部的墙身。因倒墙已破裂，故亦不能排除原是中心台上的西墙。

厅堂草泥地面之下，我们做了较多的解剖观察。发现本遗址西堂地面下以及探方内的南堂地面下都是三层土坯，残整混杂。（图版 89～92）其中有一块残土坯，上面有三枚"货布"铜钱的压印纹，应是在土坯制成后压印上去的（图六〇；图版 93）。土坯的下面也有灰烬，情况与第一号遗址、第三号遗址相同。灰烬下面是夯土地基。值得注意的是，在夯土地基上发现有三个柱洞。（图六一；图版 94～99）三个柱洞分别位于 326 号础石的西南边（图

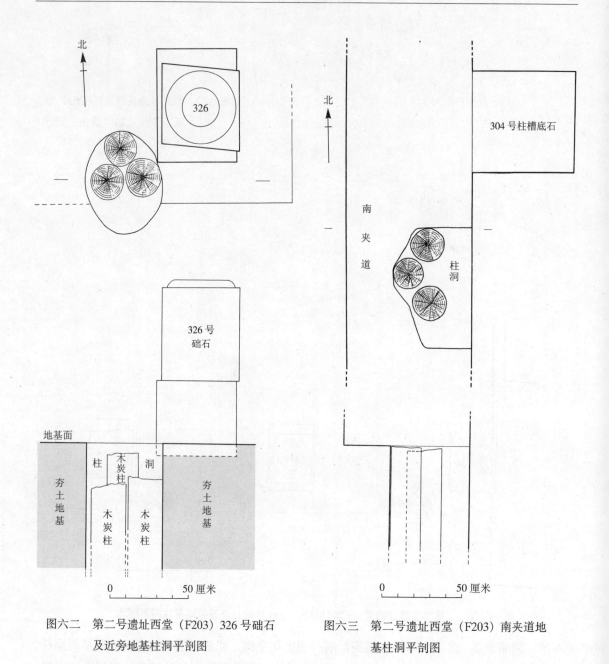

图六二　第二号遗址西堂（F203）326 号础石
　　　及近旁地基柱洞平剖图

图六三　第二号遗址西堂（F203）南夹道地
　　　基柱洞平剖图

版 95、96）、330 号础石的西南边，（图版 97）和南夹道内的 304 号柱槽的西南边。（图版
98）前两个柱洞东西对应，相距 2.4 米，洞口圆形，直径 0.5 米左右，洞深 1.9 米。（图六
二）南夹道内的柱洞系沿夹室台边掏挖，洞北壁和南壁均在版筑衔接处，所以，柱洞的东、
北、南三壁均极平直，仅西壁不甚规整。洞口长 0.76、最宽处 0.52 米，深 1.83 米。（图六
三）在这三个柱洞内，各置木柱三根，直立呈品字形。出土时，木柱已全部烧成炭柱，保存
甚好，树轮纹理清楚。炭柱直径 23 厘米，个别为 20 厘米和 24 厘米。（图版 100）木柱与洞

壁之间的空隙处填土，土中杂有少量的瓦片、陶片。洞口周围约 20 厘米的范围内，夯土地面全被烧成焦红色。我们对第一个柱洞做了解剖，发现洞口至口下深 0.6 米的夯土都因火烧而变色。由于火力强弱不同，由上而下渐次形成三种不同的土色（中间没有明显界限）。上层厚约14厘米，呈灰黑色，又干又硬，如同砖块，特别是洞口至口下6厘米这一层，探铲竟无法打入；中层厚约 16 厘米，呈灰褐色，夯土部分碎裂，硬度稍减，内中杂有炭渣、灰烬；下层厚约 1.33 米，呈褐色，极纯净，硬度又减，湿度较大，土质已松软。由柱洞口至夯土基底部，总厚度是 1.63 米。

　　这三个柱洞和洞内竖立的三根木柱，都应是营建时有意设置的，木柱的顶端都应高出洞口，我们认为，它们可能是支撑承托草泥地面的木板之用的。由于我们解剖地基的范围不大，西堂内是否还有未被发现的置木柱用的柱洞，其他遗址内是否有类似的情况，均未可知，这是我们深感遗憾的。

　　厢房保存尚好，房内东西长 3.8、南北宽 2.4 米。（图版101）东壁即中心台西壁，壁面有 315～319 号柱槽，因槽内础石被掠走，连及厢房南北壁东端也遭到破坏。北壁残长 1.5、残高 0.6 米；南壁残长 1.1、残高 0.8 米。墙身土坯垒砌，两面亦用草泥涂抹，通厚 52 厘米。西壁仅存墙基，墙基两端有础石。北端有础石 3 块（一块石灰岩、二块砂岩），呈品字形摆放，础石衔接处均有土坯墙遗迹。（图版 102）表明这三块础石都是紧贴在墙身内的暗柱础。南端两侧有础石各二块，其中一石上朱书"李"字（图六四）。从摆放位置看，外侧础石

0 ————— 5 厘米

图六四　第二号遗址西堂（F203）
厢房础石朱书摹本

是暗柱础，内侧础石是门磴石，与南壁西段一础石构成门道，宽约 1.2 米。估计当时应有门框、门楣、木门，出土时已全部焚毁不存。（图六五）

　　房内原地面已下塌，仅周边有部分保存。地面草泥铺墁，厚 5 厘米，表面涂抹红色颜料，光艳平整，比厅堂地面约低 1 厘米。三壁墙基均土坯构成。土坯墙基不甚完整，多有残块，基宽 0.98 米。土坯墙身即垒砌在土坯墙基中央。南壁墙基向西延伸，直抵前壁 342 号柱础旁边。（图版 103～105）

　　隔墙东端两侧是中心台西壁的 308、309 号柱础，西端直对前壁 349 号柱础。墙基、墙身皆土坯垒砌而成，残长 3.9 米。从发掘现象观察，隔墙可能直通前壁，全长应是 4.9 米。（图版 106～108）从隔墙中段发现的柱础排列看，门道似设在中部偏东处，宽约 1.2 米，东距中心台壁约 1 米。门道两侧的础石皆上下重叠，上石顶面平整。东侧础石已失，仅存础坑。西侧础石保存完好：上石系两块平石并列，都有裙边，通长 50 厘米，厚 24 厘米；下石长 74、宽 54、高 80 厘米。础石上面的柱槽、木柱全毁，门道两侧是否有门框、门扉，已无法究明。在门道西侧又置有础石，亦上下重叠，上石长 44、宽 50、高 32 厘米，顶面平滑，有裙边；下石长 45、宽 50、高 72 厘米。础石上的柱槽犹存，槽口宽 28、进深 24 厘米。槽口两侧草泥墙皮尚存，墙皮上皆施红色带饰，说明这里原有一立柱。这一根立柱与厅堂内的

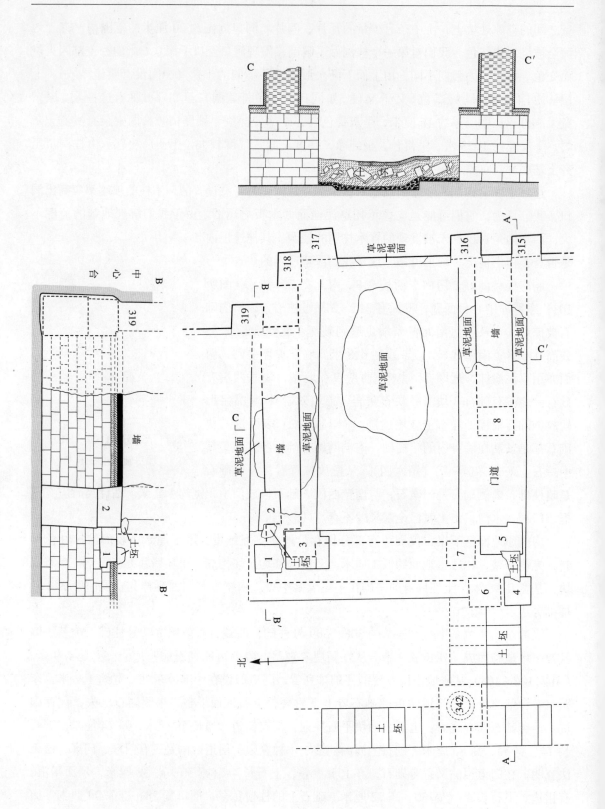

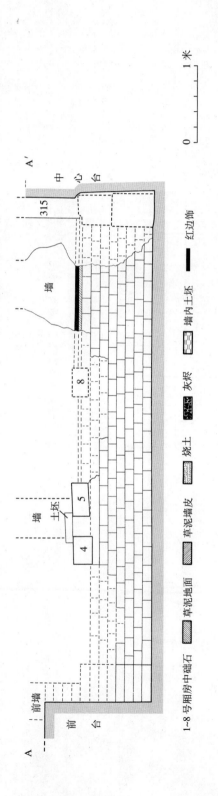

图六五　第二号遗址西堂（F203）厢房平剖图

1~8号厢房中础石　　▨ 草泥地面　　▨ 草泥墙皮　　▨ 烧土　　▨ 灰烬　　▨ 墙内土坯　　━ 红边饰

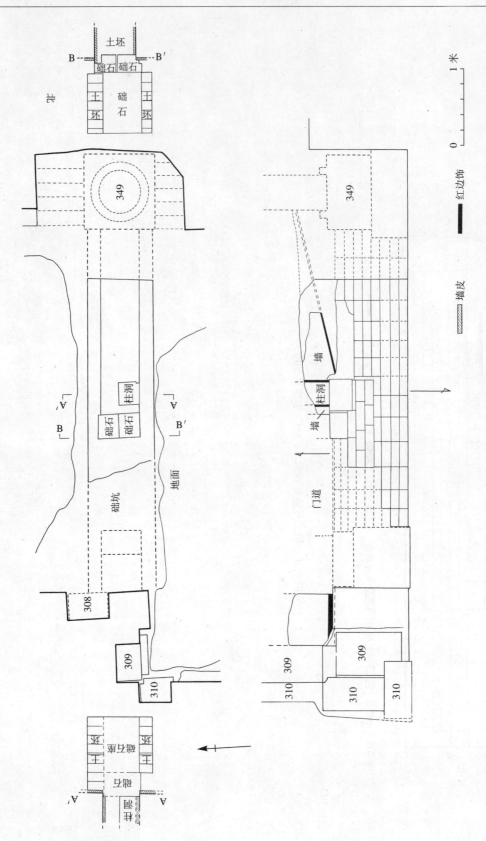

图六六　第二号遗址西堂（F203）隔墙平剖图

330 号明柱础和夹室上的 305 号暗柱础可以连成一线，表明它们应有梁架关系。值得注意的是，柱槽以西的红色带饰，不再是施于墙根上，而是向上作 13 度斜行，直到墙身残断处，带饰残长 80 厘米。第三遗址西堂隔墙上也有同样现象，由此推测此处可能是上登中心台的楼梯所在。(图六六)

夹道宽 1.06 米，原地面至夯土地基面深 1.2 米。夹道两边柱础较多，因掠走础石而毁及地面，除探方内的南堂西夹道地面（图版 109）保存稍好以外，其他夹道地面破坏严重，草泥地面残存无几。西堂北夹道夯土地基上铺土坯二层，土坯上至地面塞满木灰烬和烧土或土坯块。南夹道 304 号柱槽旁的地基上发现柱洞一个，洞内竖木柱 3 根，详情已见上述。

前墙已毁，仅存被扰动的二方础石（图六七；图版 110）。前台台面尚存，高出厅堂地面 0.5 米。夯土筑造，台面坚硬，火烧痕迹依稀可见。三个方台基本完好。方台平面呈方形，台面平整，每边长 2.75、高 0.3 米。方台前沿三个柱槽，中腰两侧各一个柱槽，清晰可见。有的槽内尚存础石，础石皆砂岩制。

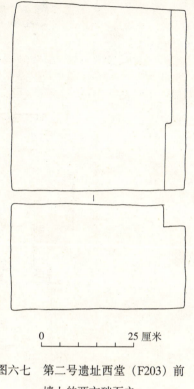

图六七　第二号遗址西堂（F203）前墙上的两方础石之一

方台外 0.55 米处有河卵石铺砌的散水和方砖铺砌的坡道。方砖已散失，铺砖压痕隐约可见。散水保存尚好，两侧用立砖镶嵌，宽 1.38 米。散水南北两拐角相距 53.8 米。

三　围墙、四门和配房

围墙的东、西、北三面保存较好，经钻探，深 0.5~1 米。基宽 4.3 米左右，厚 1~1.5 米。南墙东段已毁，（图版 111）西段大部分暴露在断崖上，深宽厚与东西北三墙基本相同。围墙的四个拐角保存尚好，四边相衔接，平面呈方形，实测每边长 280 米。

四门经钻探，证实东门、北门尚有遗迹可寻，南门已毁没，西门被冶金厂的专用铁路破坏，残存部分暴露在断崖上，我们循断崖进行了局部发掘。就发掘所见，西门也是由门道和两侧夯土台基组成的。大小形制与第一号遗址西门和第三号遗址西门完全相同。

配房仅钻探证实，未发掘。

第三节　第四号遗址

一　概况

第四号遗址在这组建筑群的西北部，第三号遗址的西边，枣园村北，陇海铁路南。发掘

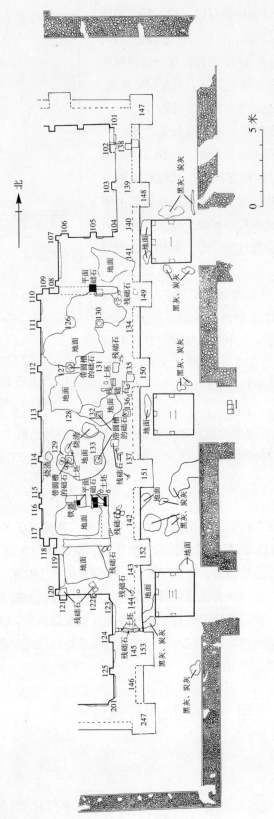

图六八　第四号遗址东堂（F401）平面图

前，这里是一片庄稼地和一些近现代墓葬。1956 年陕西省文管会勘查时被遗漏未发现。我们进住工地时，遗址上的庄稼正陆续收割，近现代墓先后迁走。我们发掘第三号遗址时，曾多次到此地踏查才发现。经钻探，初步了解本遗址的大体范围以后，决定发掘中心建筑的中心台和东堂，东门和围墙东南角。中心台和东堂的发掘工作由施楚宝负责，从 1959 年 3 月 25 日开始至同年 5 月 25 日结束。东门和围墙东南角的发掘工作由徐家国负责，从 1959 年 4 月 14 日至同年 7 月 10 日结束。

地层堆积比较简单。第 1 层耕土，厚 0.3～0.45 米，土质松软，灰黄色，土中仅含少许残碎陶瓷片、瓦片。第 2 层为近代堆积，扰坑很多，土中夹杂不少遗址中的器物，遗址遭到不同程度的破坏。近代堆积层下面即见遗址和遗址堆积。在发掘过程中，曾发现多座唐墓，我们仅在围墙东南角发掘一座，同时把压在围墙基下面的一座汉代瓦棺葬墓做了清理，详见本章附录。

二　中心建筑

中心建筑也是由中心台、四堂、前台三部分组成，现存地面略高出周围地面。我们在东西横穿中心台的中部开 28×2 米探沟一条（T401），在中心台北侧、东侧、南侧各开一 10×10 米探方（T402、T403、T404）。探沟、探方内均在距地表深 0.25 米处开始局部暴露出中心台的夯土台面。在已发掘的中心台面上未见任何遗物，证明原中心台面及台上建筑已全部毁没。现存中心台基每边长 28 米，四隅夹室每边长 7.3 米。经钻探，现存中心台夯土厚 5.4 米。

东堂全部发掘，柱槽、柱础依第三号遗址的编号法统一编号。东堂长 23.5 米（两夹室之间），宽 6 米（前后壁之间），地面低于现中心台面 1.65 米。后壁沿边布列 25 个柱槽。（图版 112～115）柱槽内的础石大多不存，保存下来的仅 102、122 号础石和若干被遗弃的残片。厅堂中的明柱础也是 12 个，保存下来的有 127 号、129 号、130 号、132 号、133 号、136 号（图六八）。每个础座也是二石上下叠置。上础石大理石制，顶面琢磨精细，中央有隆起的圆窝，圆窝内径 23 厘米左右，出土时大多已被烧成石灰状。下石大多保存完好，砂岩制，制作较粗糙。础石上多数有朱书文字，惜多漫漶不清，能辨明的仅二残石。一石出 131 号础坑附近，朱书"者佰"二字（图六九）；另一石出 136 号础石附近，朱书"王

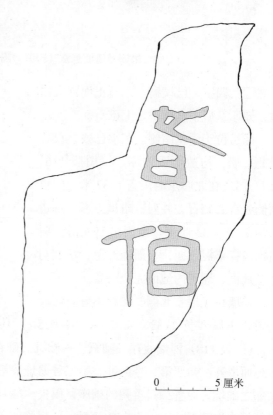

0　　　　　5 厘米

图六九　第四号遗址东堂（F401）后壁残础石朱书摹本

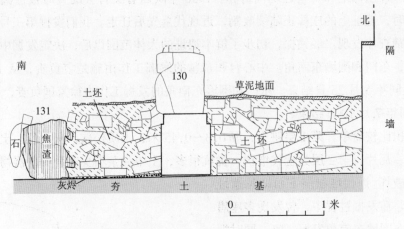

图七〇　第四号遗址东堂（F401）隔墙至 131 号础石间的地基剖面图

子然□"四字，已模糊。二石正面皆有裙边，知原系后壁柱槽中之上础石。

厢房位于厅堂南侧。东墙已毁，仅存南北二墙，均遭严重破坏。（图版116、117）门道在北墙东端，宽 1.37 米，门道两侧各有二础石，并列，略呈方形，每边长均在 28～32 厘米。顶面平整光滑。门道内尚存草泥地面，表面施红色，情况与厅堂地面、厢房内地面完全一致。

隔墙位于厅堂北侧，保存不好。西段已毁，东段残长 1.32、高 0.74、厚 0.5

图七一　第四号遗址东堂（F401）土坯刻文摹本

米。（图版118）西端残存一础石、一础坑。础石略呈方形，每边长 30 厘米左右，顶面与厅堂地面平齐。参照第二号遗址、第三号遗址隔墙出土情况，知此础石应是门道东侧门礅石。紧邻之础坑，原置二石重叠的础座，俱失。墙身土坯垒砌，土坯多残块，和泥堆砌而成。墙身两面涂抹草泥，表面涂白色颜料，墙根施红色带饰。东端直对 149 号础坑，已残断，估计是架设阶梯所在。

东堂北边的夹道破坏更为严重，草泥地面几无剩余，仅存 138 号础石。础石上下二石重叠，大小与厅堂内明柱础同。上础石已被烧成石灰状。

出土时，厅堂地面全部塌陷。为了解厅堂地基结构，我们在隔墙至 133 号础石之间开 2×5 米探沟一条，获知此处塌陷地面距原地面 0.5 米左右，塌陷的草泥地面厚 8 厘米左右，草泥下有土坯 5 层，土坯间夹杂烧土，总厚度约 0.8 米。（图七〇；图版119）个别土坯上有似"堂"字的刻文（图七一；图版120）。土坯层的下面是夯土地基。地基表面是被焚烧的黑色硬土，厚约 6 厘米。经钻探，夯土地基厚 1.8 米，之下才是生土。

前墙破坏殆尽，前墙内壁（即东堂前壁）的础石全部被搬走，形成大扰坑。前墙上础石也无一遗存。

前台地面遍布木炭灰烬和火烧焦土痕迹，极坚硬。草泥地面尚有多处遗存，表面已变成黑色。三个方台保存尚好，大小稍有差别，每边长 3 米左右，台面高 0.3 米左右。每个方台的后沿各有三个础石，两侧中腰处各有 1 个础石。出土时，仅存 6 个础石，余均散失。础石略呈方形，每边长 26～30 厘米。顶面琢制光滑。出土时多数础石面上留有木柱灰烬。

河卵石铺砌的散水保存尚好，内侧略高于外侧，两侧用方砖竖立嵌砌，宽 1.3 米左右。河卵石大小均匀，一般长 3～6 厘米。散水南北两拐角全长 52.5 米。三个方台前面的砖铺坡道仅存方砖 6 块，每块边长 34、厚 4 厘米。缺失的方砖压印痕迹部分尚依稀可见。

三　围墙、四门和配房

第四号遗址的北墙、东墙、西墙保存较好，经钻探，一般深 1 米，厚 1～1.5 米，基宽 4.3 米，个别处基宽 6 米。南墙地势较低，破坏严重，西南墙角已毁。经对北墙、西墙、东墙三墙外拐角进行实测，围墙每面长 280 米。又对已发掘的东门门道和东南墙角进行实测，验证恰为 140 米。

在东南墙角处开 15×15 米探方一个（T481），发现东南墙角的筑造形式与第三号遗址的东南墙角稍有不同。本遗址的东南墙角是在东南二墙各自延伸至内拐角 5 米处各向两边扩展 0.3 米，构成基宽 4.6 米、两个外边各 10.1 米的长方形台。这个长方形夯土台基厚达 2.2 米。（图七二）

东门由门道和两侧台基构成。两侧台基相距 9 米。门道以遗存的门槛为准，实际宽 6

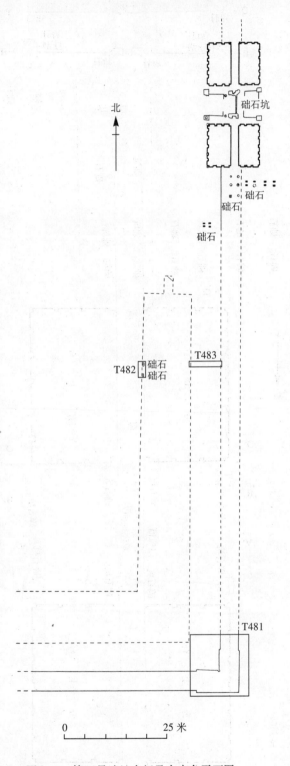

图七二　第四号遗址东门及东南角平面图

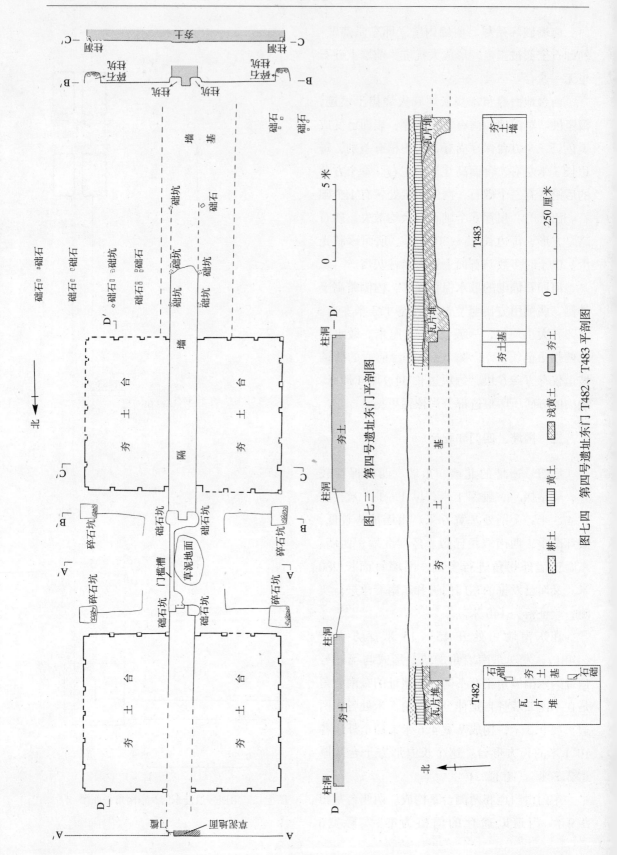

图七三　第四号遗址东门平剖图

图七四　第四号遗址东门 T482、T483 平剖图

米；以两侧台基为准，实际宽 9.4 米。出土时，门槛已毁，仅存槽沟，槽宽 25 厘米，深 2 厘米左右。槽内堆塞木炭灰，当系木槛。门槛沟两端各置础石 2 块。础石已失，仅存础坑。坑口平面略呈方形，每边长 1 米许，深近 1 米。坑内堆塞碎石、瓦片等。坑底有放置础石的压痕。从出土现状推测，这应是形体巨大的明柱础，向上的一面有圆槽，用以竖立木柱。（图版 121～123）

门道两边至两侧台基边呈 8 度斜坡状。门道地面和两侧台基壁面皆铺墁草泥，残存不多。门道面草泥厚约 5 厘米，表面涂朱红色。台基壁面草泥稍薄，呈淡黄色，推测原来可能是粉白色的。

门道两侧的台基，大小全同，东西长 13.5、南北宽 11 米，残存高 10～20 厘米。南北正中各有一条宽 1.8 米的隔墙。出土时，隔墙仅高出台基面 5～10 厘米。台基四边均置础石，东西两侧边各置 7 个，南北两端各置 8 个。（图版 124）因纵贯隔墙，一分为二，形成台基 4 方，各有础石 4 块。出土时，础石大多散失，从残存础石获知，这批础石皆埋夯土中，仅向上一面外露，石面前沿与台基边平齐。础石琢磨平滑，大小差别不大，一般长 35、宽 15、厚 10～15 厘米。础石的存在，表明两侧台基上应有木构建筑。（图七三）

在南台基南边，发现础石 3 组。一组在南台基隔墙向南延伸 2～8 米处，存础坑 5 个、础石 1 个，分两行纵列；另一组在南台基南偏东 4 米处，存础石 8 个，分两行横列；再一组在南台基南偏西 14 米，存础石 4 个，相互对称，纵距 0.7 米，横距 1.7 米。三组现存础石与遗址中出土者无异，平面皆呈方形或长方形。方形础石每边 30～40 厘米，厚 15 厘米左右。长方形础石长 45、宽 25 厘米左右。础石皆砂石制，正面琢磨平整，其他各边较粗糙。这三组础石，似皆为平房建筑所用，年代可能在遗址焚毁后不久。

围墙四隅内的配房，只在东南墙角适当部位处开探沟二条（T482、T483）了解（图七四），并配合钻探。获知配房平面呈曲尺形，外侧距东墙、南墙各 7 米。以配房东南角为基点，向北纵长 84 米，宽 12 米，尽头处中间又向北延伸 5 米，宽 2.2 米；向西横长仅探出 30 多米，宽 12 米，往西破坏殆尽。在配房内拐角向北 50 米发现础石 2 个，间距 45 厘米，础石大小相同，长 30、宽 10、厚 7 厘米。正面平整，外侧边与基址平齐，应是配房前沿的础石。（参见图七二）东北隅、西北隅和西南隅未经钻探，估计也有曲尺形配房的设置。

第四节　第五号遗址

一　概况

第五号遗址在这组建筑群的东边，第一、二号遗址之南，第八、九号遗址之北，今西安人民面粉厂西北边。1956 年陕西省文管会勘查时，发现本遗址的围墙，编号 D6F8。（《考古》1957 年 6 期）我们进厂发掘时，又进行全面勘查，除复查过去发现的围墙以外，又发现了中心建筑。因厂里施工催迫，我们仅发掘中心建筑北堂局部。在南北向的中轴线上开

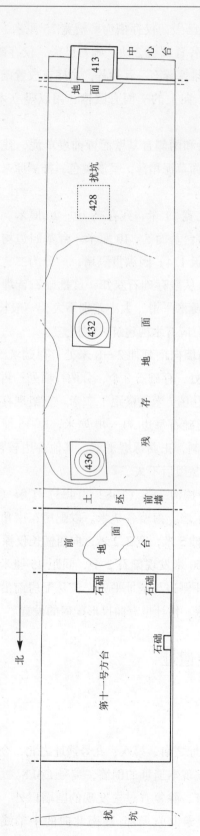

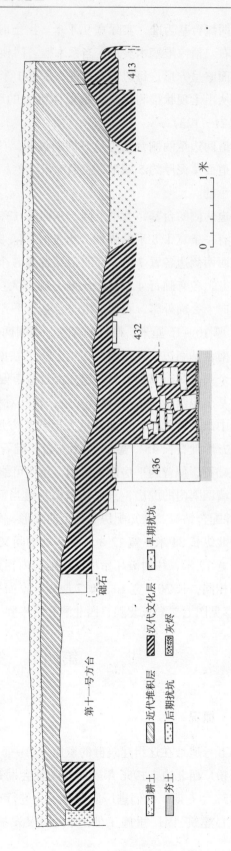

图七五 第五号遗址北堂（F504）中轴线平剖图

15×2 米的探沟一条（T501），由易漫白负责，发掘工作自
1959 年 5 月 25 日开始至同年 7 月 8 日结束。

地层被后代扰动较甚，在耕土层下面，发现二个大扰坑。
一个在探沟北端，第十一号方台北边 0.5 米处，深 0.5、宽 1
米，把方台北边的河卵石散水和砖砌坡道全部破坏。扰坑两端
均未到头，似为一后代沟渠。另一个在探沟南段 428 号柱础
处，因掠走础石形成大扰坑，但对遗迹的复原观察影响不大。

二　中心建筑

经钻探，证实中心建筑也是由中心台、四堂、前台三部分
组成。在我们发掘的探沟范围内，由南向北纵列 413、428、
432、436 号础石和前台上的十一号方台。（图版 125）除 428
号础石被扰坑破坏早已散失以外，其他大体完好。（图七五）
413 号础石位于中心台北侧中轴线上，距现存中心台面 1.2
米。础石上下二石重叠，通高 130 厘米。上石方座形，顶面琢
制平整，长 54、宽 46 厘米，前沿中部稍突出。下石亦方座
形，未揭开。柱槽系从中心台边挖出，保存尚好。槽口两侧壁
（即北堂后壁）的草泥壁面尚有部分残存。（图版 126）432 号
础石通高 130 厘米。上石方座形，每边 60 厘米，顶面有高出
的圆槽，圆槽内径 27、深 7 厘米。下石比上石略宽大，未揭
开。436 号础石由三石重叠而成，通高也是 130 厘米。上石顶
面圆槽内径 26、深 7 厘米。（图七六；图版 125）

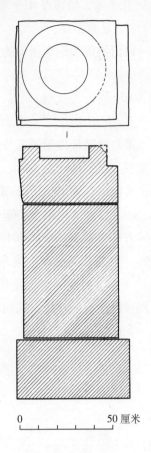

图七六　第五号遗址北堂（F504）
436 号础石平剖图

432 号和 436 号柱础间的地面全部坍陷，为了解地面结构，我们做了剖面观察，获知地
面下有 5 层土坯垒砌。土坯多残块，仅个别完整，长 46、宽 24、厚 12 厘米。每层土坯杂乱
放置，倾坍不平，土坯中夹杂大量的碎土坯块、灰土和残碎的草泥土（与草泥地面无别）。5
层土坯下面有厚约 20 厘米的木炭灰烬，较松软，以下是异常坚硬的黑色夯土地基，当系大
火烧成。

前墙已毁，从剖面观察，前墙与第三号遗址中心建筑一样，也是构筑在内侧土坯地基、
外侧前台夯土地基之上的，厚约 27 厘米。前墙以北 0.7 米处有十一号方台，大小构筑与上
述遗址全同，我们仅发掘探沟范围内部分。十一号方台以北是河卵石铺砌的散水和方砖铺砌
的坡道，已大部分被扰坑破坏。

在发掘范围内，只出土板瓦片、筒瓦片。因发掘面积有限，未发现其他遗物。

三　围墙、配房和四门

围墙只做地面勘察，东墙、南墙、西墙都有一小部分墙基暴露在壕沟中断崖上，一般深

0.3～0.5米，墙体厚4.3米，残存高1～2米。1956年陕西省文管会曾做钻探，每边实测272米，复查不误。

四门遗址和配房遗址均未钻探，未发掘。

第五节　第六号遗址

第六号遗址位于第五号遗址的西边，第七号遗址的东边。1956年陕西省文管会勘查时未发现。我们进入工地时，这里已建起一座规模宏大的车间，根据第五号、第七号遗址的实测，大体可以确定工厂车间处正是本遗址中心建筑所在地。当时车间已投入生产，防卫严密，不准我们入内勘查；车间外围又屡遭重型推土机碾压，坑洼不平，钻探费力，给寻找围墙带来莫大困难。幸地面上屡见夯土碎块，为寻找围墙提供了可靠线索。最后终于在车间北边的一个施工坑断面上发现一小段夯土墙。经钻探，土墙东西残长50米，宽4.5米，厚0.5～1米。经实测，这段夯土墙正东直对第五号遗址的北墙，正西直对第七号遗址的北墙，东西可以连成一直线，从而认定这段夯土墙应是第六号遗址的北墙，也是本遗址可以认定的惟一实证。

第六节　第七号遗址

一　概况

第七号遗址位于枣园村西南，第六号遗址的西边，第三号、第四号遗址的南边。地形南高北低，略呈缓坡状。1956年陕西省文管会勘查时未发现。我们进入工地后不久，在厂区普遍钻探时发现。根据钻探资料，我们决定发掘中心建筑北堂局部和东门残存部分。北堂发掘由施楚宝负责，工作自1959年11月24日开始至同年年底结束。东门由张建民负责，工作自1959年5月2日开始到同年7月17日结束。

地层堆积简单，以北堂探沟为例。第1层耕土层，厚30厘米，黄色土，质地松软，未见遗物，耕土下露出中心台。第2层后代堆积层，扰坑很多，遗址中的板瓦、筒瓦被翻动在扰坑中，还发现货泉、大泉五十铜钱各1枚。第3层是遗址及废弃后的堆积层。

二　中心建筑

经钻探，证实中心建筑由中心台、四堂和前台三部分组成。在初步确定北堂的位置后，选择中心部位开30×5米的南北向探沟一条。出土遗迹按第三号遗址的编号法统一编号：

在这条探沟范围内，由南向北纵列柱础两行，西行是412、427、431、435、449号础石；东行是413、428、432、436号础石。（图版127、128）其中412、413号础石位于中心台北壁（即北堂后壁），其他在厅堂内。出土时，础石尚存的只有412号、427号、431号。

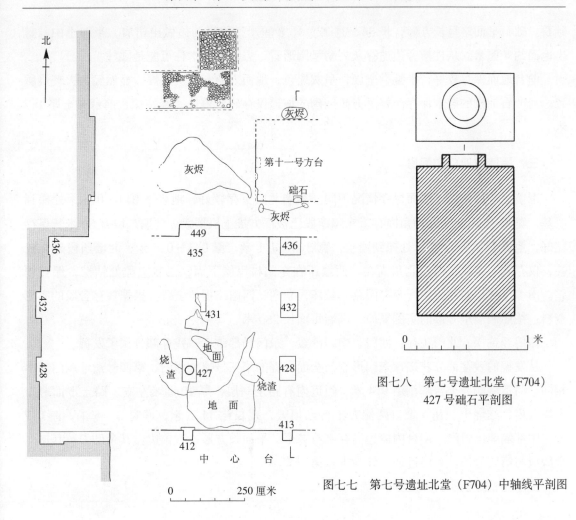

图七八　第七号遗址北堂（F704）
427号础石平剖图

图七七　第七号遗址北堂（F704）中轴线平剖图

（图七七）412号为上下二石重叠础石，通高128厘米。上石顶面平整，上距现存中心台面1.1米。柱槽面宽28、进深34厘米，槽内壁上留有铁工具挖掘痕迹。后壁面草泥皮尚有残存，厚8厘米。（图版129、130）427号只用一块础石，呈纵长方座形，高128厘米。圆槽内外壁均呈垂直状，槽内径23厘米。（图七八）出土时，厅堂地面大多塌陷扰动，仅在后壁壁根上残存一点点原来的草泥地面。

在塌陷的地面上下，遍布被破坏的草泥土、土坯残块和因焚烧而凝固的硫渣块。硫渣块呈红绿色，一般厚30～50厘米，个别厚达1米。草泥地面下有土坯5层，土坯多碎块，少量完整的长46、宽23、厚12厘米。出土时凌乱杂置。空隙间夹杂草泥土、焦土、灰烬。土坯层下有灰白色灰烬一层，厚2～3厘米。灰烬下面是夯土地基，表面已被烧成裂痕，呈红色或黑色。厅堂中的础石就放置在这层夯土地基面上。础石压置的痕迹犹清晰可见。经钻探，夯土地基厚约1米，以下才见生土。

前壁遭到严重破坏，础石全失。建筑在前台内沿的前墙亦毁没。揭出的第十一号方台为西半部，保存也不好，方台面高出前台地面仅16～25厘米。柱槽三个，仅中间柱槽内尚存础石。础石平面略呈长方形，长 34、宽 22、厚 8 厘米，前沿两边做出裙肩，半埋土中，露出地面约 4 厘米。从柱槽旁边遗存灰烬略呈圆形看，方台上的木柱可能是圆柱。

前台地面保存较好，平整，坚硬，呈灰黑色，地面上遍布木炭灰烬，显然经大火焚烧所致。河卵石铺砌的散水保存尚好。方砖铺砌的坡道仅存砖压痕迹。经钻探，前台夯土厚 1.7 米。

三　围墙、四门和配房

围墙经普遍钻探，四面保存情况不同。东墙北段保存较好，地表下 0.4～0.6 米处探到墙基，宽 4～5 米。东北拐角尚存。东墙南段已被厂方推土机摧毁。北墙东段有 80 米长保存完好，地表下 0.9～1.7 米处探到墙基，宽 3.8～4.1 米，厚 0.3～0.5 米；北墙西段破坏较甚，仅存若干残段，但西北角尚在。西墙压在枣园村民屋下面，仅在空隙处钻探，保存较差。南墙全部被西兰公路（今枣园路）破坏，东南、西南二拐角全毁。根据残存各段的实测资料，按照四墙呈方形的实例复原，围墙每面长 280 米。

四门经钻探，北门犹存，西门、南门已毁，东门局部破坏，残存部分做了发掘。

从发掘的残存部分获知，东门形制与全面发掘的第三号遗址西门、第四号遗址东门基本相同。门道两侧夯土台基相距 9.4 米，门道内有路土一层，厚 10 厘米左右。路土下面遍布木炭灰烬、红烧土、瓦片堆。两侧夯土台已损毁，残长约 11.5 米，残宽 3～5 米，厚 0.7 米。中部隔墙已毁没。南台内侧边尚存础石二个，平面长方形，有裙边。其余已失。其排列全貌应与第四号遗址东门近似。详参本章第三节。

配房仅钻探证实，未发掘。

第七节　第八号至第十一号遗址

一　概况

第八至第十一号遗址在这组建筑群的南边，东西并列。1956 年陕西省文管会调查时曾发现其中三个遗址的围墙，分别编为 D6F9（即第八号遗址）、D6F4（即第九号遗址）、D6F6（即第十号遗址）。我们进入厂区发掘第三号遗址时，曾对这三座遗址的围墙进行复查，并相继发现了它们的中心建筑。同时，在第十号遗址的西边又发现了第十一号遗址。这四个遗址位于阿房路（今大庆路）北侧。工厂民居稠密，我们配合厂区发掘已深感任务繁重，工作困难，对这四座位于厂区外面的遗址主要采取钻探验证或补缺的办法处理。钻探工作由施楚宝负责，工作日期集中在 1959 年 11～12 月和 1960 年 6～7 月。根据钻探资料，决定对第十一号遗址中心建筑东堂进行局部发掘，由姜立山、王明哲负责，工作自 1959 年 11 月 24 日开始，同年 12 月 3 日结束。

二　第八号遗址

第八号遗址的西墙和北墙西段、南墙西段被压在西安人民面粉厂的厂房下，未钻探。东墙南段和南墙东段压在高压电瓷厂厂房下，只能在适当的空隙地点探寻。因此钻探工作主要放在东墙北段和北墙东段。钻探证明，东墙北段、北墙东段保存尚好，一般探到距地表深1.2米左右可见到夯土墙基。夯土纯净坚硬，宽4米，厚1米左右。东北拐角尚存。根据东墙北段、北墙东段和南墙若干残段的实测，按照围墙四边方正的实例复原，每边长270米。

四门可供钻探的只有东门。在门道内探出很多红烧土，长约9米，知为门道部位。两侧夯土台基基本完好，大小和已发掘的第四号遗址东门近似。

中心建筑位于面粉厂内，1956年陕西省文管会调查时，曾发现中心建筑周边用河卵石铺砌的散水和大量烧红了的土坯残块。我们到面粉厂东围墙内勘查，从遗址中翻动起来的红烧土、硫渣、瓦片仍大量堆积在围墙内外附近的土壤断面上，在附近的水井内壁上也发现夯土、红烧土等遗存，证明中心建筑确在面粉厂东围墙处。

三　第九号遗址

第九号遗址的围墙大部分在汽车保养场和电缆厂的建筑下面，未能钻探。可供钻探的只有南墙西段和西墙南段。南墙西段保存稍好，一般钻到深0.8米左右可见夯土墙基，基宽3.8~4.2米，厚0.7~1.4米。西墙南段只探出9.2米长的一段，在深1.5~2米处见到夯土墙基，基宽3.6~4.3米。西南墙角保存尚好。在西南墙角内侧发现有红烧土、瓦片等遗存，探到深1米左右发现有夯土，厚10~30厘米，估计为配房所在。北墙西段和西北拐角已毁。根据实测，按照围墙四面方正的实例复原，每面长280米。

四门可供钻探的只有南门门址。南门门道和东侧台基已被汽车保养场的围墙所破坏。门道西侧台基保存尚好，距地表深1米左右见到夯土台基。夯土纯净坚硬，厚1.2米。

中心建筑大部分压在民房或民房砖墙下，从遗址中翻动出来的红烧土、烧渣、瓦片遍地皆是，经钻探，证实与上述发掘的中心建筑遗址相同。

四　第十号遗址

第十号遗址的东墙南段和南墙东段，位于变电厂内，地下装有电缆，无法进入钻探。北墙保存不好，只探出25米长的一段墙基，深0.6、宽5、厚0.3米。西墙稍好，多残断，一般深1.2~1.7米，宽4、厚0.3~0.6米。南墙西段探出墙基80米，深0.6、宽4.6米。西南拐角尚存，西北拐角已毁。根据实测复原，围墙每面长280米，与1957年陕西省文管会发表的长314米稍有出入。

四门可供钻探的仅北门和西门。北门已毁，西门尚存。西门门道内探出不少红烧土和灰烬。两侧台基尚有残存，距地表深仅0.15~0.2米。据当地农民反映，这里曾经多次挖掘翻动，挖出很多汉瓦片、瓦当。估计门址遭到较大破坏。东门、南门在变电厂内，无法钻探。

中心建筑全部在变电厂内，因埋设电缆，无法钻探，只在地面上见到被翻动起来的红烧土、硫渣、瓦片，堆积如小丘。本遗址的中心建筑形制应与其他遗址相同。

五　第十一号遗址

第十一号遗址大部分压在杨家围墙村民房下和冶金厂职工宿舍楼下。我们根据遗址群分布规律，充分利用空隙地面进行钻探，并对中心建筑东堂做了局部发掘。

经钻探，围墙四个拐角保存尚好，东墙基本上可以全部钻探，一般距地表深 1 米左右见到夯土墙基，基宽 4.2、厚 1.1 米，全长 284 米。南西北三墙大多压在民房和宿舍楼下，在空隙处钻探的资料与东墙相同。围墙四拐角方位的实测数据与东墙长度吻合，复原每边长 284 米。

四门只探到南门、西门。南门门址是在建筑宿舍楼的基槽中发现的。有红烧土、板瓦、筒瓦、云纹瓦当等物，还发现夯土台基边的一块础石。经实测，位置正在南墙正中，故确定为南门门址。西门门址也是在施工中发现的，被遗弃的有绳纹瓦片、云纹瓦当、础石和红烧土等。经实测，位置适在西墙正中，故确定为西门门址。东门、北门被压在民房和大路下，未钻探。

中心建筑大部分压在民房下，在这家民房的周边发现夯土台断面和大量的红烧土、瓦片等物。经钻探确定后，决定对东堂进行局部发掘。开探沟二条，一条 15×5 米，开在东西中轴线部位；另一条 8×2 米，开在隔墙部位。工作由姜立山、王明哲负责，自 1959 年 11 月 24 日开始，同年 12 月 3 日结束。

地层堆积简单。揭去表土层后就见到多处后代扰坑，遗址中的板瓦、筒瓦大多被遗弃在扰坑中。隔墙已遭到严重破坏，墙身残存 1 米多长，两面涂抹草泥墙面，通厚 50 厘米。隔墙墙基也是用土坯垒砌，共 8 层，与上述发掘的隔墙构筑完全相同。位于中轴线探沟中的 127、128、131、132、135、136、150 号柱础，础石大多被搬走，少数被破坏成残块，遗弃在扰坑中。后壁（即中心台东壁）被民房所压，没有发掘，位于后壁上的 112、113 号柱础未能见到。草泥地面遗存不多，塌

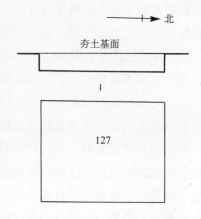

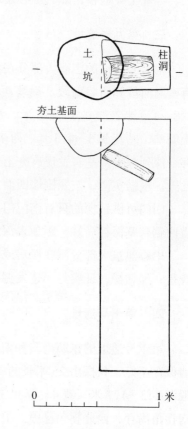

图七九　第十一号遗址东堂（F1101）夯土地基上的 127 号础石压痕（上）及近旁柱洞平剖图（下）

陷成弧形。草泥地面下有土坯四层，多残块，杂乱放置，空隙间有焦土、草泥土。四层土坯的下面有木炭灰烬，黑白夹杂，厚约 1.5 厘米。灰烬下面是夯土地基，已被烧成灰、黑、红色。在夯土地基面上，可以清晰见到上述 7 个柱础石的压印痕迹，其中 131 号、132 号的础石压痕均为长宽各 1 米，压深 10 厘米以上。值得注意的是，在 127 号础石压痕的附近发现柱洞、土坑各一个。柱洞口长 46、宽 36 厘米，深 2.1 米，洞内有一根木柱，直径 20 厘米，残长 40 厘米，洞内填塞木炭灰、砖碎末和红烧土。土坑部分打破柱洞口。土坑呈圆形，直径 0.52 米，坑底圜形，深 0.3 米。（图七九；图版 131）坑内填塞黄土，未夯打，也未见遗物。从柱洞口和土坑口上有一层木炭和火烧过的痕迹看，土坑和柱洞应属同一时代，估计土坑是在装置木柱时临时挖出的。为求木柱竖立牢固，在土坑中设置支撑物（可能是短木块）。这个柱洞和第二号遗址西堂发现的柱洞稍有不同。这里只装一根木柱，第二号遗址西堂装三根并拢木柱，但它们的作用应该是相同的。

中轴线探沟内的前墙已毁没。前台保存不好，台面多处被破坏。第二号方台尚存，每边长 2.9 米，台面已毁，残高 0.15～0.2 米。周边础石已失，仅存柱洞。方台前面的铺地方砖仅存 3 块，素面，每块长宽各 34、厚 4 厘米。河卵石铺设的散水仅存一小段，两侧嵌砖已失。

第八节　出土遗物

这十座遗址的出土遗物与第三号遗址基本相同，除了都有大量的板瓦、筒瓦以外，其次就是云纹瓦当、四神瓦当、弯月形瓦当，以及铁、铜制成的器具和石工具。由于这十座遗址都只做局部发掘或地面钻探，出土器物主要来自发掘范围内的遗址中，少数是附近地面采集。为了保存原始资料的科学价值，下面按遗址编号顺序简要记录。板瓦、筒瓦、瓦当数量很大，详见第八章，这里不再记录。

第一号遗址　西堂发掘范围内出土铁曲钉 1 件，在 322 号柱础旁的灰烬中出"货泉" 1 枚，在扰坑中出石磴 2 件（F103:1、F103:2）。

第二号遗址　西堂出土铁冒钉 11 件，铁曲钉 6 件，铁凿 1 件（F203:1），铁镰 1 件（F203:2），铜板状器 1 套（F203:5），铜凸形器 2 件（F203:6、F203:7），铜竹叶形器 1 件（F203:8），铜合页形器 1 件（F203:9），"货泉"铜钱 1 件。

第四号遗址　东堂出土铁冒钉 5 件，铁条形器 1 件（F401:1），铜凸形器 1 件（F401:2），铜垫 1 件（F401:3），Ⅲ型五铢钱 1 枚，"货泉"铜钱 1 枚。

第七号遗址　北堂发掘范围内出货泉铜钱 1 枚，大泉五十铜钱 1 枚。

第八号至第十一号遗址　在遗址地面上和发掘范围内仅见板瓦、筒瓦瓦当。详见附录。

板瓦、筒瓦、瓦当和铜钱，另有专门记述，此处略。其他按不同器类分述如下。

铁冒钉　锻制。顶端冒状，冒径 3.5～4 厘米。钉身断面圆形，长 27～28.5 厘米，个别长 33 厘米。

铁曲钉　锻制。一端折曲与钉身呈直角，断面方形，边缘棱角明显。有的保存甚好，未

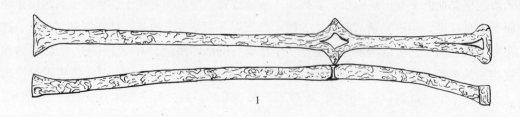

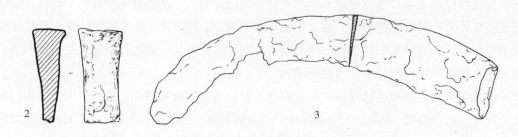

图八〇　第二号、第四号遗址出土铁条形器、凿、镰

1. 条形器（F401：1）　2. 凿（F203：1）　3. 镰（F203：2）（1为1/5，余为2/5）

生锈或少锈。一端折曲长2.4厘米，钉身长9～11厘米。

铁条形器　1件。F401：1，出东堂厢房北墙里，似为一长条铁板锻合而成，近中部及一端有孔。断面长方形。长63.6、宽2～3、厚2厘米。（图八〇，1；图版132）

铁凿　1件。F203：1，出西堂地基上。锻件，刃部残断，断面长方形，顶部平实，有锤击痕迹。残长6、宽2.5、厚1.5厘米。（图八〇，2）似为琢制础石的工具，残断后被抛弃于厅堂地基上。

铁镰　1件。F203：2，出西堂北边夹道扰坑内。首端内卷，残长24、宽2.8～4.2厘米。（图八〇，3）似为搅动遗址堆积时带入。

铜板状器　一套2件。F203：5，已烧焦。两片扣合，器形与第三号遗址西堂所出全同。两面也涂一层淡红色细泥。（图八一，1；图版133）

铜凸形器　3件。大小全同，断面凸字形，中空，内有木灰烬。一端封闭，有榫卯。正面、侧面、反面都涂有一薄层呈淡红色的细泥。F203：6、F203：7均长10.6、宽11.2、高7厘米。F203：6的顶端錾刻二道缺口，在榫卯内附子口残片，表明凸形器是由带子口和带母口的二器套合而成的。（图八一，4；图版134）F203：7已残，顶端錾刻三道缺口，表明此器与F203：6不是一套。F401：2已残，形式与F203：6同，但残片上未见缺口。第三号遗址四堂内也有出土，可参照。

铜竹叶形器　1件。F203：8，断面近半圆形，一端有孔，栓钉已失。长6.4、宽1.4、最厚0.7厘米（图八一，2）。第三号遗址西堂内也有出土，孔内还有铜钉拴插，可参照。

铜合页形器　1件。F203：9，两片平行板，顶上正中有圆纽。通高10、宽7、厚1.9厘

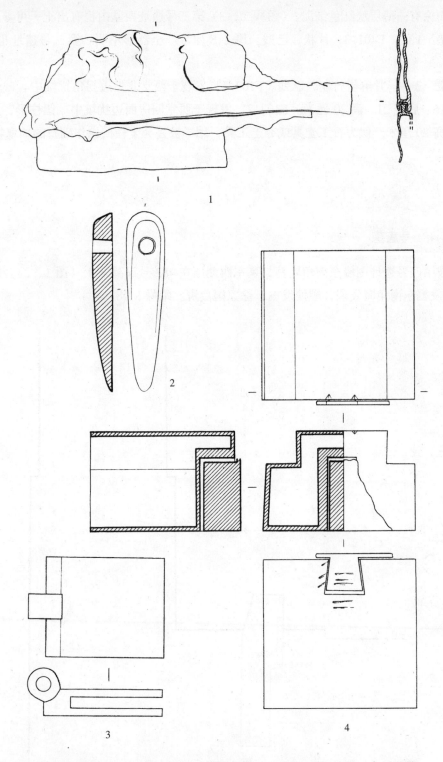

图八一　第二号、第四号遗址出土铜板状器、凸形器、竹叶形器、合页形器

1. 板状器（F203:5）　2. 竹叶形器（F203:8）　3. 合页形器（F203:9）

4. 铜凸形器（F203:6，F401:2）（2 为 3/4，余为 3/8）

米。表面涂有一薄层淡红色细泥。（图八二，3）第三号遗址西堂内也有出土，可参照。

铜垫　1件。F401:3，片状，已残。厚2.8厘米。全器形不明。第三号遗址也有出土，可参照。

石礅　2件。片麻岩打制，已残。F103:1，发现于西堂北夹道拐角扰坑中。截锥形，顶面直径16、底径21、高20厘米。F103:2，发现于西堂厢房西边扰坑中。圆柱形，上下直径均24、高20厘米。似为石工坐具或夯土工具，用毕被丢弃于柱槽内作础石的填塞物。

附录

一　481号唐墓

打破第四号遗址围墙东南角墙基，墓室西侧压在482号汉墓之上（图1、2）。1959年6月20日发掘东南角时发现，顺便发掘，徐家国负责。编号M481。

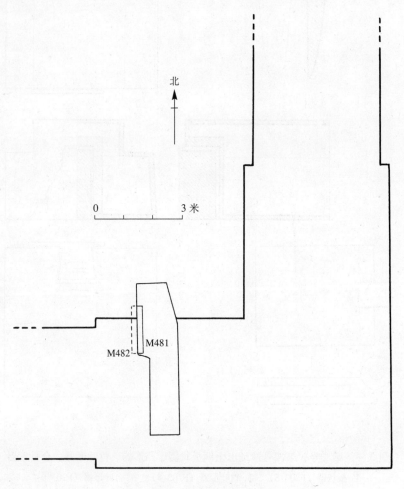

图1　M481、M482出土位置

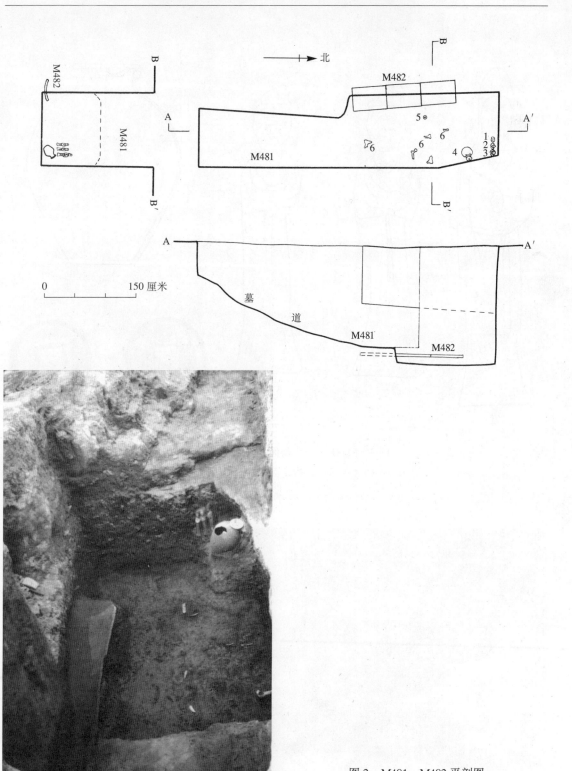

图 2　M481、M482 平剖图

1～3. 陶俑　4. 陶罐　5. "开元通宝"铜钱　6. 头骨碎片

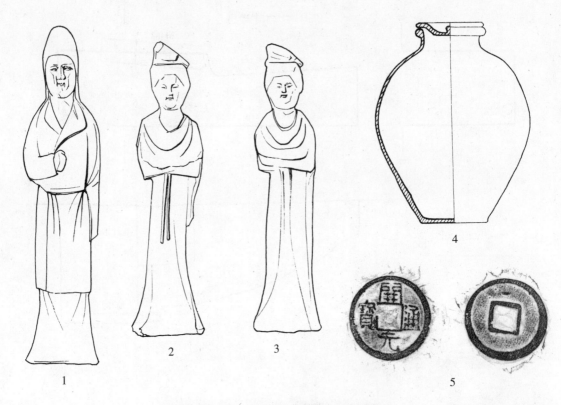

图 3　M481 出土之陶俑、陶罐、开元通宝钱

1~3. 陶俑　4. 陶罐　5. "开元通宝" 铜钱

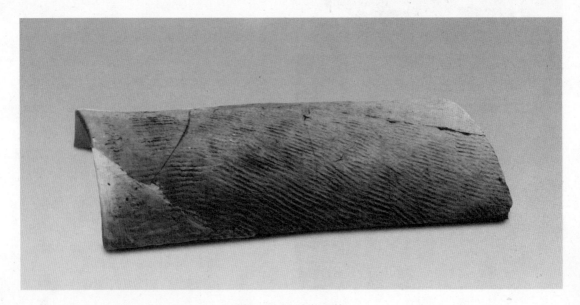

图 4　M482 之板瓦棺

　　墓葬平面刀形，方向180度。斜坡墓道，不甚规整，长2.5、宽0.9米左右。在墓道尽端向土壁上掏挖出洞室。洞室长2.2、宽1.2米，弧形券顶，发掘前已被推土机摧毁，但两壁上起券的痕迹尚可辨，高约1.9米。木棺、骨架各一，已朽，残存头骨、肋骨数块，头向东，葬式不明。骨架底下有棺木灰痕。随葬陶罐1件，陶俑3件，置墓室东北隅；开元通宝钱1枚，放骨架旁。

　　陶俑　3件。男俑1、女俑2。男俑直立，长服，披巾，带风帔帽，左手下垂，右手曲臂握拳，高22.6厘米。（图3－1）女俑拱立，高髻，长服，两手互曲于披巾内，分别高19.6和19.4厘米（图3－2、3）。

　　陶罐　1件。灰陶质，小口，卷唇，长腹，颈部残留朱红彩绘痕迹。带盖，盖浅盘形，中有纽。通高26.6厘米。（图3－4）

　　开元通宝钱　1枚。直径　厘米。（图3－5）唐墓中习见。

　　据西安唐墓资料，刀形洞室墓流行于唐代初期，陶罐、陶俑亦具初唐时的特征，故定此墓为唐初墓。

二　482号西汉墓

　　位于第四号遗址东南角墙基下面。以板瓦作葬具，上下扣合。481号唐墓压在其上，并打破板瓦（棺）盖。出土时，板瓦（棺）盖已毁，仅剩棺身板瓦三片，皆破裂。板瓦南北纵列放置，正北向。瓦里向上，内有残骨数块，骨殖细小，当是瘞埋婴儿。板瓦大小相同，背面粗绳纹，里面抹平，长57、宽46、厚2.2厘米。每块重9.4公斤，时代约在西汉中期。（图4）

第五章 第十二号遗址

第一节 概 况

第十二号遗址位于西安市西北郊大庆路南，庆安机械厂花园内。遗址的北围墙距离第一号至第十一号遗址的南大围墙只有 10 多米，适居第九号、第十号遗址之间的正南方。遗址中心建筑部分，高出周围地面，形似汉代大土塚。30 年代，国民党军队在这里挖战壕，中心建筑遭到严重破坏。这里成为沟壑壕堑纵横、灌木杂草丛生之地。（图版 135）50 年代初期，庆安机械厂在这里建厂，把遗址圈入厂区花园内，但遗址上的杂乱现象仍保持原状。1956 年，陕西省文管会曾到此处调查，认定它是一处汉代建筑遗址，编号 D6F5。1959 年，我们来此地复查，庆安机械厂借口该厂为"机密厂"，拒绝我们入内复查。几经交涉，才允许我们从花园西旁门出入。经复查钻探，获知中心建筑比上述十一座遗址的中心建筑约大一倍。中心建筑的东西部大多被战壕摧毁，南北部的边缘地带也受到破坏，地面上堆积的障碍物甚多。经研究，决定发掘破坏较少的南北部地段。（图版 136）

中心建筑南北部的发掘工作分两阶段：第一阶段发掘北堂东部和东堂北部，发掘面积 1350 平方米（45×30 米），工作日期从 1959 年 4 月初至同年 12 月底告一段落。第二阶段发掘中心台局部和南堂东部，并抽空钻探围墙、四门和配房遗址，发掘面积 1302 平方米（48×24＋15×10 米），工作从 1960 年 4 月初开始至同年 10 月底结束。两段工作均由黄展岳、姜立山负责，张建民、易漫白、张长庆、潘其风、安德厚也参加一段时间。（图版 137）

地层堆积比较杂乱。首先是清除战壕的翻土堆积，翻土堆积厚 0.6～1.8 米不等，内含有许多原系遗址中的红烧土、土坯残块、烧渣、础石、瓦片、瓦当等遗物。战壕堆积下面是唐宋至明清时代的扰乱层，厚 0.5～2 米不等，不同时代的遗物、杂土混成一团，没有单一的层次。除被翻动出来的遗址中遗物以外，有唐代残石刻造像 1 尊；唐代花砖、素砖、筒瓦、板瓦、琉璃瓦、陶瓷片各数十件，器形与唐长安城大明宫出土的同类器近似；宋元瓷片一万多片，器形与铜川耀州窑出土的同类器相同；铜钱有东汉剪轮五铢 1 枚，唐开元通宝、宋祥符元宝、宋元祐通宝及清顺治通宝、康熙通宝、嘉庆通宝各数枚至几十枚不等。此外，还发现明清时期的房址 1 座和泥塑土偶坑 1 个。（图版 138）

明清房址位于北堂西部，建于稍早的灰黑色扰土层上，现存土坯墙两堵，系利用中心建筑遗址中的土坯错缝叠砌而成。两墙东西并排，间距 7.4 米。东墙残长 7.1 米，五层土坯叠砌，高 0.65 米，厚 0.55 米。西墙仅存土坯两层，底层比东墙底层高 0.4 米。（图八二）南

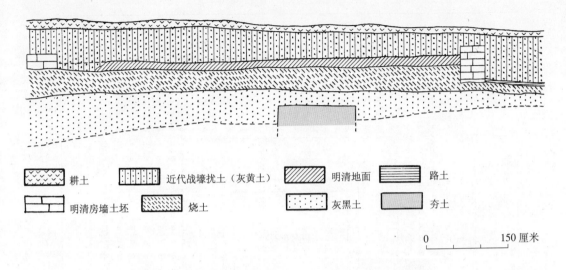

耕土　　　　　近代战壕扰土（灰黄土）　　　明清地面　　　　路土

明清房墙土坯　　　烧土　　　　　　　灰黑土　　　　　夯土

0　　　　　150 厘米

图八二　第十二号遗址北堂西部（T1203）西壁剖面图

墙已被近代扰坑破坏，北墙在发掘探方外，未追寻。两墙之间的地面系踩踏而成，不甚平整，土质稍硬，未加工。地面只发现残碎的瓷片 2 片，年代可能属明清时期。从土坯墙的建筑形式看，显然是临时性的简陋建筑。房址外有人行道，南北向，北高南低，路土厚约 15 厘米，形成年代可能与房址相当。

泥塑偶像坑位于南堂前台外侧，坑边不明，共 10 件，似为随意弃置。（图版 138）坑北边附近有明清时期的庙宇，用瓦甚多，说明这里原有明清庙宇建筑，土偶应是庙宇中物。庙宇土偶有可能都是在挖战壕时被拆毁、埋弃的。

唐宋明清扰土层下面是遗址堆积层，剩余无几。出土现状与上述第一号至第十一号遗址基本相同。建筑物在西汉末年被焚毁以后，遗址中可利用的础石、砖瓦材料等便遭到一次大规模的扰动掠夺，以后长期废弃，成为名副其实的废墟。废墟中没有发现东汉魏晋隋的遗物，但有多条横穿废墟的人行道，路土厚 5～10 厘米不等。人行道的大量出现，说明遗址在这个时期没有遭到破坏。唐代及其以后，人为的破坏才再次发生。

第二节　中心建筑

根据我们的局部发掘和观察，并参照上两章十一座中心建筑的发掘材料，我们认为，本遗址中心建筑是由中心台、四堂和前台组成，整体平面呈"回"字形，但局部结构有差异。依上两章十一座中心建筑的实例，我们仍把中心台上的主体建筑称为"太室"，中心台外的四面建筑，依其所在方位，分别称为东堂、南堂、西堂、北堂。四堂内的小房子和土墙，仍称为"厢房"、"隔墙"。（图八三、八四）但因此遗址残破过甚，当时又不知整体形制，仅知与 F1～F11 不同，编号的仅是现存的础石，随见随编，没有与 F1～F11 统一。下面分中心台、四堂、前台三部分报道。

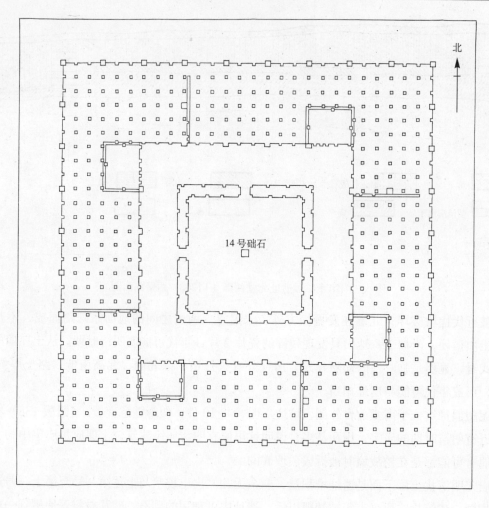

14号础石

北

0　　　　　　20 米

图八三　第十二号遗址中心建筑平面复原图

一　中心台

中心台位于整个中心建筑的正中，平面方形，每边长 47.2 米。夯土筑造。（图版 139、140）分台基和台身两部分。台基建在生土上，高 1.3 米，四边壁面垂直，上半部夯土较坚硬，每层厚约 6~7 厘米。下半部夯土较松软，每层厚约 15~20 厘米。台身夯筑在台基上，每边缩小 10 厘米左右，高 2.2 米，夯土极坚硬，层次均匀，每层厚约 6~8 厘米。四边壁面垂直，构成四个厅堂的后壁。四堂地面与台身底部处在同一水平面上，没有"夹室"。

中心台的台面，距离现代地面甚浅，清除战壕堆土和现代表土后即可局部发现。台面上遍布大火焚烧痕迹，火力直透台面下 30~50 厘米。台面坚硬如砖，厚约 10 厘米，探铲难以钻入。台面的东部和西部已被战壕破坏，南北边缘也略有残损。南边约被削低 0.5 米，北边约被削低 0.35 米，所以台面中部稍呈隆起状。

台面铺墁草泥，因距离现地面太浅，又遭长年的自然剥蚀，破坏极为严重，在我们发掘的中心台东半部，仅在靠近"太室"东壁处有一小片草泥地面保存完好。草泥分3层，底层粗麦秸泥，中层细麦秸泥，上层黄土细泥，其上粉刷红色颜料，总厚度20厘米左右。在部分粗麦秸的底面发现有压印竹篾编织的痕迹，说明中心台的台面是先平铺竹篾，然后在竹篾上铺墁草泥地面的。篾痕宽1.5、厚0.2厘米，经篾条密排，纬蔑条相距4～5厘米。（图版141）

台面正中有"太室"建筑，因遭战壕破坏及其他障碍，可供发掘的只有"太室"东墙和"太室"中心部分。发掘出来的"太室"东墙，南北两端稍残，残长26米，墙体厚2.23米，外壁距离中心台东沿8.8米。南西北三墙均遭战壕破坏。根据中心台平面方形、四面对称，以及"太室"正中发现的大础石为中心点，复原"太室"平面为方形，外壁边长29.6米，扣除四边墙的厚度各2.23米，"太室"的室内面积应是25.14×25.14平方米。

发掘出来的"太室"东墙，系直接版筑在夯土台面上的土墙。墙土细腻纯净，夯打层次明晰如砖砌，每层厚6～8厘米。平夯圆窝，历历可辨。墙内外两面平整光洁，残高28～80厘米。（图版139、140）墙正中有过道，宽2米。出土时，过道内外堆积大量残土坯、焦土、草泥墙皮等物，焦红一片，弃置杂乱，似未经扰乱。经清理，堆积中未发现后代遗物，说明这是"太室"屋顶和墙身倒塌后的堆积。清除堆积物后，发现过道内也是铺墁草泥地面。过道两侧两端，各有浅坑一个，原应是放置础石的所在。因未见门槛痕迹，推测当时仅作通道，未设门扉。（图八五，图版142、143）

东墙内外两面都有柱槽。柱槽是在墙壁筑成后掏挖的，槽底低于台面20厘米左右，平面略近方形，面宽、进深各40厘米左右。槽底置础石，出土时，础石已失，仅留础石压印的痕迹。根据压痕，知础石长宽均在30～40厘米之间，础石顶面露出台面大约10多厘米。发掘的东墙这一段，共有壁柱槽13个，由外壁北头起，顺序编为1～13号。除过道两侧的柱槽为两两相对外，其余均作两相斜偏，排列有序，内外壁的柱槽间距基本上均等，外壁间距约4米，内壁间距约3.3米。（图八五）依此复原，东墙内外壁应各有柱槽8个，四面墙的内外壁共有64根立柱。

东墙内外壁都涂抹草泥墙皮。草泥墙皮的原料与草泥地面相同，底层粗麦秸泥，中层细麦秸泥，上层细黄土泥，表面粉刷白色，厚约4厘米，剥落殆尽，仅北端内外壁上残存一小部分。

"太室"正中有础石1个，编号14。正对东墙过道，相距12米，距离复原后的南西北三墙过道都是12米。础石系一天然石英岩琢制，扁平椭圆形，长244、最宽205、厚82厘米。石面微有裂痕。顶面中部刻出平座，平座长185厘米，宽与石同。（图八六；图版144）埋置在预先挖出的坑内，仅顶面露出台面。经测量，平座面高于东墙过道仅2厘米。根据础石平座面与中心台地面平齐的现象推测，木柱应是直接竖立在础石平座上的。

"太室"焚毁后的废墟堆积，大多发现于东墙过道内，计有B型板瓦、B型筒瓦各数十片。东墙残高仅0.2～0.8米，墙顶上未见焚烧的痕迹，也未发现任何遗物，出土时的东墙

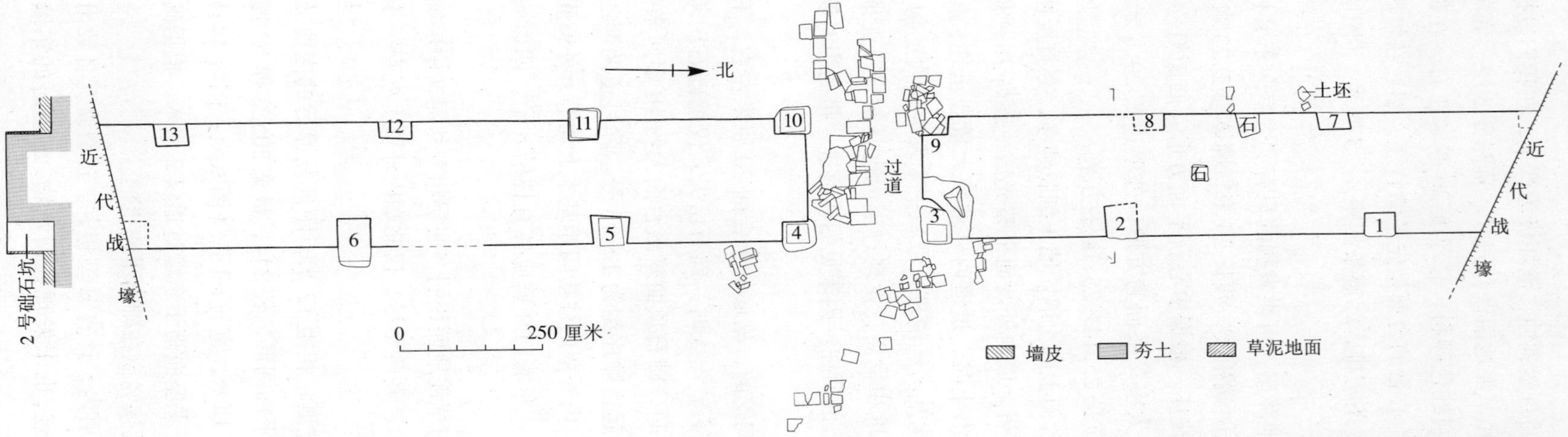

图八五 第十二号遗址中心台的上的东墙平面图

墙皮　夯土　草泥地面

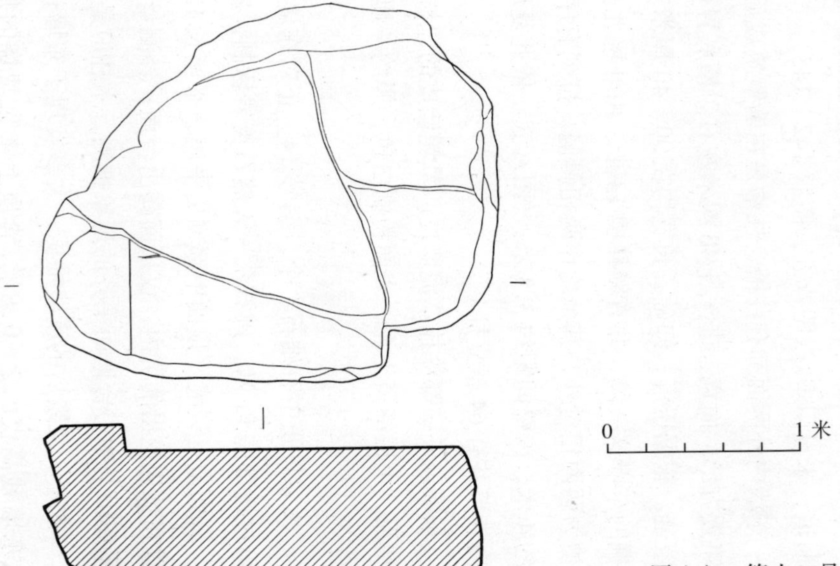

图八六 第十二号遗址中心台中央的 14 号础石平剖图

高度显然不是焚毁倒塌的高度，而是后代人为破坏所致。在中心台上的后代堆积层中，除少量唐宋瓷片外，全是遗址中的遗物。在中心台上也没有发现后代建筑的痕迹，说明中心台上原来只有一座"太室"建筑。"太室"焚毁后，长期废弃，经过长年的自然剥蚀，后代人的生产活动，遂使中心台的原有废墟堆积几至散失殆尽。

二　四堂

环绕中心台四周的是厅堂建筑，依所处方位，分别称东堂、南堂、西堂、北堂，统称四堂。中心台四边壁面分别构成四堂的后壁。我们只发掘南堂的大部、北堂的东部以及东堂的北部。（图版145、146）

（一）厅堂

根据已发掘的现象判断，本遗址四堂环连，没有环绕四"夹室"的夹道。南堂、北堂的大小及构筑完全相同。依四面对称复原，四堂各长82米（以前壁长度为准），四堂后壁至前壁各17.4米。堂内础石密立，纵横规整，后壁左边（由外向内看，下同）各置一间"厢房"，后壁近右边处各置一堵"隔墙"。

后壁和堂内地面都用草泥铺墁。出土时，后壁草泥皮大多剥落，堂内地面全部塌陷破裂。（图版147、148）草泥系麦秸拌泥制成，分3层：底层粗麦秸泥，中层细麦秸泥，上层细黄土泥。堂内草泥厚约15厘米左右，表面涂朱红色；后壁草泥厚6～8厘米，表面涂粉白色。在壁柱的柱槽两侧和壁根处绘红色带饰，宽约4厘米左右。（图版149）

厅堂地面低于中心台面2.2米左右。设中心台"太室"东墙过道地面为0点，分别向南堂、北堂实测数点，其平均值是：北堂地面低于0点2.25米，南堂地面低于0点2.21米。据此知南堂与北堂的地面水平差仅4厘米。

四堂内密布柱础石，一种是埋置在后壁（即中心台台身四壁）柱槽底部的夯土地基上，用以立壁柱；（图版150）另一种是放置在厅堂内夯土地基上，用以立明柱。根据础石和柱槽的大小，又可以分出大础石和普通础石两种（参见表四）。

在发掘范围内的四堂后壁上共发现柱槽24个，其中位于北堂后壁的7个（编号15～21），位于东堂后壁的10个（编号22～31）（图八七），位于南堂后壁的7个（编号32～38）。（图八八；图版151～155）其中16、25、26、29、35号是大柱槽。（参见图八四）根据四面对称复原，每堂后壁应有柱槽16个，其中普通柱槽12个，大柱槽4个。普通柱槽与上述第一号至第十一号遗址所见相同，都是在中心台筑成后再在台壁上掏挖出来的，正视如同长颈瓶形，分上下两部分。上部是挖在台身用以立木柱的部分，横断面略呈长方形，面宽40～50厘米，进深30～40厘米；下部是挖在台基用以置础石的部分，挖进较深较广，横断面呈圆形，一般宽70、进深80厘米左右。惟一例外的是位于中心台东南角的31号壁柱，此壁柱只挖出立木柱的槽身，置础石的槽身下部未挖。当时是否在夯土台基上直接立柱，或在台基上铺一石片再立木柱，因未留痕迹，已无从究明。此柱槽位于东堂厢房的南墙西端，其立柱构架亦待进一步研究。后壁大柱槽是夯筑中心台时预留出的，槽口面宽220～260厘米，

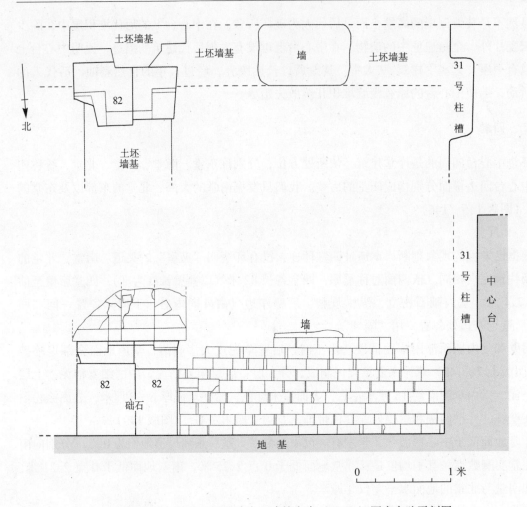

图八七　第十二号遗址中心建筑东堂（F1201）厢房南壁平剖图

进深 140～200 厘米。四个大柱槽的间距各 7.5 米左右，其设置部位是：左右两边的大柱槽，分别设在厢房的内侧和隔墙的外侧；中间的两个大柱槽，设在厢房与隔墙之间。后壁柱槽内均置础石，出土时，础石仅存北堂 21 号、南堂 34 号、35 号。21 号柱槽内仅存下础石，片麻岩制，长宽各 64、厚 35 厘米，顶面琢出方形凹槽。凹槽边长 48、深约 3 厘米，用以纳上础石。34 号柱槽内二础石重叠俱存，通高 126 厘米。上石大理岩制，顶面平整，面向厅堂的一侧朱书"延就尹"三字，又阴刻"□三尺"三字。（图八九；图版 156、157）35 号是大柱槽，槽内有一整块的大础石，础石片麻岩打制，长 124、宽 120、高 104 厘米，面向厅堂的侧面上朱书二行 6 字，字迹已漫漶不辨。础石顶面中部刻凿一条粗直线，一条细直线，中腰四边又刻凿一圈粗横线。顶面和中腰的粗线均宽约 5 厘米，深约 3 厘米。中腰刻线内还涂朱红色。（图九〇；图版 158、159）这些刻凿的直线，表明原拟将此大石劈开，后因故未劈而留下刻凿痕迹。础石至柱槽后壁的空隙用土坯叠砌固定，两侧空隙用碎石、红烧土填塞。四堂后壁上各有 4 个大础石，其作用应是支托上层（中心台）屋顶的大柱。

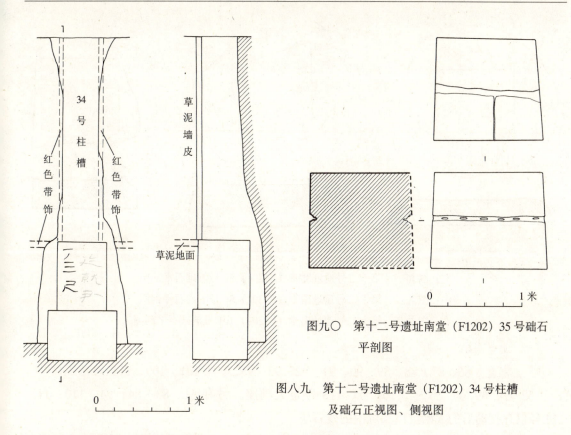

图九〇　第十二号遗址南堂（F1202）35 号础石
平剖图

图八九　第十二号遗址南堂（F1202）34 号柱槽
及础石正视图、侧视图

　　厅堂内的础石，与后壁柱槽（础石）呈纵列放置，每列 7 个（含后壁础石），与后壁普通础石纵列的都是普通础石，与后壁大柱槽（大础石）纵列的，中间 5 个是普通础石，前端 1 个是大础石，纵横间距均为 2.5～3 米之间。复原后共有础石 520 个，其中大础石 52 个，普通础石 468 个。排列在前壁内侧的大础石，其两侧各有两个普通础石。复原后每堂应有大础石 13 个，普通础石 117 个。厅堂内的础石全部放置在厅堂地基上，二石重叠的高度大多是 110 厘米，亦即厅堂地基至厅堂地面的高度。少数通高在 110 厘米以上的础石，则把多出的部分埋入地基内；通高不足 110 厘米的，则在础石底下填土铺垫。这样处理，使全部础石的顶面均处在厅堂地面的同一水平面上。

　　在四堂发掘范围内，尚存础石 57 个，位于后壁的 21 号、34 号、35 号已见上述，其他 54 个，除 113 号置南堂隔墙东侧以外，均置堂中和前墙下。其中上下二石俱存的共有 34 个，均为普通础石，它们是：

　　　　东堂　44、45、47、48、49、50、53、54、57、60、61、63、64、65、66、67、68
　　　　北堂　70
　　　　南堂　84、96、98、99、100、102、103、104、105、106、107、108、112、118、
　　119、120
仅存础座的 28 个，它们是：
　　　　东堂　39、40、41、42、43、45、46、52、55、56、58、59、62

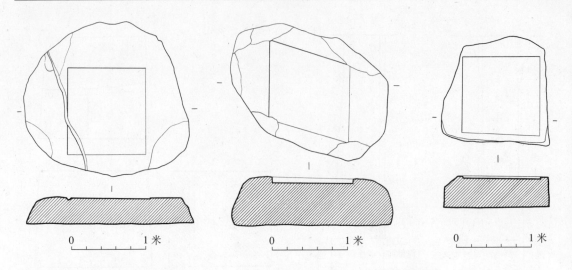

左：图九一　第十二号遗址北堂（F1204）52 号下础石平剖图

中：图九二　第十二号遗址南堂（F1202）86 号下础石平剖图

右：图九三　第十二号遗址南堂（F1202）101 号下础石平剖图

北堂　69

南堂　86、87、88、89、90、91、92、93、95、97、101、109、111、113

其中 52 号、69 号、86 号、101 号、113 号是大础座。另有 51、83、84、94、110、112、114 号仅存扰动后的大础坑以及坑中的残石块。

普通的上础石，大多是大理岩制，顶面琢磨工整，中有凸起的圆槽。圆槽外多呈圆弧形，个别近于垂直。圆槽外径约 44、内径 23、深 5 厘米左右。出土时大多烧裂破碎，有的已烧成石灰状。下础石石料有片麻岩、石英岩等多种。形体有两种：一种是方墩式，占多数，四面琢制平整。揭露出来的南堂 98 号、102 号、107 号础石均属此种形式。（图版 160、161）另一种是利用天然石块，在顶面上凿出方形浅凹槽或阴刻方框形，方槽、方框每边均为 50 厘米左右，槽深 2～4 厘米。后壁 21 号下础石即属此式。已发现的大础石均剩础座，大多是天然片麻岩制成，顶面凿方形凹槽或浅线方框，方槽、方框边长均在 1 米以上，槽深 2～8 厘米不等，浅线方框深 1～2 厘米。分别记述如下：

52 号础座，位于东堂西北角前壁下。天然片麻岩，略呈扁圆形，长 225、宽 205、厚 36 厘米，边有裂缝。正中先刻出方框形，再在框内剔地浅凹槽，槽边长 110、宽 117、深 2 厘米。（图九一；图版 162）

69 号础座，位于北堂东北角前壁下。与 52 号础座呈直线排列，中间有 56 号、62 号二础石。天然片麻岩，已残，残长 120、残宽 70 厘米，上有浅凹槽，深 3 厘米。

86 号础座，位于南堂东南角前壁下。天然片麻岩，扁平长方形，长 212、宽 152、厚 60 厘米。正面中间凿出近似菱形的凹槽，长 112、宽 104、深 8 厘米。（图九二；图版 163）

101 号础座，位于南堂前壁，与 86 号、94 号呈直线排列。利用天然片麻岩加工琢制，底面平整，四边略修饰，长 142、宽 146、厚 42 厘米。正面边沿未加工，中部凿出方形凹

槽，槽边长 108、深 4 厘米。（图九三；图版 164）

113 号础座，位于南堂"隔墙"东侧。天然片麻岩，扁平长方形，长 136、宽 200、厚 53 厘米。正面中间凿出浅凹槽，边长 104、深约 4 厘米。（图版 165）

这五个大础座，正面中央都有方形浅凹槽，凹槽边长均在 1 米以上，说明在凹槽内尚置有一个础石。这个础石，参照第一号遗址西堂西南角 347 号础石（参见图五五），其顶面也应凿出圆槽，用以立 50 厘米左右的大木柱。详见附表四。

出土的础石，大约半数有题记。大多隶体朱书，个别隶体阴刻。朱书多漫漶不辨。阴刻及可辨识的朱书列如表三（图九四；图版 166、167）。此外，在北堂厢房北墙外的一块残土坯上也发现阴刻文字。（图九五；图版 168）

表三　　　　　　　　第十二号遗址中心建筑础石上的刻文和朱书

序号	地点和书写部位	朱书或阴刻	题记内容	图号；图版号
1	东堂 43 号下础石南侧面	阴刻横置，一行三字	史子□	图九四－1，1（拓摹各 1）；图版 166
2	东堂 66 号上础石南侧面	朱书反置，二行九字	□信卿官工　张君卿伯	图九四－1，2；图版 167
3	东堂 67 号上础石南侧面	朱书，一行三字	□子【渊】	图九四－1，3
4	北堂厢房 74 号上础石西侧面	朱书，三行九字以上	□君　□二尺【长】三尺□	图九四－2，1；图版 179
5	北堂厢房西墙外残石	朱书，一行二字	小卫	图九四－1，4
6	南堂后壁 34 号上础石南侧面	朱书四字，阴刻三字	延就尹（朱书）　□三尺（阴刻）	图九四－2，2；图版 156、157
7	南堂后壁 35 号柱槽内残石	朱书三行七字	□　王放铨　工□□	图九四－2，3
8	南堂后壁 35 号柱槽内残石	朱书三行四字以上	□□　鉾　□	
9	南堂 107 号上础石东侧面	朱书三行十字以上	□始建国□　第九祖□□	图九四－3，1；图版 160
10	南堂 107 号础石旁之残石	朱书一行二字	尚□	图九四－3，2

在了解础石数量时，我们曾对厅堂地基进行局部揭剖。发现在塌陷的草泥地面下尚有三层至五层的土坯叠砌。举南堂隔墙北段以东的一段为例。这段有 98 号、102 号、107 号、112 号四个东西并列的础石。础石间的塌陷草泥地面均呈两头高、中间低的弧形，草泥地面下有四层至五层土坯，土坯多残块，少数完整，长 46、宽 23、厚 12 厘米。出土时松散错落不规整，土坯间夹杂大量红烧土块和木炭灰烬，灰烬厚约 5～10 厘米不等。清除灰烬后即见夯土地基，四个础石均放置在夯土地基上。未塌陷的原草泥地面至夯土地基相距 1 米。五层土坯加上草泥地面的总厚度约 0.7 米，中间尚有约 0.3 米的空隙。夯土地基上有明显的焚烧痕迹，土质极坚硬。经钻探，厅堂夯土地基厚 0.6～1.1 米，大柱槽处的地基厚达 2.5～2.7 米。夯土地基下面是黄色生土，个别地方是黑油土或灰土，土质纯净，不含杂质。（参见图八八；图版 169～173）

图九四-1　第十二号遗址中心建筑础石上的刻文、朱书摹本

1. 东堂43号下础石刻文摹本　2. 东堂66号上础石朱书摹本

3. 东堂67号上础石朱书摹本　4. 北堂厢房西墙外残石朱书摹本

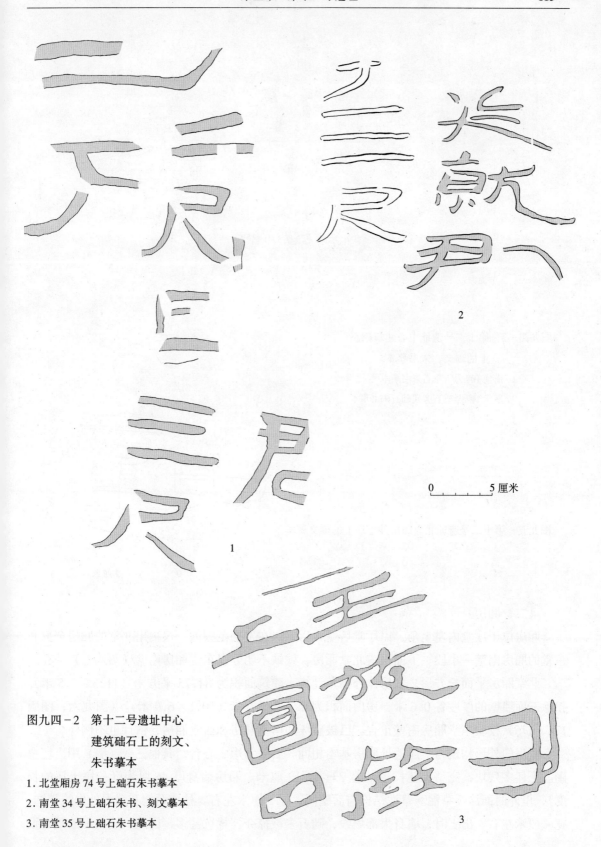

0 ——— 5 厘米

图九四–2　第十二号遗址中心
　　　　　　建筑础石上的刻文、
　　　　　　朱书摹本
1. 北堂厢房 74 号上础石朱书摹本
2. 南堂 34 号上础石朱书、刻文摹本
3. 南堂 35 号上础石朱书摹本

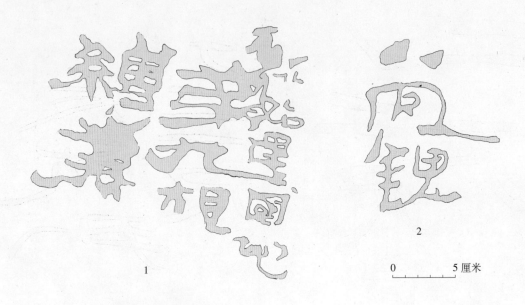

1

2

0　　　　5 厘米

图九四－3　第十二号遗址中心建筑础石
上的刻文、朱书摹本
1. 南堂 107 号上础石朱书摹本
2. 南堂 107 号础石旁残础石朱书摹本

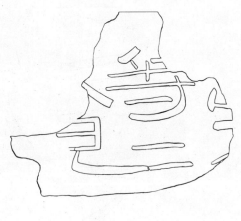

图九五　第十二号遗址北堂厢房外土坯上的刻文摹本

0　　　　5 厘米

（二）厢房

　　厢房位于厅堂内左上角，以厅堂后壁为后壁。在发掘范围内，仅揭出北堂的厢房全部和东堂的厢房南壁一小段。下面报道北堂厢房，残缺不明处以东堂厢房南壁（图八七）补充。

　　北堂厢房平面长方形，依房体外拐角计算，建筑面积为 84.75 平方米（11.3×7.5 米）。扣除三面墙壁的厚度各 0.6 米，房内面积为 69.69 平方米（10.1×6.9 米）。（图九六；图版 174、175）校验东堂厢房南壁正合。已被破坏的南堂厢房和西堂厢房，估计也不例外。

　　厢房的外形构筑与上述遗址厢房基本相同。后壁利用中心台，其他三壁（墙）用土坯垒砌。土坯多残块，完整土坯长 46、宽 23、厚 12 厘米。厢房墙身厚 46 厘米（一块土坯的长度），里外两面涂墁草泥。草泥结构与后壁同，厚 5 厘米左右。柱槽两侧和墙根处朱绘带饰，宽 4 厘米左右。出土时，墙身大部塌毁，础石多被掠夺，扰坑甚多，因此，墙身上的础石设

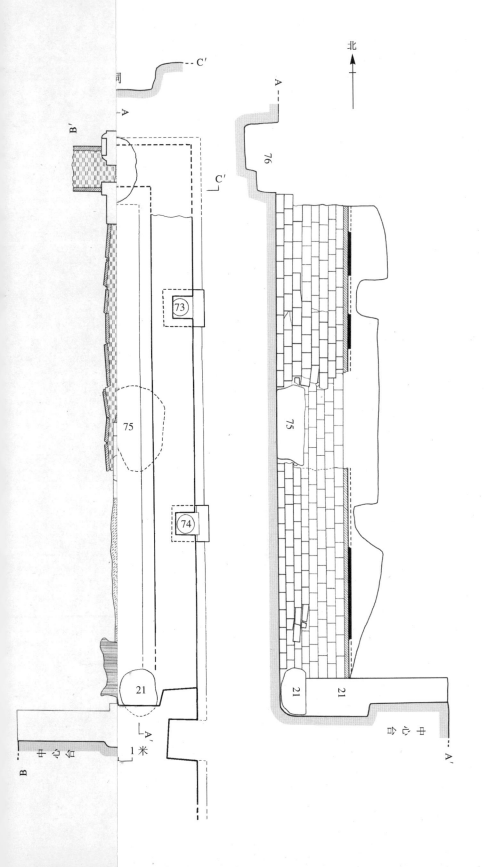

置和门道所在，便成为首先要解决的问题。

先看厢房的东墙和北墙。东墙保存稍好，墙身残高35～80厘米不等。（图版176）墙外壁存二础石（73号、74号），墙内壁中部存一础座（75号）。北墙东段内外壁各存一础石（77号、78号）。东北拐角、西北拐角和北墙西段皆遭扰坑破坏，为了解其原有情况，我们对这些部位的房基进行揭剖。从房基上遗有础石痕迹判断，可以确定东北角、西北角、北墙西段都应有二石重叠的础石，故在图上分别编为76号、79号、80号。从77号、78号础石呈内外相错的情况推测，估计在79号的内侧可能还有一个础石。再看东墙中部内壁尚存的75号础座，其位置相当于东堂厢房南墙内壁的82号础石。（图九七；图版177）82号础石系二石拼合而成，侧视呈凸字形，顶面平滑，由此推测75号上础石应与82号上础石类似。

再看西墙。这里扰坑连片，西墙墙身全毁，仅存墙基中段一小部分。参照第一号至第十一号遗址的厢房资料，本厢房的门道应设在西墙北端。东墙外壁有73号、74号二个础石，其对应处的西墙上亦应有二础石，但已缺乏可供判断的痕迹。可以认定的是，西墙中段内壁处有一扰坑，位置恰与东墙75号础石相对，估计应是被扰动的础坑，故编为81号础石。

已发现的厢房础石，均为二石重叠，而且都放置在墙身内外壁柱槽内。（参见表四）放置在墙身内壁的础石，顶面平滑，有的在面向房内的一侧琢出裙肩，形式与后壁柱槽中的础石相同，表明内壁立柱与后壁立柱互有梁架关系。外壁柱槽内的础石顶面均有圆槽，形式与厅堂内的明柱相同，表明厢房外壁立柱与厅堂立柱互有梁架关系。需要指出的是，东墙外壁上的73号、74号础石的顶面圆槽不是通常所见的周围凸起的圆槽，而是在平滑的面上凿出圆形凹槽，槽径22、深8厘米。（图九八；图版178、179），其作用似与凸起圆槽同，均作立圆柱用。这是汉城南郊礼制建筑遗址中仅见的圆槽形式。

厢房地面保存尚好，与厅堂地面同一水平。地面也是草泥铺墁，表面涂朱红色。为了解厢房地基和地面下的结构，我们对厢房作了揭剖，获知三面墙基均为8层土坯叠砌，高宽各1米，墙身即叠砌在这八层土坯上。在房内东西壁中部还发现土坯地基一堵，两端连接75号础座和81号础坑，亦8层土坯叠砌，高宽各1米。房内草泥地面下有土坯3层，多残块，完整土坯长46、宽23、厚12厘米，松散错落不规整。土坯层下有灰烬一薄层，在中部靠近东壁处发现木炭一堆，面积约100平方厘米，厚约30厘米。这些木炭灰烬，原来应是构筑厢房地基的木板。清除灰烬后即见夯土地基，情况与厅堂地基相同。厢房地面下有连接东西壁的土坯地基一堵，附近又发现大量灰烬，说明土坯地基上原来架设木板，再在木板上铺墁草泥地面。（图版180～182）

（三）隔墙

在发掘范围内，仅揭出南堂隔墙一堵。东堂隔墙暴露在T1210边上，未发掘。

南堂隔墙位于35号础石的左侧，南北向，墙身仅存北头6.1米，残高0.92、厚0.6米。墙身用残土坯和泥混合堆砌，两面涂墁草泥墙皮，表面刷粉白色。墙基用8层土坯垒砌，高宽各约1米。墙基南半段已全毁，仅存北半段。内侧尚存础石3个，分别编为115号、116号、117号，每个间距约1.5米左右。（图九九；图版183）础石皆上下二石重叠，

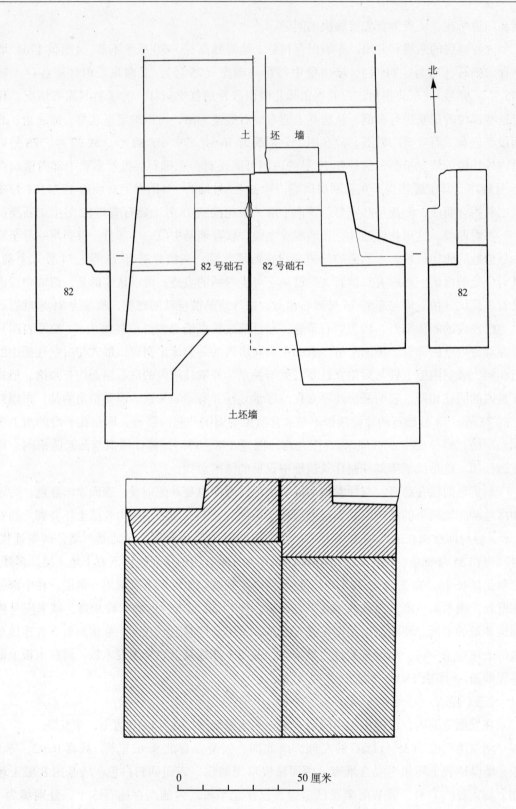

图九七　第十二号遗址东堂（F1201）厢房 82 号础石

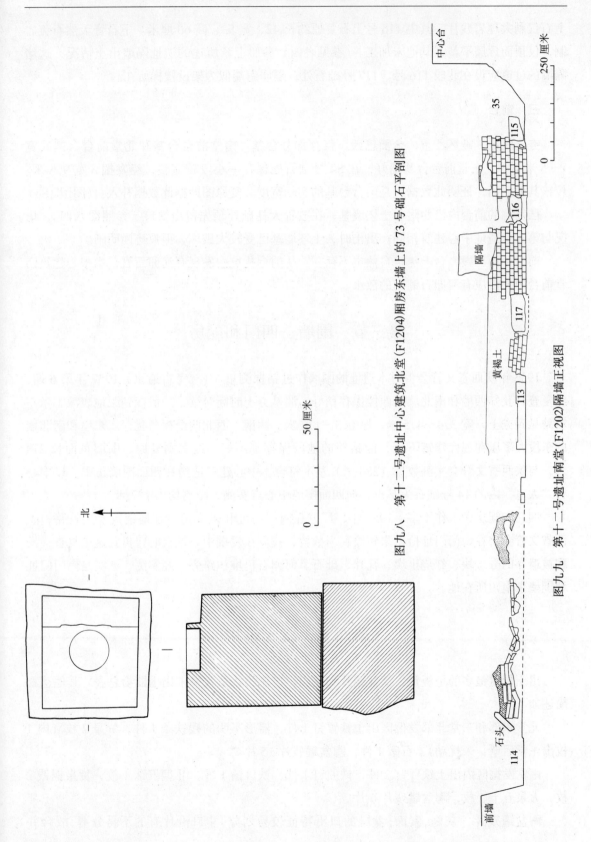

图九八 第十二号遗址中心建筑北堂(F1204)厢房东墙上的73号础石平剖图

图九九 第十二号遗址南堂(F1202)隔墙正视图

上石仅剩大理岩残片，其中 116 号上石复原约长 42、宽 53、高 60 厘米。下石皆天然石英岩制，仅顶面琢磨平整，其他未加工。（参见表四）参照上章所述的遗址隔墙出土情况，这堵隔墙的过道应设在北段 116 号、117 号础石处，隔墙南端似为架设楼梯所在。

三　前台

夯土筑造。破坏严重，台面已毁，仅存部分台基。南堂前台台基和北堂前台台基残宽 1～5 米不等，东堂前台台基稍好，在 84 号础石处保存一小段较完整，经发掘，宽 9.6 米。校核其他三面，证明此数据应是前台台基的实际宽度。复原图即据此数据补入。（图版 184）

已发掘的前台内沿均附着土坯墙基，在放置大柱础处预先留出缺口（参照图八四），情况与第三号遗址中心建筑相同。出土时，土坯墙基已受较大破坏，但痕迹尚明晰。

前台台面已毁，台上建筑自然也不存在。从前台扰坑中发现有河卵石看，本中心建筑四堂前台的外沿应有河卵石铺砌的散水。

第三节　围墙、四门和配房

1956 年陕西省文管会曾对本遗址的围墙作过钻探测量。（《考古通讯》1957 年第 6 期）经复查，获知西墙和南北墙的西段保存稍好，墙基夯土时断时续，一般探到距地表深 1 米左右处见到夯土，宽 3.4～4.5 米，厚 0.3～1.8 米。西南、西北两个拐角犹存。东墙和南北墙的东段大多压在现代建筑下面，能钻探的地段保存都不好。经实测复原，围墙每面长 274 米，与陕西省文管会实测数据（280 米）基本符合。中心建筑适居在四面围墙正中。以中心台"太室"内的 14 号础石为基点，向四面围墙中心点实测，距离均为 137 米。

四门和配房做工作不多。1956 年，厂方在南门门址和东南角所在地铺筑专用铁路，陕西省文管会曾在南门门址捡得朱雀纹瓦当数枚，我们在发掘中心建筑时曾再到这里复查，发现被遗弃的夯土块、红烧土块、瓦片、础石、河卵石仍堆积路旁。经实测，证实是南门门址和围墙东南角所在地。

第四节　出土遗物

出土数量最多的是板瓦、筒瓦残片和瓦当，详见第八章及书末出土器物总表。其他遗物简述如下。

北堂东部和东堂北部发掘区出土铁冒钉 1 件，器形不明的残铁条 1 件，货泉 2 枚（内 1 枚出东堂后壁，未扰动），石磴 1 件，陶盆罐残片 15 片。

南堂发掘区内出土铁冒钉 2 件，铁曲钉 1 件，铁口锸 1 件，Ⅱ型五铢 1 枚，货泉铜钱 2 枚，大泉五十 1 枚，陶盆罐残片 6 片。

陶盆罐残片　灰陶，素面。盆罐的口沿特征较易划分，非口沿片有的不易分清，故合并叙述。所见盆片，皆外折平口沿，敞口，腹部斜收，平底。罐片口沿皆为圆卷唇，敛口，鼓腹，平底。盆罐片大小厚薄不一，大型片可能是瓮片，皆汉代考古所习见。

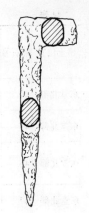

铁冒钉　锻制。钉身断面圆形，冒径 3.5~4 厘米。长 27 厘米左右。

铁曲钉　锻制。一端折曲与钉身成直角，断面方形，边棱明显。长 10 厘米。（图一〇〇）

铁口锸　横长条形，刃部平直，顶上有銎口。刃宽 17、高 5.5 厘米。

石磴　片麻岩制，截锥体。顶面直径 15、底径 20、高 18 厘米。（图版 185）器形与第一遗址西堂所出近似，似为石坐具或夯土工具。

图一〇〇　第十二号遗址南堂出土铁曲钉 F1202∶3（1/2）

表四		第十二号遗址中心建筑出土础石简表						单位：厘米
出土位置	础石号	上石			下石			
		石料	长×宽×高	附　注	石料	长×宽×高	方槽或其他	附　注
中心台正中	14	天然花岗岩	244 × 205 × 82	顶面凿出平座，边长 185，一边仍保存天然形状				似无下石
北堂后壁	21			已失	天然片麻岩	64×64×35	方槽边长 48、深 3	
南堂后壁	34	大理岩	54×56×74	保存完整，南侧面有朱书和阴刻文字	细砂岩	75×60×52		埋入夯土内 18 厘米
南堂后壁	35*	片麻岩	124 × 120 × 104	中腰凿出一条横线，南侧面有朱书				无下石
东堂北部	39			已失	石英岩	60×100×?	方槽边长 48、深 3	未揭开，高不明
东堂北部	40			已失	细砂岩	50×60×?		未揭开，高不明
东堂北部	41			已失	细砂岩	60×80×?	方槽边长 48、深 3	未揭开，高不明
东堂北部	42			已失	石英岩	60×50×?		未揭开，高不明
东堂北部	43			已失	细砂岩	60×80×?	方槽边长 50、深 3	南侧面阴刻三字

续表

出土位置	础石号	上石			下石			
		石料	长×宽×高	附　注	石料	长×宽×高	方槽或其他	附　注
东堂北部	44	大理岩	60×60×70	烧成石灰状	细砂岩	54×73×?	线刻方框，边长48、深3	未揭开，高不明
东堂北部	45	长英岩		已残碎	石英岩	60×50×?	方槽边长48	未揭开，高不明
东堂北部	46			已失	片麻岩	100×91×?	方槽边长54、深3	未揭开，高不明
东堂北部	47	大理岩	54×55×65	烧成石灰状	细砂岩	54×56×43		
东堂北部	48	大理岩	52×53×65	圆槽焚毁	有			未揭开
东堂北部	49	大理岩	56×59×?	圆槽微残，未揭开	有			未揭开
东堂北部	50	大理岩	55×55×?	圆槽焚毁，未揭开	有			未揭开
东堂北部	51			已失	有			已残碎，遗留础坑
东堂北部	52*			已失	片麻岩	225×205×36	方槽110×117×2	
东堂北部	53	大理岩	53×52×62	圆槽残毁，南侧面有朱书，字迹不辨	有			未揭开
东堂北部	54	大理岩	50×47×70	圆槽已毁	有			未揭开（图版186）
东堂北部	55			已失	片麻岩	100×190×?	方槽边长54、深3	未揭开，高不明
东堂北部	56			已失	片麻岩	91×91×?	方槽边长48、深3	未揭开，高不明
东堂北部	57	大理岩	55×55×?	圆槽焚毁，未揭开	有			未揭开
东堂北部	58	大理岩		已残碎	石英岩	50×60×?		未揭开
东堂北部	59			已失	细砂岩	52×80×?		未揭开
东堂北部	60	大理岩	58×60×67	南侧面有朱书、已模糊	有			未揭开
东堂北部	61	大理岩	55×55×70	圆槽已残，南侧面有朱书、已模糊	有			未揭开
东堂北部	62			已失	石英岩	108×60×?	方槽边长50、深3，槽底有朱痕	未揭开
东堂北部	63	大理岩	55×50×?	烧成石灰状，未揭开	有			未揭开

续表

出土位置	础石号	上石				下石			
		石料	长×宽×高	附　注		石料	长×宽×高	方槽或其他	附　注
东堂北部	64	大理岩	50×51×71	圆槽残毁，南侧面、西侧面有朱书，已模糊		有			未揭开
东堂北部	65	大理岩	52×54×70	烧成石灰状		细砂岩	54×79×52	方槽边长 48、深 3	埋入夯土基中 12 厘米
东堂北部	66	大理岩	45×50×67	圆槽残，南侧面有朱书		细砂岩	56×75×42		
东堂北部	67	大理岩	55×60×72	圆槽微残，南侧面有朱书		有			未揭开
东堂北部	68	大理岩	55×59×?	圆槽残，未揭开		有			未揭开
北堂东部	69*			已失		片麻岩	120×70×?	方槽边长 52、深 3	未揭开
北堂东部	70	大理岩	50×50×?	未揭开		有			未揭开
北堂东部	71	大理岩	50×60×?	已残碎		有			未揭开
北堂东部	72	大理岩		已残碎		有			未揭开
北厢房东壁	73	大理岩	58×54×73	顶面平整		角砾岩	56×56×38	凹槽径 22、深 8	
北厢房东壁	74	大理岩	50×55×75	顶面平整，西侧面有朱书		细砂岩	34×58×38	凹槽径 22、深 8	
北厢房东壁	75			已失		石英岩			已残碎
北厢房北壁	76			已失		片麻岩	95×110×40	方框边长 49、深 3	表面有朱痕
北厢房北壁	77	大理岩	50×45×73	顶面平整		石英岩	50×50×74		
北厢房北壁	78	大理岩	57×59×70	顶面平整		石英岩	58×45×70		
北厢房北壁	79			已失		有			已残碎，堆积坑内
北厢房西北拐角	80			已失		有			已残碎，堆积坑内
北厢房西壁	81			已失		有			已残碎，堆积坑内
东厢房南壁	82	大理岩	东石 64×71×24 西石 48×56×31	两石拼成，顶面平滑		石英岩	东石 65×?×77 西石 46×?×72		两石拼成，顶面平整

续表

出土位置	础石号	上石			下石			
		石料	长×宽×高	附 注	石料	长×宽×高	方槽或其他	附 注
南堂内	83			已失	有			已残碎，堆积坑内
南堂内	84	大理岩	55×55×73	圆槽残，北侧面有朱书，已漫漶不清	片麻岩	85×94×?	平座	未揭开
南堂内	85			已失	有			已残碎，堆积坑内
南堂内	86*			已失	片麻岩	212×152×60	方槽112×104×8	
南堂内	87			已失	赭色花岗岩	55×115×?	方槽边长49、深3	表面有朱痕，未揭开
南堂内	88			已失	细砂岩	58×60×?	方槽边长48、深3	未揭开
南堂内	89			已失	细砂岩	52×73×46	方槽边长49、深3	
南堂内	90			已失	石英岩	60×60×?	方槽边长48、深3	表面有朱痕，未揭开
南堂内	91			已失	片麻岩	100×70×?	方槽边长48、深3	表面有朱痕，未揭开
南堂内	92			已失	细砂岩	60×70×?	方槽边长49、深3	未揭开
南堂内	93			已失	片麻岩	100×90×?	方槽边长48、深3	加工平整，表面有朱痕，未揭开
南堂内	94*			已失	有			已残碎，堆积坑内
南堂内	95			已失	细砂岩	60×45×?	方槽边长48、深3	未揭开
南堂内	96	大理岩	55×55×70	圆槽已毁	细砂岩	70×68×?	方槽边长48、深3	未揭开
南堂内	97			已失	石英岩	74×77×?	方槽边长49、深3	未揭开
南堂内	98	大理岩	60×60×70	烧成石灰状	石英岩			未揭开
南堂内	99	片麻岩		烧成石灰团，厚10	石英岩	60×70×59	平座	
南堂内	100	大理岩	60×60×72	烧成石灰团，厚10	有			未揭开
南堂内	101*			已失	片麻岩	142×146×42	方槽边长108、深4	
南堂内	102	大理岩	55×60×68	圆槽残	细砂岩	53×54×36	平座	
南堂内	103	大理岩		已残碎	有			未揭开

续表

出土位置	础石号	上石			下石			
		石料	长×宽×高	附　注	石料	长×宽×高	方槽或其他	附　注
南堂内	104	大理岩		已残碎	有			未揭开
南堂内	105	大理岩		已残碎	有			未揭开
南堂内	106	大理岩		已残碎	有			未揭开
南堂内	107	大理岩	56×62×65	圆槽残，北东南三侧面有朱书	细砂岩	52×74×37	平座	
南堂内	108	大理岩	55×60×70	烧成石灰状	细砂岩		平座	未揭开
南堂内	109			已失	细砂岩	80×90×63	方槽边长48、深3	表面有朱痕
南堂内	110			已失	有			已残碎，堆积坑内
南堂内	111			已失	细砂岩	70×65×40	方槽边长49、深3	
南堂内	112	大理岩	45×65×？	已残缺	有			留有压印痕迹
南堂内	113*			已失	片麻岩	136×200×53	方槽边长104、深4	
南堂内	114			已失	有			已残碎，堆积坑内
南堂隔墙中	115			已失	石英岩	110×40×40	平座	表面有朱痕
南堂隔墙中	116	大理岩	42×53×60	顶面平滑	石英岩	85×40×40	平座	
南堂隔墙中	117			已失	石英岩	60×100×40	平座	
南堂内	118	大理岩	80×56×？	烧成石灰状	有			未揭开
南堂内	119	大理岩	50×60×？	烧成石灰状	有			未揭开
南堂内	120	大理岩	45×50×？	圆槽残，南侧面有朱书，字迹不辨	有			未揭开

说明：1. 长，指础石放置时的东西长度；宽，指础石放置时的南北长度。

2. 础石焚烧成石灰状者，长宽尺寸取其近似值；础身完好仅圆槽已毁者，一律按圆槽一般高7厘米计入。

3. 础石号带"＊"的是大型础石。

4. 石料承西安地质学校教师刘从云先生鉴定。

第六章　第十三号遗址

第一节　概　况

第十三号遗址位于第一号至十一号遗址的大围墙外的西南边，东距第十二号遗址约 600 米。遗址的台基中部正北直对汉长安城内未央宫前殿遗址。

遗址的主体是一座横长方形的夯土台基。经钻探，东西残长约 240 米，南北宽约 60～70 米，高出周边地面 5～10 米，两头稍高，中间稍低，呈长方形平台状。四周缓坡低下，略似马鞍形，当地老乡叫它"影山楼"。发掘前，"影山楼"上杂草丛生，村民常来此地放牧。北部较平整，种植有苜蓿、红薯等作物；南部坑洼沟壑，行走不便，遗迹多被破坏。（图版 187）关于"影山楼"一名的由来，据当地民间传说，汉初吕后居未央宫，遥见南山（秦岭）虎狼成群，心里很害怕，为遮隔这种可怖的视线，特地建造"影山楼"阻隔之。当地方言"影"，意为"遮隔"、"遮拦"；山，指南山。这个传说不可信，但它说明遗址年代久远，与发掘研究得出的遗址年代暗相符合。

1958 年冬季，我们发掘第三号遗址期间，曾在附近勘察，发现了这座"影山楼"，初步认定它是一座汉代建筑遗址。限于当时的人力财力，没有进一步工作。越年冬，我队派姜立山、高立勋、汪遵国、孙善德对遗址进行钻探，并在台基西端断崖边（图版 188）和西南部开了 2 个探方（T1301、T1302）和 3 条探沟（T1303～T1305）进行试掘。在试掘期间，无意中发现台基东北部遭到庆安机械厂雇工取土破坏，经多次交涉，才被制止。厂方被迫同意提供部分人力、财力，让我们进住厂区发掘。于是，我们重新组建发掘队，由黄展岳、姜立山、高立勋、潘其风、张长庆、时桂山、高兴汉等人组成，从 1960 年 2 月 5 日开始发掘，直到同年 12 月底结束，除雨天休息外，田野工作没有间断。（图版 189）

根据"影山楼"遗址的保存现状和试掘的结果，我们选定"影山楼"北半部作为主要发掘区，先从被农民工破坏的东北部开始，逐渐向西推进，直到与第一次试掘的 T1301、T1302 相衔接。东西全长 212 米，南北宽 10～25 米不等（个别处宽 60 米），共开探方 41 个（含 3 条探沟），实际发掘面积（含试掘）约 4000 平方米。（图版 190、191）

"影山楼"地层堆积比较简单，一般分为 4 层。

第 1 层：表土层。厚 0.2 米左右。土质松软，黄色，土中夹杂草根或作物根茎，遗物很少，偶有汉代瓦片和近代瓷片。

第 2 层：近代堆积土层。厚 0.2～0.4 米。土质松软，黄褐色，土中杂有汉代瓦片、木

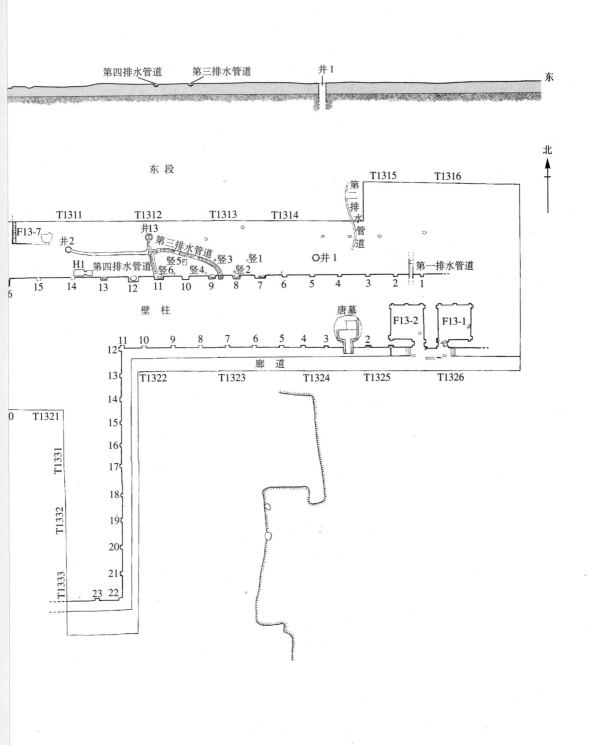

第四排水管道　　第三排水管道　　　　　　井1　　　　　　　　　　　　　　东

北

东　段

T1315　　T1316

第二排水管道

T1311　　　　T1312　　　　T1313　　　T1314

F13-7　　井2　　井13　　第三排水管道　　竖1

H1　第四排水管道　竖5　竖3　竖2　　　　井1　第一排水管道
　　　　　　　竖6　竖4

16　15　14　13　12　11　10　9　8　7　6　5　4　3　2　1

壁柱　　　　　　　　　唐墓　　F13-2　　F13-1

11　10　9　8　7　6　5　4　3　2

12　　　　　　　　　　廊道

13　　T1322　　　T1323　　　T1324　　　T1325　　　T1326

14

0　T1321　15

T1331　16

17

T1332　18

19

20

21

T1333　23　22

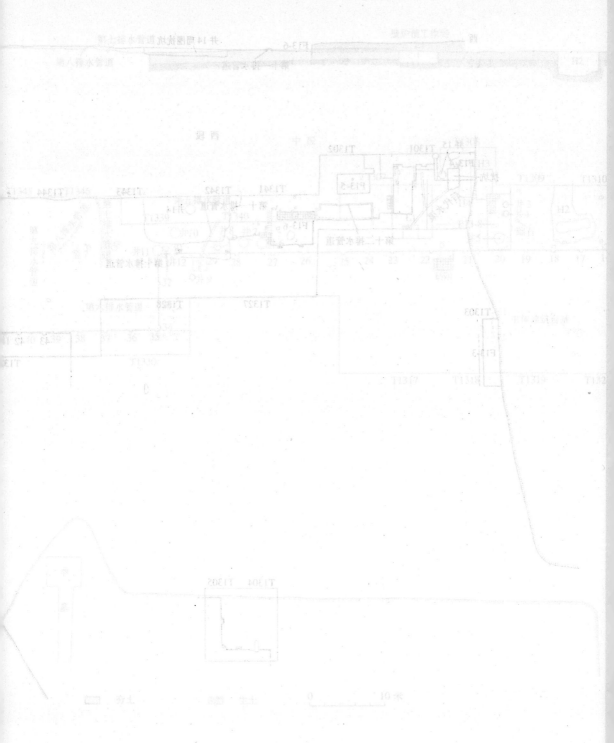

炭渣、近代瓷片等。

第3层：汉代扰土堆积层。厚0.25～0.6米。土色灰褐杂乱，土中有遗址废弃后的大量遗物和翻动遗址堆积而形成的扰坑。位于台基东部的T1306～T1311六个探方的扰土层和扰坑内出土遗物最多，主要遗物有残方砖、筒瓦、板瓦、瓦当、金属构件、红烧土、木炭灰烬等。稍晚于遗址堆积层的房址（F13-4～F13-8）、壁炉（L1）和土坑（H1～H4）也发现于此层，并打破第4层遗址堆积。

第4层：遗址堆积层。未被扰动的遗址堆积所剩无几。一般厚0.1～0.3米。出土遗物与第3层同，遗址中的夯土墙、壁柱、础石、水井、排水管道相继出现。

由于自然的和人为的破坏，遗址保存很不好。从建筑遗迹的叠压关系和出土物的年代特征看，这座建筑遗址大约是利用秦旧址修建的西汉早期建筑，以后屡经维修、改建和扩建，大约到了西汉末，遗址全部废弃，以后未再利用。鉴于遗迹和出土物存在的年代差异，所以分为早期（西汉初期）建筑遗迹和后期（西汉中期以后）建筑遗迹两节叙述。

第二节　早期建筑遗迹

现存主体建筑（殿堂）台基、周边廊道、供水（水井）、排水管道和台基边上的附属建筑（房屋）。根据秦汉皇家建筑的特点，这座建筑遗址的周边应有围墙环绕，因周边地势较低，又有厂房、民居等障碍，虽然做了钻探，但没有发现。在钻探过程中，却意外地发现了第十四号遗址的外围墙，详见下章。

一　主体建筑（殿堂）台基

台基横长方形，经钻探，东西残长240米，南北宽约60～70米，高出周边地面5～10米。台基夯土筑造。夯土坚硬似砖，层次分明，每层厚8～10厘米左右。经现场观察分析，台基似用穿棍系绳夹板的版筑夯筑法建造的，夯打的工具可能是圆柱形的铁头夯锤或石头夯锤，锤击面平整或微弧形。其建筑程序是：先在当时地面上挖出长方形的基槽，因地势高低不同，基槽深度也不同。东端以F13-1、F13-2处为准，深1.2米；西端以F13-3处为准，深2.3米。挖出长方形的基槽坑后，再在基槽坑内填土打夯，直夯打至原地面，是为地基。再在夯土地基的南北边各留出1.4米宽的地面（即廊道地面）及拟建的房屋空间后，继续填土夯筑，直到高出夯土地基2.1米处。台基东部主体建筑便修建在这层台基上。环绕台基周边的建筑便成为衬托主体建筑的附属建筑。（图一〇一）在台基西端，还发现第二层台基，整体正视成二级台阶状。出土时，第二层台基顶面已削毁，现存最高处仅高出第一层台基面1米左右。据西端断崖剖面实测，夯土地基和两层台基的总厚度为4.6米。（图一〇二、一〇三）据出土物分析，第二层台基的年代稍晚，有可能是在第一层台基建筑物废弃后夯筑的。因破坏严重，第二层台基的具体面积已无法究明。

在发掘范围内，发现主体建筑（殿堂）基址两段，一段在现存台基东段北沿，东端已毁

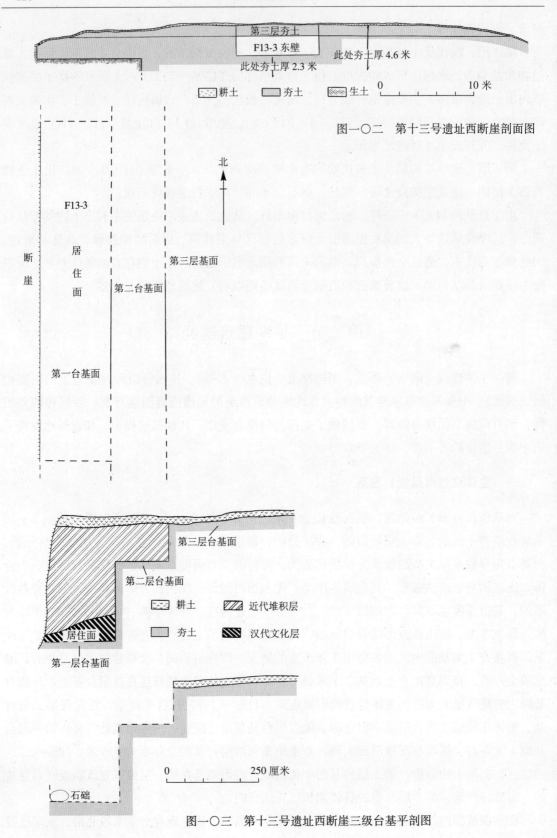

图一〇二　第十三号遗址西断崖剖面图

图一〇三　第十三号遗址西断崖三级台基平剖图

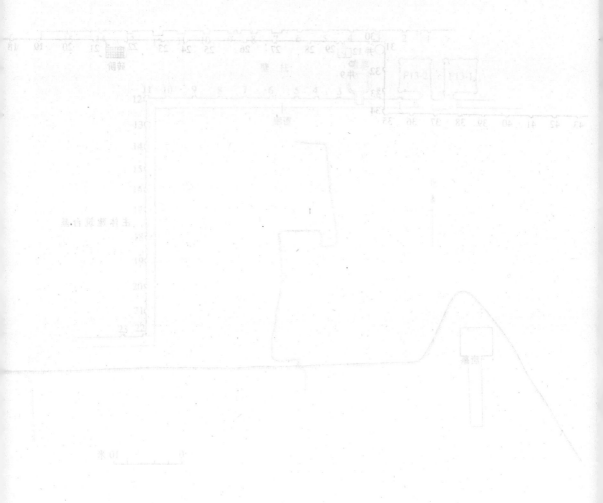

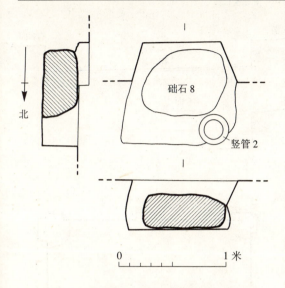

图一〇五　第十三号遗址主体建筑台基北沿
8 号壁柱础和 2 号竖立陶管

没，由东向西残长 116 米，转而向南 9 米，又转向西 32 米处至探方（T1329）西壁。探方西边因残毁过甚未发掘，长度不明。现存基址壁柱 20 个，由壁柱的排列规律推知，原应有壁柱 43 个，其中 30、31 和 34、35 号是拐角并立壁柱（30、31 号壁柱被井 12 破坏）。另一段在现存台基东段南沿。东端已毁没，由东向西残长 48 米，转向南 34.4 米，又转向西 9 米，因基址被毁中断，长度不明。现存基址壁柱 18 个，由壁柱的排列规律推知，原应有壁柱 23 个。主体建筑似应在北沿 14～31 号壁柱以南、南沿 12～22 号壁柱以西之间。（图一〇四；图版 192～194）

壁柱全部在台基边上掏挖凹槽，平面近方形或长方形，一般宽 30～50 厘米，间距 25～30 厘米，凹槽底部掏在夯土地基面上，内置础石。础石皆天然片麻岩，略呈扁圆形或扁平椭圆形，大小略有差异，一般长宽 40～80 厘米，厚 10～30 厘米，不加工，仅选择较平整的一面向上，石面与台基面大致取平。（图一〇五）

二　附属建筑

与主体建筑同时修建的附属建筑，尚存房址 2 座（F13－1、F13－2），廊道 3 段，以及陶圈水井和排水管道多处。此外，在台基西端断崖上发现房址 1 处（F13－3），年代与 F13－1、F13－2 相当，与主体建筑似应同时修建。

（一）房址

F13－1、F13－2 位于主体建筑（殿堂）东端夯土地基上，东西并列，间隔 1.9 米，各自独立，不互通。二房址的空间是在夯筑台基时预留出的，大小形式完全相同。（图一〇六）室内平面方形，边长 4.7 米，门向南，方向 180 度。四壁利用台基，残存高 0.6～1.3 米。两房各有壁柱 11 个，其中 4 个分置于门道的内外两侧，1 个置北壁正中，6 个置于室内三个拐角处。三个拐角均为并列壁柱。（图版 195、196）11 个壁柱的柱槽都是在台基边上掏挖出来的，布局对称，大小略同，平面长方形，宽 40、进深 20 厘米左右。柱槽底部放置础石，出土时，仅 F13－1 门道内两侧各存础石 1 个，其余仅见柱槽，部分柱槽底部犹存础石压印痕迹。础石系天然片麻岩，未加工，仅选择较平整的一面向上，石面与室内地面大致取平。此外，在 F13－1 的门道中和东壁下以及 F13－2 门道内都发现有被移动的形式相同的础石，原应属房址中的础石。

两座房址的室内地面处同一水平。地面上均用草泥铺墁，保存不佳。草泥厚约 4 厘米，底层麦秸拌泥，中层细黄泥，表面涂红色颜料。室内四壁涂抹草泥墙皮。出土时大多剥落，

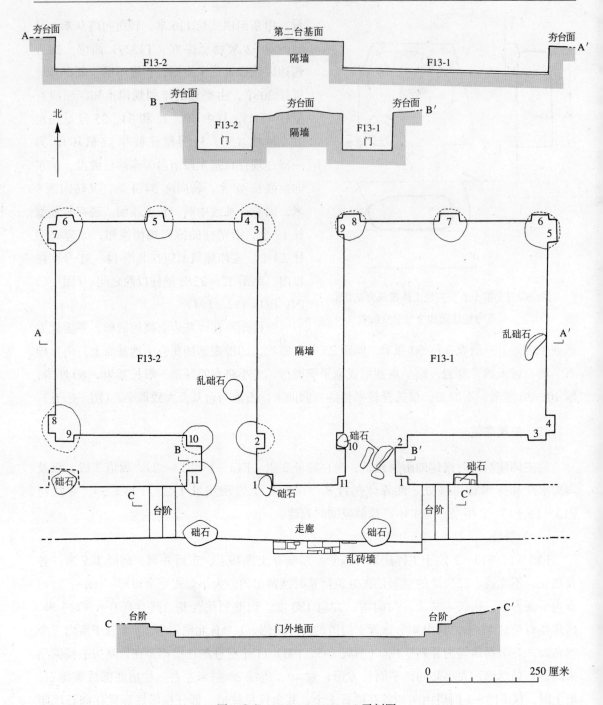

图一〇六　F13-1、F13-2平剖图

仅在F13-2西壁保存一小片。草泥很薄，厚2~3厘米。底层麦秸拌泥，中层细黄泥，表面施粉白色。在靠近壁根处和壁柱两侧发现有涂绘红色的带饰，证明这座房屋的室内装饰与上述遗址中心建筑的四堂装饰是相同的。

房门向南。F13-1的房门设在南壁西侧，F13-2的房门设在南壁东侧。门道宽1.1~

1.2米，门道地面与室内地面平齐，门道内未见门槛痕迹。但门道内外两侧各有础石1个，说明原有门框、门楣、门扉、门槛等。

门道外有廊道。廊道两端有台阶，相距5.6米。两侧台阶旁，发现础石2个。础石系天然片麻岩，未加工，略呈扁圆形，直径60～80厘米，似被移动，推测原位不会太远，估计是承托两房屋檐的柱础石。（图版197）

出土时，两房内堆积黄褐色土，土中夹杂有西汉早期的绳纹砖、板瓦、筒瓦、瓦当等残块，数量不多，详见书末出土器物总表。门道前廊下叠砌残砖一段。砖与房内出土的绳纹砖相同，应是遗址废弃后利用旧物砌造的。

F13-3位于台基西端，房址西半部被断崖破坏，现存房址东半部。房址空间是在夯筑台基时预留出的，现存东壁高2.1米，南壁、北壁因断崖破坏，高度稍减。室内东壁长9米，南壁、北壁残长2米。室内地面和壁面均涂墁草泥。地面草泥厚约4厘米，表面施朱红色。壁面草泥较薄，约2厘米，表面上刷粉白色。保存较差，出土时大多剥落。未见壁柱，仅在北壁断崖边发现础石1个，原位已失，天然片麻岩，未加工，大小与上述两房址略同，应是房址中之础石。

房内堆积分两层：上层为后代扰土层，土中夹杂原房址的遗物和近代瓷片；下层为房址废弃后的堆积，厚0.2～0.75米，出土物甚丰，主要是西汉早期的砖瓦，详见书末出土器物总表。

房子的东壁之上，发现有第二层台基，现存高1.1米，原台基面已毁，现存台基面未见遗物。（参见图一〇三）

（二）廊道

台基壁柱外沿设廊道，宽1.4米，转折处皆呈直角，廊道地面未发现铺砖或铺墁草泥的痕迹，仅在台基南壁的F13-1、F13-2两座房址门前发现东西台阶各1处，在台基北壁的22号壁柱东侧发现砖阶1处。

台基南壁的东西台阶分设在F13-1、F13-2门道外的廊道两端，相距5.6米。台阶面宽与廊道相同，均为1.4米，阶宽0.3米。东阶存两级，一级高12厘米，一级高18厘米，以东已被破坏。从走向呈缓坡状看，应是通向台基主体建筑（殿堂）的通道。西阶只存两级，每级高15厘米，以西已破坏。从夯土遗存看，也有可能是通向主体建筑（殿堂）的通道。（图一〇六；图版197）

台基北壁22号壁柱东侧的砖阶，发掘前已遭农民工取土破坏，残存砖阶四级，全部暴露在地面上。第一级砖阶仅存东侧一立砖，铺阶方砖已毁。第二级砖阶高出第一级砖阶19厘米，阶面铺方砖5行，行4块，残存11块。第三级砖阶高出第二级砖阶14厘米，阶面铺方砖1行4块。第四级砖阶高出第三级砖阶14厘米，阶面铺方砖1行4块。方砖有几何纹和小方块纹两种，均长34、宽34、厚5厘米，直缝铺砌。砖阶两侧及阶沿用条砖镶嵌。条砖素面，均长38、宽19、厚8厘米。由砖阶走向推知，行人由北廊道向南登上第一、二级砖阶，然后向西登上第三、四级砖阶而进入台基上的主体建筑中。（图一〇七；图版198）

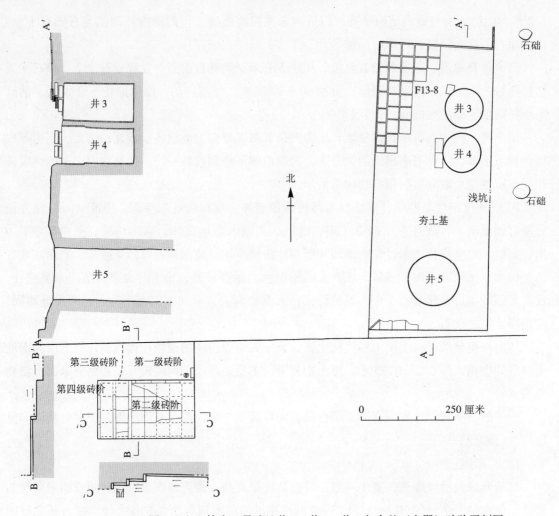

图一〇七　第十三号遗址井 3、井 4、井 5 与台基（主殿）砖阶平剖图

（三）水井和排水管道

在发掘范围内共发现水井 15 口，排水管道 12 条，竖立陶管 7 支。它们集中分布在主体建筑基址的北部边沿上，距离现地面较浅，发掘前又遭农民工取土破坏，原来铺设的排水管道和竖立陶管可能不止此数。

1. 水井

共 15 口。均发现于主体建筑基址北部沿边，其中六口在东段（井 1～5、13 号），七口在中段（井 6～12 号），二口在西段（井 14、15 号）。它们多数在夯土地基面上开凿，仅井 3、井 14 开口于地基外汉代地面，井 9 开凿在主体建筑的台基上。成组分布的有：井 3、4、5 南北纵列；（图一〇八；图版 199）井 10、11、12 南北相邻；（图版 200）井 6、7、8 东西并列。（图版 201～203）井 2 是第四排水管道的渗井，（图版 204）井 13 是第三排水管道的渗井，其余十三口井应是饮用井。出土时，井 3、井 4 的砖砌井栏尚有遗存，其他井口均遭到不同程度的破坏。

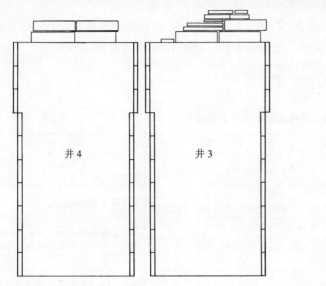
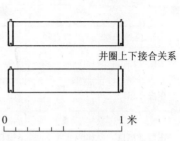

井圈上下接合关系

0   1 米

图一〇八 第十三号遗址井3、井4及井圈套接

井口平面皆圆形，井壁垂直，壁面平整。井口的直径大多是1.4米或0.9米。井口1.4米的有井1～5、9、13七口井，除井5是不嵌陶圈的土井以外，其余六口井的井壁均嵌陶圈。井口直径0.9米的有井6、7、8、10，都是不嵌陶圈的土井。此外，井11、12、14三口井的井口直径分别为1米、1.1米和2米，也都是不嵌陶圈的土井。

陶圈有高低两种。高圈高46～66厘米，圈内口径89～120厘米，圈壁厚3～5厘米。表面饰斜行细绳纹，里面稍抹平，陶质坚硬，上下厚度均匀，仅少数口径略呈椭圆，壁身上部稍厚于下部。（图版205）井1、2、9、13四口井的井壁使用高陶圈镶嵌。低圈高20～23厘米，圈内径89～120厘米，圈壁厚2.5厘米。表面饰斜行细绳纹，里面稍抹平，圈口浑圆，壁身垂直，上下厚度均匀。（图版206）井3、4的井壁使用低陶圈镶嵌。不论高陶圈或低陶圈，上下圈沿中间都有子母槽，即上圈沿中间有浅棱凸起，下圈沿中间有浅槽微凹，便于上下圈扣合牢固。采用低陶圈镶嵌的井3和井4，原是两个并联的土井，深各2米，嵌砌陶圈后，间距仅10厘米。两井井壁各嵌10个陶圈，上部三个稍大，圈高23厘米，圈内口径100厘米。下部七个稍小，高20厘米，圈内口径89厘米。出土时，两井井口周围尚有砖砌的井栏，均残存西半部。井4是条砖叠砌的井栏，存两层4块。条砖素面，长38、宽20、厚9厘米。井3是条砖、方砖混砌的井栏，存4层，共10多块。条砖素面，大小与4号井所见同。方砖饰几何纹，边长34厘米，厚4厘米，重7.5公斤。（图一〇九）

井5在井4的南边2.5米处，井口直径1.4米，深8.3米。井中堆积砖瓦甚多。井5和井3、井4均被压在后期房址F13－8的下面。

此外，我们曾在遗址北边捡得弧形券砖一块，外弧边长41厘米，内弧边长32厘米，厚7.8厘米。（图版207）环列12块，可成一内径为1.2米的圆圈。由此可知券砖应是用于镶嵌井壁的。类似券砖，曾发现于汉长安城未央宫城角楼遗址井壁上[①]。

　　这批水井，深 2～8.9 米不等，井 3、4、9、13 四口井发掘到底，其他只挖深 1～2 米，以下再采用钻探。也有因井内遗物太多，无法钻探的。遗弃在井内的器物多少不等，主要的遗物是瓦片、残陶圈、残砖、础石等，详见表五。

表五				第十三号遗址出土水井登记表	单位：厘米
编号	位置	开口直径	深	陶　圈	备　注
1	东段 T1314	140	890	高 66、外径 118、内径 110	发掘至井口下 4.2 米，以下钻探至 8.9 米见淤土、出水
13	东段 T1312	上口 140，下口 90	310	上部圈高 65、外径 95、内径 89；下部圈高 46、外径 88、内径 82	第四排水管道流注此井中
2	东段 T1311	140	650 以下	高 66、外径 118、内径 110	陶圈大多残破填入井中，发掘至深 6.5 米，以下无法钻探。第三排水管道流注此井中
3	东段 T1308，压在 F13-8 下	约 100	200	高 26、外径 94、内径 89	与井 4 同时开凿的并联土井，然后分别嵌砌陶圈而成
4	东段 T1308，压在 F13-8 下面	约 100	200	高 26、外径 94、内径 83	与井 3 同时开凿的并联土井，然后分别嵌砌陶圈而成
5	东段 T1308，压在 F13-8 下	140	830	无	发掘至井口下 5.5 米处，以下钻探。井口被后期扰坑破坏
6	中段 T1306	90	720	无	发掘至井口下深 4.8 米，以下钻探
7	中段 T1340	90	470 以下	无	发掘至井口下深 4.7 米，以下遗物多，无法钻探
8	中段 T1340	90	670	无	发掘至井口下深 4.8 米，以下钻探
9	中段 T1340	140	240	高 46、上口外径 130、下口外径 126、内径 120	井底嵌一陶圈
10	中段 T1339	90	200	无	
11	中段 T1339	100	440	无	
12	中段 T1339	110	220	无	
14	西段 T1342	200	200 以上	无	发掘至井口下深 2 米，以下无法钻探
15	西段 T1301，压在 F134 下面	上部口径 90、深 100 以下口径 80	100 以上	无	发掘至井口下深 1 米，以下无法钻探

　　注：井内出土遗物见书末附出土器物总表。

① 《汉长安城未央宫》第 24 页，中国大百科全书出版社，1996 年。

2．排水管道

这里发现的排水管道有三种：一种是用筒形陶管衔接的管道；另一种是五角形陶管衔接的管道；再一种是砖砌的管道。筒形管道是主要的管道，共发现9条。（图版208～219）五角形陶管道比较少见，这里发现2条。砖砌管道仅见1条。除砖砌管道外，筒形管道和五角形管道的源头都设在台基上的主体建筑内，沿台基北壁直流而下，经地基北去。出土时，埋没在台基面上和台基北壁上的排水管道已全部毁没，仅在台基北壁壁根处残存一支曲形陶管，（图版220）可以断定排水是沿台基北壁直流而下的。出土时，在夯土地基上共发现排水管道12条，它们都是在地基面上挖出浅沟，陶管安装于沟内，待陶管安装完毕后，再覆土填塞管外空隙，与地基面取平。沟宽40厘米，深30厘米左右，由南向北稍稍倾斜。筒形管模制，长短基本一致，都是一端略粗，另一端略细，分2式：Ⅰ式管表面细绳纹，里面麻点纹。第一、二、三、四、六、七号六条管道用Ⅰ式管。（图版208～217）Ⅱ式管表面粗斜绳纹，里面布纹。第八、九、十号三条管道用Ⅱ式管。（图版215、218、219）Ⅰ式管长50～56厘米，粗端口径（指内口径，下同）19～20厘米，细端口径15～17厘米，管壁厚约1厘米左右。（图版221～223）Ⅱ式管长52～56厘米，粗端口径28、细端口径23～24厘米。不论Ⅰ式管或Ⅱ式管，其安装法都是细的一头套入另一管粗的一头，套入约4～5厘米，一管套接一管，转折处用曲形管衔接。

第三排水管道是现存十二条管道中最长的一条。残存陶管22节，共长23米。南起台基北壁，向北偏西流注于井2（渗井）中。（图版211）其中第二十二节陶管铺压在从南向北流的第四号管道之上，说明第三号管道的铺设时间应稍晚于第四号管道。（图版212～214）值得注意的是，南起台基北壁的第一节陶管是曲形管，出土时，曲形管的一端管口向北，另一端管口向上。向北的管口，依次衔接筒形管21节，保存基本完整，二十一节以上的筒形管已残毁，但管道沟槽仍清晰可辨，直至流注井2。向上的管口，位于台基北壁壁根处。（图版210、211、220）由于这里的台基被削毁，高出地基面仅10多厘米，曲形管向上衔接的筒形管亦已消失。据出土现状观察，在这节曲形管的上面，必有埋入台基北壁内的直立衔接的筒形管，这个发现，证明第三号管道应是承接台基上建筑物内的污水的。污水从台基建筑物内流入第三号排水管道，沿着埋入台基内的陶管直流而下，流经曲形管后，转而流入向西北方向平铺的陶管中，最后注入2号渗井内。（图一○九）

第四排水管道残长4.7米。南起台基北壁11号壁柱处，第一节曲形管已失，现存筒形管11节，向北流注井13（渗井）中。陶管略有残断，但未缺失。在流程中，陶管与从东向西流的第三排水管道相交，被压在第三排水管道下面，呈十字交叉，（图版213）说明第四排水管道的铺设时间早于第三排水管道。

其他筒形管道皆残断，首尾缺失，详见表六。

五角形陶管发现两条（第五、第十一）。陶管模制，断面五角形，长高各40厘米，底宽22厘米，两端粗细相同，表面细绳纹（比Ⅰ式筒形管上的绳纹稍粗），里面抹平。安装时，先挖沟，再在沟里埋置五角形管，一节接连一节，衔接处用土填塞压平。陶管外至沟槽边的

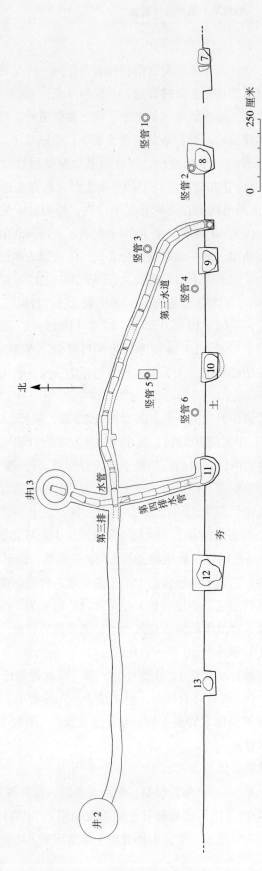

图一〇九 第十三遗址第三、第四排水管道及井2、井13和1~6号竖立陶管平面图

空隙用泥土、瓦片和碎石填塞。（图版 201、202）这里发现的第五号管道，南起井 9，向北偏东流，至 T1340 北边处，共出土 14 节，长 6.2 米。探方外未再发掘。发掘前，这里已被厂方推土机破坏，出土时，五角形管上部全被压碎，只剩下底部。（图一一〇；图版 202）第十一号管道位于台基西端，残存 2 节，被推土机推出弃置地面，走向不明。陶管大小形式与第五号管道相同。

　　用条砖砌造的排水道发现 1 条（第十二号），位于台基西部 F13－5 地面下，南起台基上。出土时，仅在 F13－5 南内壁里发现一小段砖道，其余仅见沟槽，砖道已失。这条砖砌水道呈曲折形，先由南向北砌造长 2.3 米，再向东砌造长 6.8 米，之后折向南 0.8 米，又向东砌 0.8 米，以远残毁。（参见图一〇一）其铺砌方法是：先挖出宽、深各约 40 厘米的沟槽，在沟槽底部横铺一层底砖，再在底砖两端横置两侧砖，之后横铺盖砖，最后覆土填平。条砖长 38、宽 20、厚 9 厘米。砌造后形成中空高宽各 20 厘米的涵道。详见表六。

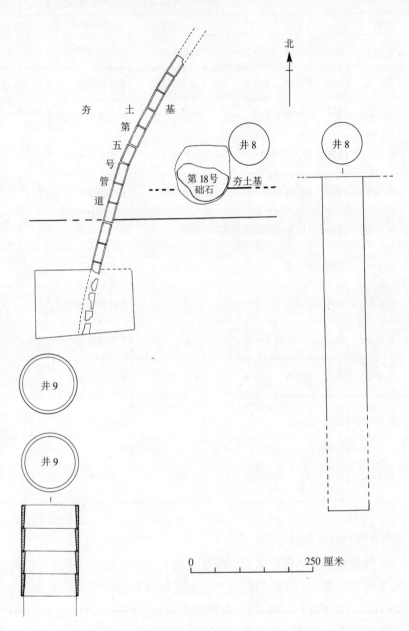

图一一〇　第十三号遗址第五排水管道及井 8、井 9 平剖图

表六　　　　　　　　　　　　　第十三号遗址出土排水管道登记表

编号	位置	流向	现存长	陶管形式	陶管保存情况	备注
第一号	东段，T1315	南→北	5米左右	Ⅰ式筒形管	存4节，基本完好	
第二号	东段，T1314	南→北	12米以上	Ⅰ式筒形管	存10节，大多完好	探方以北未发掘
第三号	东段，T1311～T1313	东南→西北	23米	Ⅰ式筒形管	存21节，全长11米，多破裂	流注井2
第四号	东段，T1312	南→北	4.7米	Ⅰ式筒形管	存9节，全长4.5米，多破裂	流注井13
第五号	中段，T1340	南→北	6.2米	五角形管	存14节，全长4.5米，皆残破	探方以北未发掘
第六号	西段，T1339	西南→东北	6米	Ⅰ式筒形管	存8节，全长5米，多残破	
第七号	西段，T1346	南→北	8.4米	Ⅰ式筒形管	存17节，全长8.4米，基本完整	
第八号	西段，T1346	西南→东北	5米	Ⅱ式筒形管	存12节，全长5米，多残碎	
第九号	西段，T1345	南→北	2米	Ⅱ式筒形管	存3节，全长2米，残	
第十号	西段，T1349	南→北	2.2米	Ⅱ式筒形管	存4节，全长2.2米，残	
第十一号	西段，T1341			五角形管	存2节，全长0.9米，完好	沟槽已毁，陶管被移动
第十二号	西段，T1302，覆盖在F13-5地面下	南→北→东	13米以上	条砖砌造	存砖砌涵道约1米	沟槽尚存

（四）竖立陶管

竖立陶管形同筒形陶管，因竖立地下，仅一端管口外露，故名。在发掘范围内，共发现竖立陶管7支。（图版224、225）七支竖立陶管均竖立在地基北沿，1～6号管分布在东段T1312～T1313内，分两排，每排三支，每支间距0.4米左右，南排三支分别位于北排三支的南偏西1.1米处，形成两排互相错列的布局。7号管发现于第七排水管道旁，与东段的南排三支处在一条直线上。（参见图一○一、一○九）竖立陶管的形式，除5号管（图一一一；图版225）与Ⅰ式筒形管相同以外，其他六支均比Ⅰ式筒形管略为粗大厚重。竖立陶管长66厘米，两端略有粗细之分。较粗的一端，外径21.5、内径17厘米；较细的一端，外径20.5、内径16.5厘米。陶质坚硬，表面饰斜行细绳纹，里面麻点纹，有的在两端略加轮旋磨光。

竖立陶管的埋置方法是：先在埋置处挖出小方坑，方坑边长0.42米，深0.5米左右（仅6号管的坑口呈长方形，长0.6、宽0.5米）。然后把陶管竖立坑中，上口外露，高出地

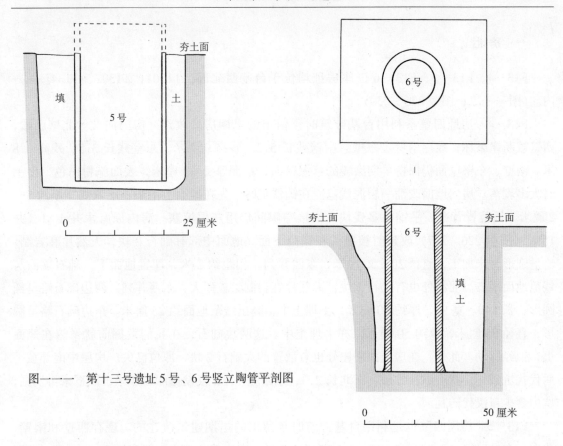

图一一一　第十三号遗址 5 号、6 号竖立陶管平剖图

基面 15～20 厘米。管周与坑壁间填土夯实。出土时，管内积满泥土，未见任何遗物。

类似这种形式的竖立陶管，在发掘区边也发现两支。因被推土机推移，原位已失，亦应是遗址中物。7 号竖立陶管的东西两边，曾发现多个小方坑，大小深度与竖立陶管的方坑无异，估计原来也应是竖立陶管的。同样的情况，在西安北郊阎新村（亦称阎家寺村）秦汉建筑遗址中也有发现。

关于竖立陶管的用途，目前还难以判定。刘致平先生在勘查阎新村秦汉建筑遗址时，曾对这种竖立陶管提出看法。他认为可能是在管内插杆子，杆子上挂灯供照明[1]。我们认为刘先生看法可能是对的，但缺乏实证，望今后工作中留意审察，再作进一步研究。因竖立陶管的器形与排水管道的筒形管无甚区别，故附记于排水管道之后。

第三节　后期建筑遗迹

在发掘范围内，可以认定的后期（西汉中期至西汉末年）遗迹有房址 5 座（F13－4～F13－8），壁炉 1 座（L1），土坑 4 个（H1～H4）。

----

[1]　刘致平：《西安北郊古代建筑遗址勘察初记》，《文物参考资料》1957 年第 3 期，第 6 页。

一　房址

F13-4、F13-5、F13-6三座房址均位于台基西北部，T1301、T1302、T1341探方内。（图一一二；图版226～230）

F13-4　房址四壁系利用台基夯筑时预留出的早期房址改建。房门向北。北壁已毁，西壁被断崖破坏，残存南壁、东壁。南壁残长5.2、残高0.7米，东壁残长3.5、残高0.8米。南壁、东壁壁面仍保持早期涂墁的草泥壁面，草泥厚2～3厘米，表面施粉白色，出土时大多剥落。房内地面改铺一层泥钱范。在铺钱范时，先在地面上铺垫一层灰烬，厚约1～2厘米。钱范皆背范，平铺，多残块。衔接空隙间仍用灰烬填塞。房内原有水井1口（井15），（图版226、227）改建时被覆盖在钱范下面。地面中部有础石2块，天然片麻岩制，略呈圆形，未加工，直径20～30厘米，东西并列，相距约2米，埋置地面下，础石顶面与钱范地面平齐。北沿处也有础石2块，天然片麻岩制，较硕大，东西并列。西边础石略呈椭圆形，长140、宽90、厚约60厘米，半埋土中，高出钱范地面约25厘米。东边础石略呈圆形，直径85厘米，厚约50厘米，亦半埋土中。这两块础石，在我们发掘前就暴露在地面上，似经移动。此外，在房址西断崖处也有散置的大础石2块，原位已失。房屋中南部被一后代扰坑破坏。扰坑纵长方形，南北长2.3、东西宽1.7、仅发掘深0.3米，以下未再发掘，坑内含少量汉代砖瓦。

F13-5　房屋四壁也是利用台基夯筑时预留出的早期建筑改建的。现存西壁和南壁。北壁、东壁已毁。西壁距离F13-4东壁仅5.7米。室内残长6米，残高0.8～1.1米。壁面涂墁草泥，表面施粉白色。南壁基本保存，西端有一曲折，长9米，残高1米多。（图版226、228）发掘时，发现南壁系两层壁重叠，内壁面是早期夯筑的台基壁面（老壁），外壁面是在内壁面上加筑一道厚约0.3米的土壁（新壁）。内外壁面均涂墁草泥，表面施粉白色。草泥厚约3厘米，分3层：底层粗麦秸拌泥，中层细麦秸拌泥，上层细黄泥，最后才在黄泥上涂刷粉白色。内外壁草泥结构完全相同，推测内外壁的相对年代相距不会太远。

内壁破坏严重，仅存壁柱槽1个，槽底置一础石，为天然片麻岩。外壁筑造时，础石未被移动。外壁西南角有壁柱一，面宽进深各20厘米，础石已失。在老壁内发现砖砌水道一条，属早期建筑，详见本章第二节。后期改建时，这条砖砌水道仍被保存，清理时，砖道沟槽基本完好，槽内发现B型瓦片数片，说明这条砖砌水道在后期改建期间仍被继续使用。

房内尚存早期铺墁的草泥地面，保存不好，仅存零星碎片。后期地面铺长方形大砖，保存也不好，仅在西南隅处残存3行12块，直缝平铺，另有2块被移置在这片砖地的东边。砖长42、宽28、厚3厘米，正面方格纹，背面素。砖铺地面废弃后，房内改用土坯铺地，但只在房内中部铺砌。土坯地面呈横长方形，东西长4.6米，南北宽2.7米，略低于砖铺地面2～3厘米。土坯灰黑色，长46、宽23、厚12厘米，大小形式与第一号至第十二号遗址出土的完全相同。这片土坯地面的铺砌法没有固定，直铺、横铺、直缝、错缝都有。（图版229）东起第一行土坯间还夹杂2块方砖，方砖边长34、厚4厘米，正面几何纹，与F13-6

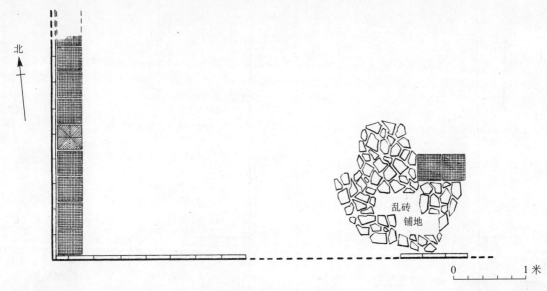

图一一三　F13－7平面图

所出同。土坯地面西北部有柱洞 2 个，东西并排，相距 0.9 米，柱洞平面方形，边长 0.2、深约 0.2 米。

从出土现象观察，这座房址可能经历西汉早、中、晚三个时期。早期与台基殿堂同时修建，现存的南壁老壁和砖砌排水道可以证明。砖砌地面和南壁新壁应是对早期房址的维修改建，年代在西汉中期。砖砌地面房址毁坏以后，才出现土坯地面。土坯地面的面积不大，也许说明此时房址已废弃不用，土坯地面或另有用途。土坯大小形制与第一号至第十二号遗址所出相同，有可能是从这些遗址的废墟中搬来砌造的，年代应在王莽末年至东汉初年。

F13－6　在 F13－5 东南边，也是利用早期房址改建的。房址的南壁、西壁原是台基的北壁面，残高 0.9 米，现存房内东西长 5.5、南北宽 3.1 米。(图版 230) 南壁有 2 壁柱，础石犹存。柱槽面宽 70、进深 50 厘米。础石天然片麻岩制，东边础石略呈椭圆形，长 50、宽 40、厚 30 厘米左右，西边础石已成残块。房内地面铺墁草泥，厚约 4 厘米，大多剥落，出土时，房内有散置础石 2 个。房址北沿已改成砖砌道路。砖道东西走向，西通 F13－5，东接砖砌坡道。砖道东端略有残缺，残长 5.6 米（全长约 6 米），宽 1.2 米，铺方砖 3 行，直缝铺砌，每行残存 16 块（全长 18 块）。方砖素面，边长 35 厘米，厚 5 厘米。两侧用条砖镶嵌。条砖素面，长 35、宽 18、厚 5 厘米。砖道北边另有散置的方砖、条砖数块，原应是铺砌砖道的遗物。砖道东北边有五角形陶管 2 节（第十一号排水管道），已移动，详见上节。

砖道东边另有一条砖砌坡道。砖砌坡道北低南高，坡度约 12 度。现存坡道水平长 4.8 米，坡面残存方砖 6 行，西侧二行比较完好，每行 14 块。方砖素面，边长 35、厚 5 厘米。铺砌不规整，似非同时铺砌，走向不明。砖砌坡道的东边有散置础石 4 个，因地面已毁，原位置不明。

F13－7　位于东段 T1310 内，残甚，仅剩西南隅方砖铺地二段。西边存方砖一行 9 块，沿边用条砖横置镶嵌，残长 3.4 米，方向 355 度。南边存镶嵌的条砖数块，残长 6.3 米。西

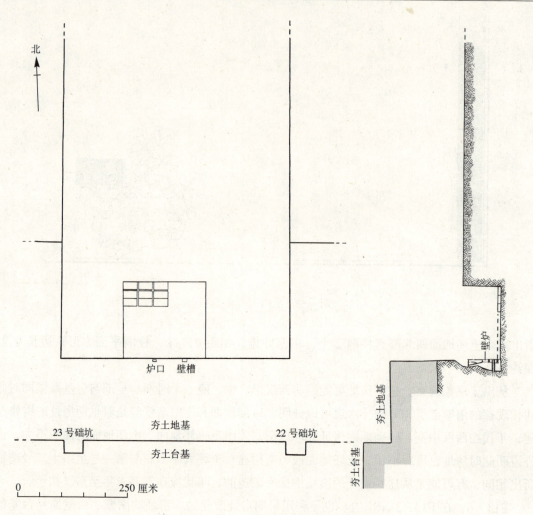

北

炉口 壁槽

夯土地基

23号础坑　　夯土地基　　　　　　　　22号础坑
　　　　　　　夯土台基

壁炉

夯土地基

夯土台基

0　　　　　　250厘米

图一一四　第十三号遗址壁炉位置平剖图

南呈直角，尚存。在近南边条砖处发现一片残砖铺地，中有完整方砖 2 块。西边方砖和这二块方砖，除一块作几何纹外，余均作方格纹。（图一一三；图版 204）铺砖上堆积层厚 0.4 米，出少量瓦片，A 型、B 型都有，应是后期建筑，作用不明。

　　F13－8　位于 T1308 内，压在井 3、4、5 的上面，并打破 H3 东南角。房址平面纵长方形，南北长 7.6、东西宽 3.2 米。地面铺砖，砖面铺砌在井 3、4 的井栏上，说明是先填塞水井，平整地面，再铺砌方砖的。平整地面时，井栏尚存条砖两层。方砖直缝铺砌，边沿用条砖横置镶嵌。以西边为准，方向 359 度。因后期扰坑破坏，残存方砖两小片。一片在西北隅，存 5 行 30 块；另一片在西南隅，仅存 1 行 4 块。方砖饰几何纹或方格纹。铺砌时，纹饰向上向下都有。（图一〇七；图版 199）

二　壁炉

　　壁炉（L1）位于 T1307、T1308 内，22、23 号壁柱的北边，炉身隐藏在地基下的生土

壁内。炉前（北）有操作面和堆放炉料的场地。（图一一四；图版231、232）

壁炉高66.5厘米，露口处距现存台基面深1.8米，炉底与炉前操作面平齐。壁炉全形像一只倒置的高足杯。结构分炉门、炉膛、火眼、贮灰坑和出灰口五部分。（图一一五；图版231、232）

炉门在壁炉中部，面向北，券顶，高13、下宽11、进深6厘米。炉门底部垫铁板。铁板长15、宽6、厚1厘米。其作用是减少添送燃料对炉门的磨损。

炉膛在炉门内，纵剖面呈圆锥形，横断面呈椭圆形，底部长19.4、宽16.2厘米，周壁涂耐火泥，厚5厘米以上。据西安地质学校教师刘从云先生现场观察，耐火泥是用击碎的石英岩（伟晶岩中之

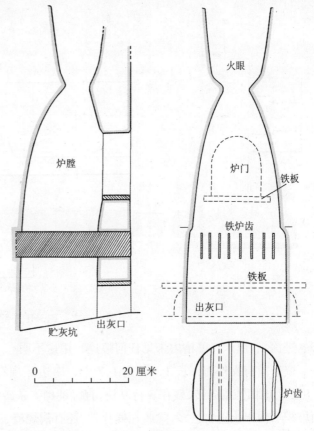

图一一五　F13L1正视图、剖面图

石英）微粒拌泥制成的。出土时，耐火泥上沾满铜渣斑痕。膛底安装炉齿。炉齿铁制，平板状，共8条，均长25、宽5.8、厚2厘米，间距1.6～2厘米，由炉前横立直插后壁生土中。炉前生土壁受压破裂，用泥土填补封固。燃料由炉门送入炉膛，放置在炉齿上燃烧。

炉齿下面是贮灰坑，沿炉膛底部周边垂直而下，圜底，长22、宽16.2、高14厘米。贮灰坑的前面有出灰口。出灰口比贮灰坑稍长，高6厘米，其上架一铁板。铁板长32、宽6、厚1厘米。其作用是支撑炉壁上部对出灰口的压力，出灰时可以减少对出灰口上部的磨损。

火眼在炉膛的上面，略似倒置的长方锥体，高17.5厘米，上口微残，长约14、宽约11厘米。底部缩成一孔道直通炉膛，孔道直径6厘米。由壁炉结构推知，炼锅应置火眼上。H2西边台基上出土断足铁鼎2件，鼎内涂抹耐火土，耐火土上沾满铜汁痕迹，边有浇注铜汁的流道。我们曾将此鼎移置于此，正合，说明这2件铁鼎正是这座壁炉的炼锅。（参见图版259、260）冶炼时，膛内火焰经孔道直达炼锅。出土时，火眼周壁有细草泥的痕迹，表面呈灰白色，可能为烟熏所致。火眼上有一小孔，直通夯土台基上，应是出烟孔。

壁炉全部开凿在夯土台基内和生土壁内，保存完好如新。出土时，仅在炉膛内发现少量木炭灰烬。说明壁炉曾使用过，但使用时间可能不长。

炉门东边0.6米处有一壁槽，系就生土壁上掏挖，直通夯土台上。壁槽高1米，面宽

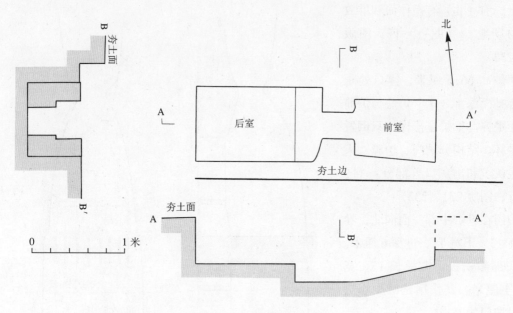

图一一六　F13H1 平剖图

13、进深 10 厘米，壁槽内未见任何痕迹，用途不明。

壁炉前有操作面，长 1.9、宽 1.7 米，南边距现存台基面深 2.5 米，北边距原地面深 0.8 米。地面铺砌条砖，残存 3 行 9 块，直缝铺砌。条砖素面，均长 33、宽 16、厚 8 厘米。操作面堆积层内出土遗物甚多，除砖瓦残片外，还有铜烧渣、王莽钱和铜器残片，详见附表。

操作面的北边是一片长方形地面，北至 T1307、T1308 边缘，长 7 米，宽 5.2 米。南边系从夯土台基上挖出，地面距现存台基面深 1.7 米，高出炉前操作面 0.8 米。北面削低平整原地面而成。这片地面应是供应壁炉燃料、原料的堆放场所。

三　土坑

土坑 4 个（H1～H4），都是在早期夯土台基上挖掘出来的。坑形各不相同。坑内大多堆积遗址中的砖瓦等器物，用途不明。

H1　位于 T1311 内，13 号壁柱西北边。发掘前，坑上部已遭厂方取土破坏，仅存坑下部。坑底平面长方形而中部狭窄，挖在夯土地基内，由东向西，分前室、后室两部分。前室前部斜坡，后部平，全长 1.4、宽 0.8、残深 0.5～0.7 米。后室底部高于前室底部 0.2 米，前窄后宽，平面凸形，全长 1.2、前宽 0.24、后宽 0.8、残深 0.5 米。（图一一六；图版 233、234）坑底和四壁均甚平整，壁面涂草泥，厚 1 厘米。坑底有火烧痕迹，极坚硬，后室前端犹存灰烬。出土时，坑内塞满土坯残块。土坯砖红色，长 46、宽 23、厚 12 厘米，大小形式与上述遗址出土全同，用途不明。

此长方坑建在夯土台基上，说明它的出现应在殿堂台基废弃以后。坑内堆积土坯，废弃年代应在西汉末或东汉初。

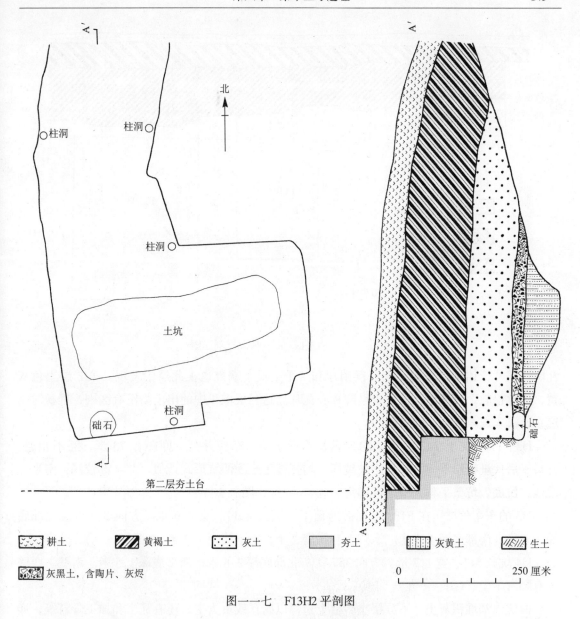

图一一七　F13H2 平剖图

H2　位于 T1309、T1310 内。开口于近代堆积层（黄褐色土）下面，上口已被破坏。现存平面呈不规则"L"形。由北向南有斜坡道，坡道约 18 度左右。北端发掘至 T1309 北壁（探方外未发掘），斜坡水平长约 5 米，南端深约 1.2 米。斜坡以南是土坑，平面呈横长方形，现存长 5.2、宽 3.6、深 1.9 米。坑壁平整，未见涂饰，坑底呈圆弧形，不甚平整。

斜坡道东侧有柱洞 2，西侧有柱洞 1，长方坑南壁有柱洞 1、础石 1。柱洞大小全同，口径 15、深 30 厘米，洞内未见遗物。础石扁圆形，直径约 50 厘米，天然片麻岩，与早期壁柱中的础石无异，应是早期建筑废弃后移置于此的。（图一一七；图版 235）

坑内堆积分 3 层。第 1 层是灰土，厚 1.1 米，质地松软，内含汉代砖瓦、瓦当，近底部土色灰黑，内含灰烬，遗物渐多。第 2 层是灰黑色土，厚约 0.2 米，内含大量木炭灰烬和砖

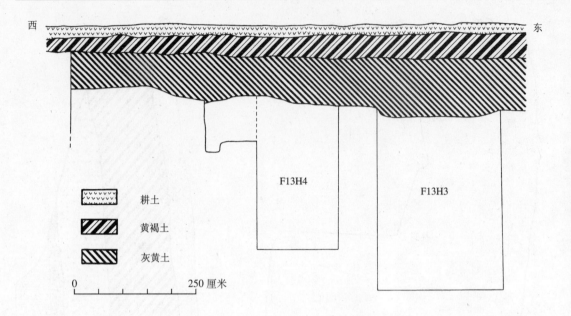

图一一八　F13H3、F13H4 北壁剖面图

瓦陶器残片，铭刻"阳朔元年"铜销片和"千金氏"铜键也在此层中发现。第 3 层土色灰黄，质地松软，较纯净，仅含少量陶片、瓦片。这三层堆积中的出土物没有区别，堆积时间应在西汉末或东汉初，详见附表。

H3、H4　位于 T1308 内，均为纵长方形土坑，东西并列，间距 0.75 米，互不相通。开口于后代堆积层下面，口部已被破坏，均打破生土。两坑形式近似，北半部较深，南半部较浅，坑底、坑壁平整，壁上有脚窝。(图一一八；图版 236)

H3 的东南角被压在 F13-8 铺砖地面下。坑长 4.17、宽 2.6 米。方向 357 度。北部底深 3.6 米，南部底深 1.9 米。东壁上有脚窝 2 个，上下相距 1.2 米。(图一一九)

H4 坑长 5.1、宽 1.7 米。方向 357 度。北部底深 2.8 米，南部底深 1.5 米。南壁、西壁各有脚窝 1 个。(图一一九)

两坑内都堆积灰土，不分层次。出土遗物以砖瓦残块为主，还有瓦当和加工骨料等，详见附表。

第四节　出土遗物

主要是各种砖、瓦、瓦当和盆罐瓮类陶器残片，数量很大。砖、瓦、瓦当的形式及其种类，详见第八章。陶器、铁器及其他器类的出土情况分述如下。

一　陶器

绝大多数是盆瓮类容器的残片，泥质灰陶，大多出土于 F13H2 中，能粘对复原的很少。

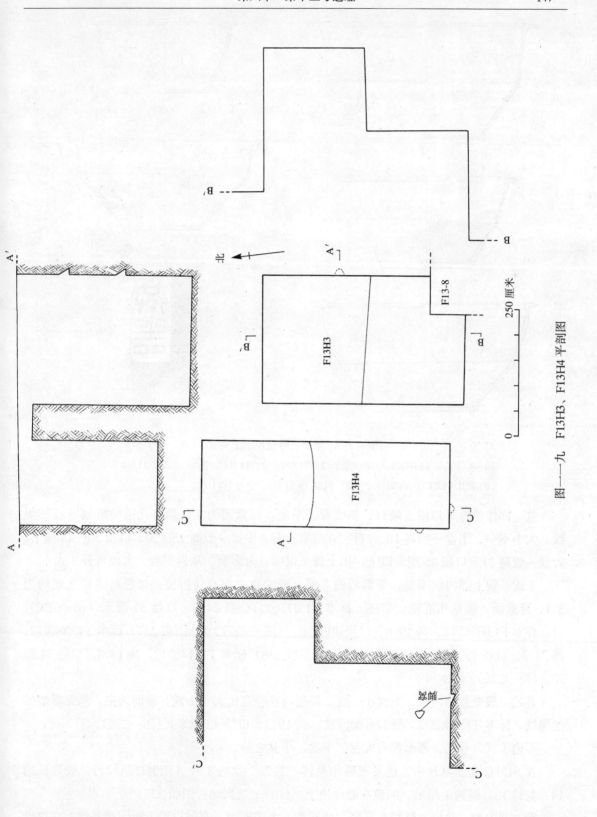

图一一九　F13H3、F13H4 平剖图

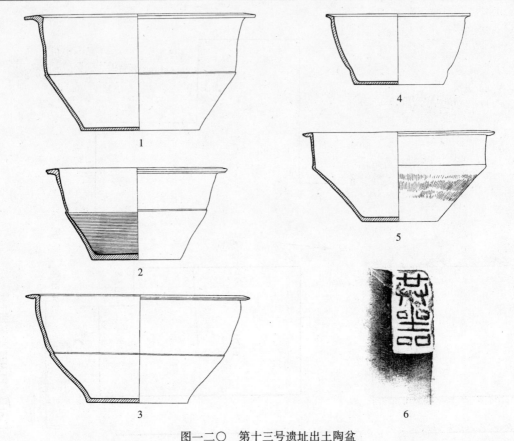

图一二〇　第十三号遗址出土陶盆

1~4. Ⅰ式盆 F13H2②:1、F13H2②:2、T1308③:2、T1314②:2　5. Ⅱ式盆 T1314③:2

6. 盆片 F13H2②:24 戳印"共器"拓本（6 为 1/2，余为 1/8）

　　盆　都作外折平口沿，敞口，斜收腹，平底。以素面为主，偶有几道轮旋痕迹或细绳纹。大小不一，小盆一般高 10、口径 20 厘米左右，中盆一般高 15~20、口径 30~45 厘米，大盆一般高 21、口径 45 厘米以上。出土所见以中盆占多数，从器形看，大致可分 2 式：

　　Ⅰ式　腹上部内收不显，下部收缩急促，形成腹中部有转折棱，口径与底径之比约为 2:1，皆素面，偶见几道轮旋痕迹。标本 F13H2②:1，高 24.8、口径 51 厘米（图一二〇，1）。标本 F13H2②:2，高 19.6、口径 40 厘米。（图一二〇，2；图版 237）标本 T1308③:2，高 23.2、口径 49.2 厘米。（图一二〇，3；图版 238）标本 T1314②:2，高 14.8、口径 31 厘米。（图一二〇，4）

　　Ⅱ式　腹壁急剧内收，下成小平底，口径与底径之比大于Ⅰ式，素面为主，偶见稀疏的细绳纹。标本 T1314③:2，腹部有细绳纹。高 19.2、口径 42 厘米。（图一二〇，5）。

　　不论Ⅰ式、Ⅱ式，器形都有大盆、中盆、小盆之分。

　　在 F13H2 出土盆片中，还发现戳印隶体"共器"盆底 1 片（F13H2②:24），残片长约 14、宽约 13、厚约 1 厘米，断痕在戳印边上。（图一二〇，6；图版 239）

　　瓮　圆卷唇，敛口，鼓腹，平底。皆残片。大多素面，有的口沿上压印暗条纹，在口沿

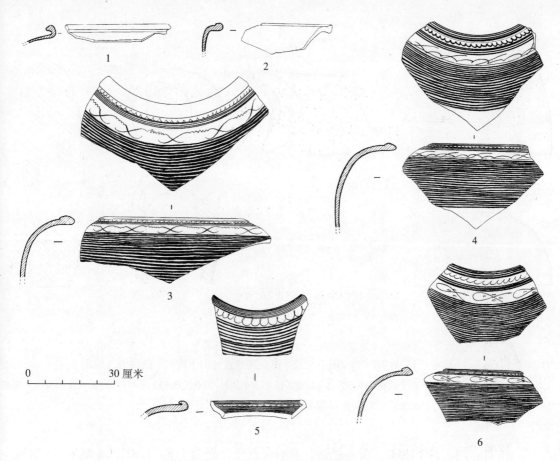

图一二一 第十三号遗址出土陶瓮片

1.F13H2②:3 2.F13H2②:4 3.F13H2②:5 4.F13H2②:6 5.F13H2②:8 6.F13H2②:7

下和肩部刻划连弧纹、压印暗条纹，内壁口沿下和肩部也刻划连弧纹、压印暗条纹。器形大小不一，从残片推测，口径和器高大多在 30～60 厘米之间，腹径相当于高度或大于高度。（图一二一）其中形体较小、器壁较薄的似为陶罐片。

权 5件。圆锥体。器形大小稍有区别，分3式：

Ⅰ式 3件。圆锥顶部削成鼻纽，纽根处穿孔。标本 T1343②:1，高 13、底径 15.5、纽径 4.4、穿孔径 2.2 厘米。（图一二二，1；图版 240）

Ⅱ式 1件。F13井4:1，器体较小，肩以下较斜直，环纽微残，圆穿。高约 7.2、底径 8.4、穿径 1.5 厘米。（图一二二，3）

Ⅲ式 1件。T1306③:1，权身略似半球体，环纽略残。高约 10.6、底径 15.2、穿径约 2.6 厘米。（图一二二，2）

纺轮 3件。器形相同。用陶片琢磨成圆形，中有孔。标本 F13H2②:26，直径 4.2、厚 0.8、孔径 0.5 厘米。

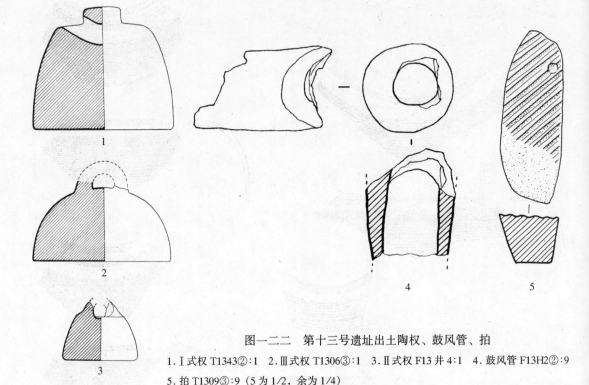

图一二二　　第十三号遗址出土陶权、鼓风管、拍

1. Ⅰ式权 T1343②：1　2.Ⅲ式权 T1306③：1　3.Ⅱ式权 F13 井 4：1　4.鼓风管 F13H2②：9
5. 拍 T1309③：9（5 为 1/2，余为 1/4）

丸　3件。均出自F13H2。泥丸烧制，素面。直径分别为1.8、1.8、5.6厘米。（图版241）

鼓风管　1件。F13H2②：9，残长15厘米。里外有烧焦痕迹，胎分二层，皆夹砂。一端外径10、内径5厘米，另一端外径8.5、内径5.5厘米。（图一二二，4；图版242）

拍　1件。T1309③：9，长方形，拍面阴刻斜线纹。长8.4、宽3、厚2.5厘米。（图一二二，5；图版243）

二　铁器

大多是农具、手工工具和生活杂用器，兵器很少，另有器形不明的残铁块甚多。器形可辨的有锸、锄、铧冠、铲、斧、锛、凿、削、冒钉、曲形钉、钩、鼎、灯、缸、剑、镞等。

锸　分横长方形和凹口锸头两种。

横长方形锸　10件。刃部平直，顶部有銎，大小差不多。标本 T1308②：1，刃宽17.8、高5.6、銎深2.4厘米。（图一二三，1）标本 T1339③：1，刃宽13.2、高6.2、銎深2.8厘米。（图一二三，2；图版244）标本 F13H4②：1，刃宽14.2、高7、銎深4.8厘米。（图一二三，3）

凹口锸　1件。F13附近采集。稍残，刃部两边稍内弧。顶宽12.4、刃宽约9、残高14厘米。（图一二三，4）器形与南方常见的凹口锸近似，故定为安装直柄用于挖土的锸。

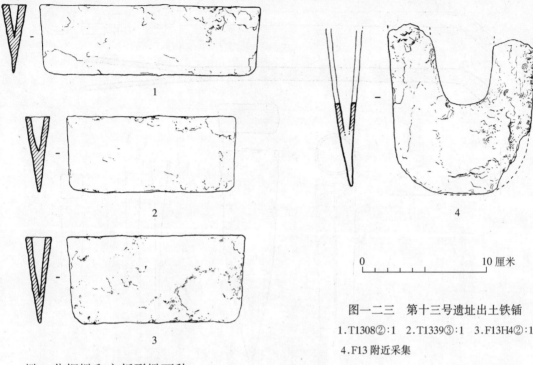

图一二三　第十三号遗址出土铁锸

1.T1308②:1　2.T1339③:1　3.F13H4②:1

4.F13附近采集

锄　分耨锄和方板形锄两种。

耨锄　3件。均残。圆茎有銎，下接梯形刃。标本 T1308②:3，茎首有銎以纳木柄，銎口衔接处有缝隙。残长 46、茎直径 5 厘米。（图一二四，1）标本 T1345②:1，仅存刃部。刃宽 11.4 厘米。（图一二四，2）

方板形锄　1件。T1307③:4，仅剩锄叶，叶面略内弧，刃口外撇。宽约 11、高 9 厘米。（图版 245）

V 形铧冠　1件。F13 井 9:1，已残，锈蚀严重。冠距约 12、厚约 10 厘米。

铲　1件。T1309③:5，空首布形。方銎，溜肩，刃口已残。残高 11.8、銎深 5.2 厘米。（图一二五，1；图版 246）

斧　2件。大小近似，均作纵长方体，铸件，侧面有合范线。标本 T1306②:2，高 13.2、刃宽 9、銎深约 9 厘米。（图一二五，2；图版 247）

锛　2件。大小近似，均作纵长方体，铸件。标本 F13H2②:20，残高 8.8、刃宽 7 厘米。（图一二五，3；图版 248）

器柄　1件。F13H2②:11，刃部已失，仅剩纳木柄的銎部。锻件，銎口衔接处尚留较大缝隙。残长 15.3、銎口外径 4.6、内径 3.8 厘米。（图一二四，3；图版 249）

凿　2件。大小不同。F13H2②:12，粗大，扁锥体，顶部平面长方形。长 22.4 厘米。（图一二四，4；图版 250）T1308③:13，长条体，銎口衔接处留有缝隙，知为锻件，可纳木柄。长 17.8 厘米。（图一二四，5；图版 251）

削　分扁茎削和环首削两种。

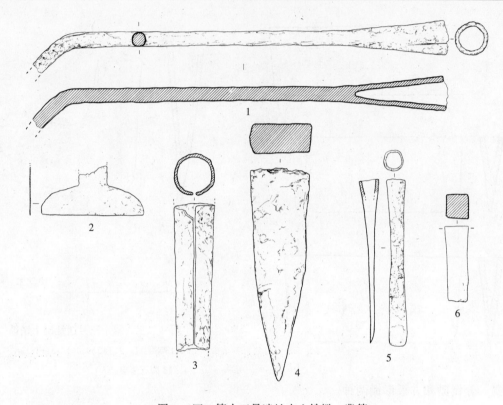

图一二四　第十三号遗址出土铁锄、凿等

1. 耨锄基部 T1308②:3　2. 耨锄刃部 T1345②:1　3. 器柄 F13H2②:11　4. 凿 F13H2②:12
5. 凿 T1308③:13　6. 方形铁条 T1339③:5（6 为 1/2，余为 1/4）

　　扁茎削　2 件。背稍厚，刃平直。T1331②:3，茎略残。残长 16 厘米。（图一二五，4）
T1306③:4，近茎部有一圆孔，残长 13.2 厘米。（图一二五，5）

　　环首削　2 件。削刃平直，末端斜出，似为书刀。T1307③:2，削刃锈蚀变形，通长
21.6 厘米。（图一二五，6）T1307③:3，刃平直，上有木鞘痕，通长 21.5 厘米。（图版
252）

　　锥　1 件。T1310③:8，首端稍残，锥身平直，断面长方形，末端斜出尖锐。残长 19.6
厘米。（图版 253）

　　冒钉　4 件。锻件。冒径 3.5～4 厘米，钉身断面圆形，末端尖锐。长 27～29 厘米。

　　曲形钉　12 件。锻件，首端折曲呈直角，钉身断面方形，末端尖锐。长 9～12 厘米。

　　码钉　1 件。F13 井 7:2，两端下折呈 "⌐⌐" 形，断面长方形。钉身长 38.4、下折长
约 10 厘米。（图版 254）

　　方形铁条　1 件。T1339③:5，断面方形，顶端较粗。厚 1.3、残长 4 厘米。（图一二
四，6）

　　钩　4 件。锻件。其中出于 F13H2 的 2 件，较粗短，环首，钩身弯曲，断面长方形，末
端尖锐。另 2 件较细长。T1310③:3，钩身有銎，銎口有锻合痕迹，可纳木柄，末端弯曲残

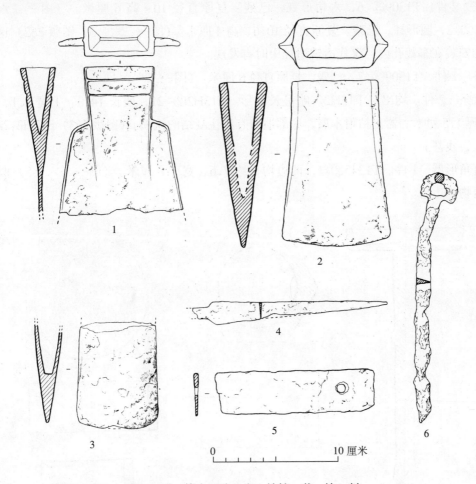

图一二五　第十三遗址出土铁铲、斧、锛、削

1. 铲 T1309③:5　2. 斧 T1306②:2　3. 锛 F13H2②:20　4～6. 削 T1331②:3、T1306③:4、T1307③:2

断，长 50 厘米。（图版 255）F13H2②:33，钩尖微残，长 16.3 厘米。（图版 256）F13H2②:34，较小，环首与钩身衔接处有锻合痕迹。（图版 257）F13 井 7:1，环首，钩身稍弯曲，断面长方形，长 51.5 厘米。（图版 258）

　　鼎　2 件。残。出自 F13H2 西边台基上 T1310 内，大小形式全同。T1310③:1，鼎内涂抹耐火土，厚约 2.5 厘米，口沿残缺处垫陶片，出土时，耐火土上沾满铜汁痕迹，边有明显的倾注铜汁的流道。残存鼎腹及一足、一耳。器底有烟熏痕迹。口径 33 厘米。（图版 259）T1310③:2，残存鼎腹及一耳。（图版 260）我们将保存较好的 T1310③:1 鼎移置于壁炉上，正合，说明此鼎是用以熔铜的坩埚。此鼎残存一足，应是为了便于熔炼而除去的；一耳残断，则可能是提携浇注时折损的。

　　灯　4 件。均豆形座灯。F13H2②:13，灯盘平底，把手处有凸棱，喇叭形座，器身铁锈上粘有木屑。高 47.2、盘口径 20、底径 19.6、把径 3.5～4 厘米。（图一二六，1；图版 261）另 3 件 T1310③:4、F13H2②:14、F13H2②:17 较小，仅存灯盘残片。

钉　2件。T1309③:6，六角形钉，已残。复原直径10、高6厘米。（图一二六，2）F13H4②:2，圆形钉，已残。复原直径10.6、高4厘米。（图一二六，3；图版262）这两种钉，均安装在车毂孔内，汉代冶铁遗址中时有发现。

环　1件。T1309③:7，已残。复原直径8厘米。（图一二六，4）

栏条　2件。均出自F13H2。略呈长方形。F13H2②:21，残长14.3、上宽1.1、下宽1.5、厚1.5厘米。器上粘附木屑，底部遗留有浇注凝结的铁渍。（图版263）F13H2:22，器形同上，残甚。

直角形器　1件。T1345②:1，两边均长约7.6、宽1.8厘米。（图一二六，5）似用于镶嵌器物的边角。

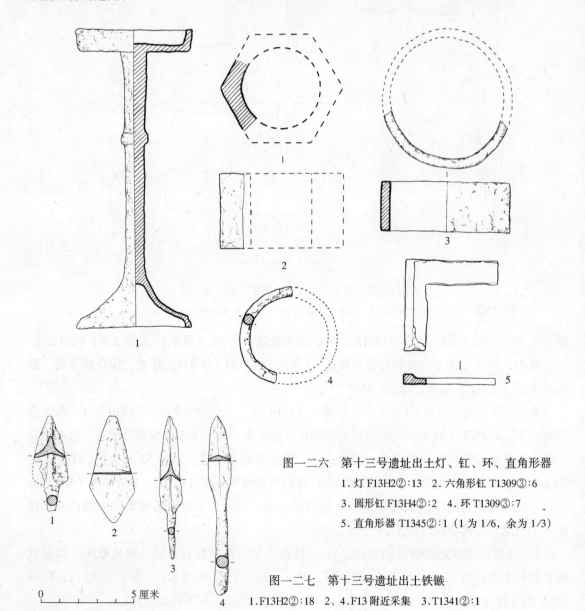

图一二六　第十三号遗址出土灯、钉、环、直角形器
1. 灯 F13H2②:13　2. 六角形钉 T1309③:6
3. 圆形钉 F13H4②:2　4. 环 T1309③:7
5. 直角形器 T1345②:1（1 为 1/6，余为 1/3）

0　　　　　5厘米

图一二七　第十三号遗址出土铁镞
1. F13H2②:18　2、4. F13 附近采集　3. T1341②:1

剑　2件。已残。出自F13H2。锻件。F13H2②:19，残长50、宽2.4厘米。（图版264，5）F13H2②:25，残长44、宽2.4厘米。

镞　4件。三棱形，有关。F13H2②:18，叶较宽短，长5厘米。（图一二七，1；图版265左）T1341②:1，细长，长7.6厘米。（图一二七，3；图版265中2）F13附近采集2件，1件叶菱形片状，长5.7厘米（图一二七，2；图版265中1）；另一件叶断面三角形，长关，通长9.5厘米。（图一二七，4；图版265右）

三　铜器

多容器残片（图版266、267）。器形可辨的仅十多件，大多是容器上的零件和杂用器。记述如下。

"阳朔元年"铞　残存6片，可斗合成一残器。出自F13H2，编号F13H2②:16。外折沿，唇厚2、器壁厚1厘米，复原口径37.4厘米。素面，口沿上阴刻隶体"（上缺）斤八两阳朔元年九月工黄通造十三"。（图一二八，1；图版268）

按：铭刻"工黄通造"的铜器，曾见于西安三桥镇高窑村出土的1号鉴[①]，铭曰："上林铜鉴，容五石，重百卅二斤，鸿嘉三年四月工黄通造，八十四枚，第卅三。"阳朔元年（公元前24年）上距鸿嘉三年（公元前18年）仅6年，书体如一，当出黄通一人无疑。

"千金·氏"键　1件。F13H2②:10，残。外套长方形，中空，上端封闭，下端残断。残长7.6、宽1.7、厚0.9厘米。正面铸阳文隶体"千金·氏"，背面下部中间有缺口。内有键舌2，可串联扣合。（图一二九，1、2；图版269）

按：《急就篇》卷三："钉铜键钴冶铜镭"，颜注："键，以铁有所竖关（关，《丛书集成》本作'闭'）若门牡之属也。"王应麟补注："《小尔雅》，键谓之簬。《广韵》，键，管簬。《方言》，户镭。关东陈楚之间谓之键，关西谓之镭。《月令》，修键闭。注：键牡闭牝也。"[②]《小校经阁金文拓本》卷十三著录五例，《善斋吉金录·饪器》著录一例，大小形式以及书体位置均同此件，但《小校》、《善斋》著录的摹本都不够准确，今据实物并参照《小校》第三例，复原如图一二九，3。

镜　1件。F13H3①:17，残，星云纹，周边连弧纹。（图版270）此式镜流行于西汉中期，器形近似西安红庆村229号汉墓[③]和洛阳烧沟173号汉墓[④]所出。

印　1件。F13H3②:2，两面印，方形，边长1.7、厚0.6厘米，侧面有长方形穿。两面阴刻隶书，一面刻"臣安国"，另一面刻"昭安国"。（图一二八，2；图版271）与此同式同名的两面印，在四川成都凤凰山西汉木椁墓中也有发现[⑤]，时代属西汉后期。

①　西安市文管会：《西安三桥镇高窑村出土的西汉铜器群》，《考古》1963年第2期，第62页。
②　《急就篇》，曾仲珊校点本，岳麓书社，1989年。
③　《陕西省出土铜镜》第26页，文物出版社，1959年。
④　《洛阳烧沟汉墓》图版肆壹，3，科学出版社，1959年。
⑤　《成都凤凰山西汉木椁墓》，《考古》1959年第8期，第418页。

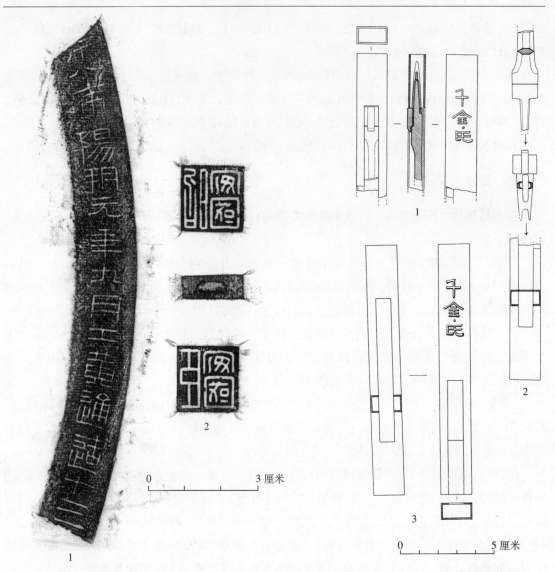

图一二八　第十三号遗址出土铜铞、印拓本
1. "阳朔元年"铞 F13H2②：16　2. 印 F13H3②：2

图一二九　第十三号遗址出土铜键 F13H2②：10
1. 外套　2. 内键舌　3. 外套复原图

　　鸟形盖纽　1件。F13H2②：15，首尾并连，合范铸，两面纹饰全同。底部有粘连脱落的痕迹。高7.5、底长4.6、宽1.8厘米。似为铜容器器盖上的纽饰。（图一三○，1；图版272）

　　筒　1件。T1310③：6，圆筒形，一端封闭，长6、口径1.7厘米，中部有长方形孔，孔长2.4、宽0.9厘米。（图一三○，2；图版273）

　　马蹄形铜片　1件。F13-5：1，片上有5个小孔，作上1下4排列。其中有3个小孔附着铁板残片。铜片上有铁钉，钉尚固定在铜片上。长15.2、宽17、厚0.1厘米。（图一三一，1；图版274）

　　铜饼　2件。大小近似。扁圆形，顶部略隆起。素面。F13H2①：8，直径11.4、厚3.4

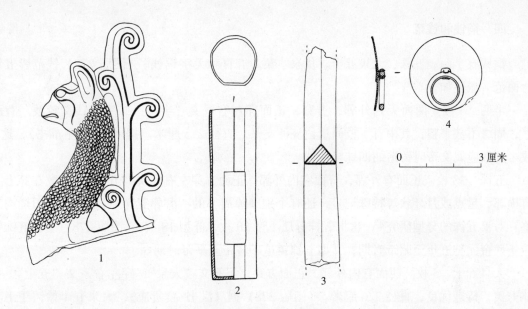

图一三〇　第十三号遗址出土铜鸟形盖纽、筒、三棱形条、环纽

1. 鸟形盖纽 F13H2②:15　2. 筒 T1310③:6　3. 三棱形条 F13L1②:1　4. 环纽 F13H2②:32

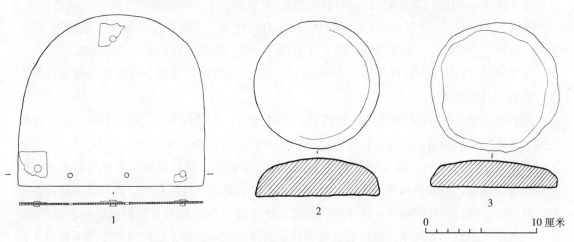

图一三一　第十三号遗址出土铜片、饼

1. 马蹄形片 F13-5:1　2、3. 饼 F13H2①:8、T1307③:1

厘米。（图一三一，2）T1307③:1，正面浅刻二短线，似“二”字。直径12、厚2.5厘米。
（图一三一，3；图版275）

三棱形铜条　1件。F13L1②:1，断面三角形。残长7.8厘米。（图一三〇，3）

环　1件。F13H2②:35，外径8.8厘米。断面圆形，直径1厘米。（图版276）似为铜
容器上的提环。

环纽　1件。F13H2②:32，在一圆弧形铜片上安装一环纽。铜片直径2.7、环纽直径
1.4厘米（图一三〇，4；图版277）。应是安装在漆器上的。

四　铜钱和钱范

铜钱有半两、五铢、大泉五十、货泉、契刀五百和无字铜钱。（图版 278）钱范皆五铢背面范。概述如下。

半两　6 枚。两面无内外郭，方穿，正面穿左右篆文"半两"二字。钱文较浅。背面平，周缘不甚平整，其中有 1 枚尚遗留浇注支叉。直径 2.5 厘米。据《史记·平准书》，这 6 枚半两钱应属文帝时铸造的四铢半两钱。

五铢　38 枚。正面有外郭，背面有内外郭，正面方穿左右篆文"五铢"，少数在穿上下有横郭、星点或月牙状等特殊记号，还有个别磨掉周郭的"磨郭五铢"。参照《洛阳烧沟汉墓》对汉五铢的分型研究[①]，这批五铢分属Ⅰ型 20 枚，Ⅱ型 18 枚。（图版 278）Ⅰ型五铢铸造于武帝元狩五年至昭帝时期；Ⅱ型五铢铸造于宣帝至平帝时期。

大泉五十　5 枚。两面有内外郭，正面方穿上下篆文"大泉"，穿左右篆文"五十"，书体秀美，铸造优良，直径 2.6 厘米。（图版 278）据《汉书·食货志》，大泉五十始铸于王莽居摄元年。

货泉　1 枚。两面有内外郭，正面方穿左右篆文"货泉"二字，书体秀美，铸造优良，直径 2.4 厘米。（图版 278）据《汉书·食货志》，货泉始铸于王莽始建国二年。

契刀五百　1 枚。出壁炉（L1）附近。两面有内外郭，正面穿左右篆文"契刀"，刀上篆文"五百"，未磨滤。（图版 278）据《汉书·食货志》，契刀五百始铸于王莽居摄二年。

无字铜钱　1 枚，一面有外郭，另一面有内外郭。未磨滤。直径 2.8 厘米。似为脱刻文之"五铢"。（图版 278）

泥钱范　出土于 F13-4 房内，皆残块，平铺地面，范围长 5.2、宽 3.5 米，估计有钱范残块 600 多块。另有二残块分出 F13H3 和 F13H2 内。（图版 279）

范形似条砖，宽 19、厚 5～7 厘米，长度不明。分范面、范垫两层。范垫用黄土掺细砂拌成泥浆后模制。范面用细黄泥模印，然后用铜印模在范面上压印钱文，再与范垫粘连在一起。模制时，模具底部要撒灰，便于剥离取出，出土钱范的背面多有灰烬粘黏的痕迹可证。由于泥钱范需烘烧才能浇注，浇注后又需去掉泥范才能取出铜钱，所以考古发现的钱范全是砖红色，而且都是残块。

出土钱范皆背面范。钱背文大多阴刻，个别阳刻，线条又细又浅，部分在肉上涂墨。肉郭下凹，穿凸起。钱形大小如一，直径 2.5、方穿边长 1.2 厘米。穿正中都有一小孔，形同针扎。钱形排列整齐，每个钱范上都有钱形两组，每组各有钱形三行。我们发现的最大一块钱范，残长 19 厘米，其上有钱形 26 个（图版 279，左）。完整的钱范长约 38 厘米，是知一钱范应有钱形 52 个。钱范边缘有流道，每个钱形之间有分支流道互通，浇注口设在范上端。

浇注时，扣合正面范和背面范，利用浇注口矫正两范扣合是否紧严牢固，经入窑烘烤后

[①]　《洛阳烧沟汉墓》第 216～227 页，科学出版社，1959 年。

取出浇注，铜液从浇注口注入流道，经两旁分支流道而注于钱形内，待冷却后撤除钱范，取出铜钱，再经磨滤、检验后才可流通。

F13-4 出土的钱范皆背范，未见正面范，背面钱形的直径均为 2.5 厘米。从钱形直径、穿郭凸起、边棱清楚等考察，这批钱范铸造的应是西汉五铢钱，铸制年代约在武帝至宣帝时。

五　其他

铅饼　2 件，扁圆形，稍有不同。F13 井 6:1，正面周边隆起，正中稍下凹，底面内凹，直径 5.7、厚 1.7 厘米。（图一三二，1；图版 280）T1310①:7，表面平整，周边较薄，直径 6、厚 1.7 厘米。（图版 281）

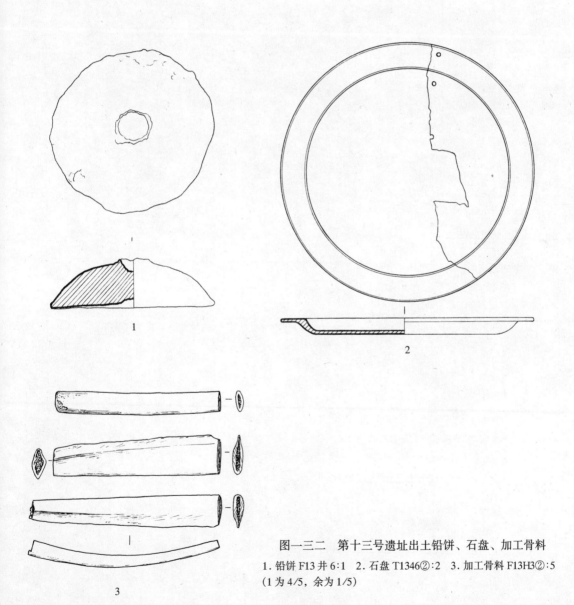

图一三二　第十三号遗址出土铅饼、石盘、加工骨料
1. 铅饼 F13 井 6:1　2. 石盘 T1346②:2　3. 加工骨料 F13H3②:5
（1 为 4/5，余为 1/5）

　　加工骨料　出于 F13H3、F13H4 中，共 90 支，皆牛肋骨，两端锯割平齐，长 18～26 厘米，多数长 21 厘米左右。（图一三二，3 ；图版 282）

　　石盘　1 件。T1346②:2，白云母石英岩琢制，已残。口沿外折，平底，内外打磨光滑，残断处有三个小孔。可复原。复原口径 34、底径 26、深 2.3 厘米。（图一三二，2；图版 283）

第七章　第十四号遗址

第一节　概　　况

1960 年 4 月，我们在找寻第十三号遗址围墙的过程中，意外地发现了一座平面方形的大围墙，开始以为它是第十三号遗址的围墙，但方位不对，经进一步勘察，获知 1956 年陕西省文管会定为"曹家堡遗址"（编号 D6F2）的围墙适在这座大围墙的里面，形成平面呈"回"字形的内外两层围墙。外围墙的东北部绕过第十三号遗址台基；内围墙与第十二号遗址的围墙东西并列，处在同一平行线上。由于这两层围墙的构筑、性质、年代都相同，显然属于同一座遗址，故按顺序编为第十四号遗址。

我们对新发现的外围墙作了全面钻探，获知外围墙的四面墙上各有一门，与内围墙上的四门各自直对。根据四门的保存情况和当时的工作条件，我们对北门址作了局部发掘，由姜立山负责。从 1960 年 8 月 29 日开工，至同年 11 月结束。共开 10×10 米的探方 6 个，发掘面积 600 平方米。

内围墙大部分已被厂房覆盖，我们只能利用厂房外的空地钻探复查，重点是复查 1956年发掘的南门门址，并对内围墙里的大片地面进行钻探，目的是了解这座遗址有没有中心建筑。

第二节　外围墙

根据钻探资料，外围墙仅存部分夯土墙基，一般基宽 4～5 米左右，厚不等。保存不好，每面都有残缺。

东围墙的南半段被压在阿房路（今改称大庆路）和厂房下面，只能钻探北半段。北半段残缺不全，一般探至距现地面深 3～3.5 米可见夯土墙基。探到的夯土墙基，断断续续总长150 米，宽 5 米左右，东北墙角尚存，墙角里外发现有烧土、瓦片等遗物。南围墙绝大部分压在厂房下面，仅西头约有 100 米的墙段暴露在断崖上，残存的墙体距现地面深 0.3 米，宽4 米左右，厚 0.4 米。西围墙保存稍好，除南北两端缺失以外，大体完好，墙体距现地面深3.5 米，宽 5 米，厚 0.2～0.8 米不等，西门尚存，西南角、西北角均缺失。北围墙的东段几乎全毁，仅靠近东北角处残存长约 20 米，西段自北门门址以西保存稍好，墙体一般距现地面深 3 米左右，宽 4 米，厚 0.2～0.6 米不等。将四面围墙的残存墙体各自连成直线并延

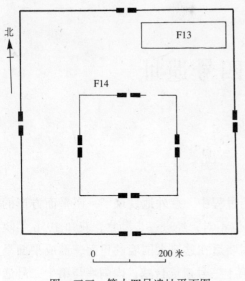

北

F13

F14

0　　　　　　200 米

图一三三　第十四号遗址平面图

伸相交，构成平面方正的外围墙。经实测，北墙、南墙长 600 米，西墙、东墙长 570 米，方向 2 度（北磁针 0°）。（图一三三）

西门在西围墙的正中，尚存门道和两侧夯土台基。据钻探资料，门道宽 19 米，中有路土，距现地面深 2.6～3 米处可探到两侧夯土台基。两侧台基大小相同，南北长 29.3、东西宽 14.7 米。门址南北总长 77.6 米。门道及附近发现有原属门址中堆积的烧土。

北门在北围墙正中偏东约 20 米处，已遭到严重破坏，门道和东侧台基已毁，仅存西侧台基一部分，我们对这部分做了发掘。

在发掘范围内，地层堆积比较简单，分 3 层：第 1 层现代耕土层，土质松软，厚 0.15～0.2 米。第 2 层后代扰土层，土色黄褐，夹杂红烧土、木灰烬，厚 1～2 米。被严重破坏的门址中遗物大多混入此层中，尤其是板瓦、筒瓦、河卵石和玄武纹瓦当，数量巨大。在此层中还发现唐墓多座，未发掘。第 3 层，门址堆积，所剩无几。残存的门址也暴露在此层中。红烧土、木灰烬以及呈焦红色的瓦片的大量存在，推知此门址是遭大火焚毁的。

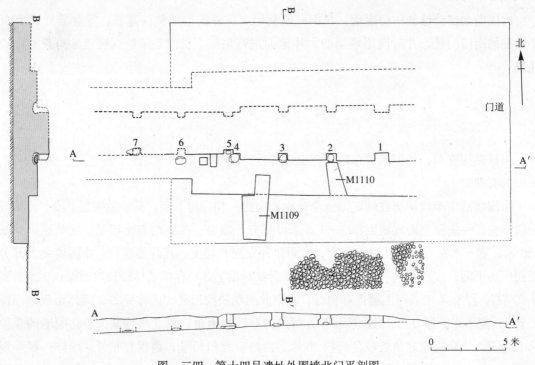

图一三四　第十四号遗址外围墙北门平剖图

我们发掘的是北门西侧台基局部。经解剖，获知西侧台基系先在当时地面挖出东西长 23.4、南北宽 14.5、深 0.5 米的土坑，再在坑内填土打夯，直至高出当时地面 0.6 米处。然后在这片台基的中央夯筑东西向的墙身，墙身厚 3.8 米，现存高 0.8 米。墙身南北两侧壁面均有壁柱，北壁面已破坏，仅存残迹，南壁面尚存壁柱七个。壁柱系从墙身上挖出，面宽 30～40、进深 40 厘米左右。（图一三四；图版 284、285）柱槽底部挖在台基上，内置础石，础石顶面与台基面基本平齐。1 号壁柱仅存柱槽，础石已失。6 号、7 号壁柱仅存础石，柱槽已毁。2～5 号壁柱柱槽、础石俱存。4 号、5 号为并列壁柱，其他 5 个壁柱的间距均约 2.6 米。壁柱的础石顶面均琢磨平整，向外的一边琢出裙肩。以 4 号、5 号并列础石为例：4 号础石略呈扁圆体，长 68、宽 64、厚 23 厘米。石面中央琢出 40×40 厘米的立柱平座，琢磨光滑。石面向外的一边剔地削低，是为裙肩，另三边隐在柱槽内。（图一三五）5 号础石形体较小，琢制工整，长 34、宽 28、厚 14 厘米。（图版 286）

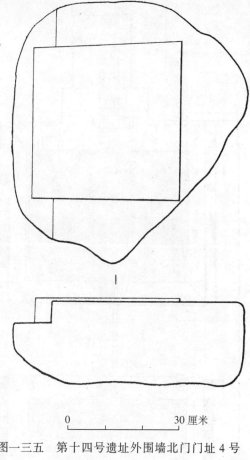

图一三五　第十四号遗址外围墙北门门址 4 号础石平剖图

西侧台基残存的 5 个础石均为天然片麻岩，附近地面发现的多个础石也是天然片麻岩，石料、形体与第十三号遗址出土的础石无别。所不同的是，第十三号遗址的础石均未加工，而这里发现的础石均在顶面琢制工整，在向外的一面琢出裙肩，中央留出方形的立柱平座。这种做法与第一号至第十二号遗址所见的壁柱础石完全相同。因此，我们认为，这里的础石系利用第十三号遗址的旧物，采用第一号至第十二号遗址的础石加工法制成的，其建筑年代应与第一号至第十二号遗址相同。

护坡外围有河卵石铺砌的散水，大多被破坏，现存长 9.2、宽 1.5 米，表面微向南倾斜。卵石大小及铺砌法，与第一号至第十二号遗址所见全同，亦可证其建筑年代应相同。

第三节　内围墙

内围墙在外围墙内正中稍偏南。北墙距离外围墙北墙约 200 米，南墙距离外围墙南墙约 105 米，东墙、西墙距离外围墙东墙、西墙各约 160 米。内围墙所在方位与对应的外围墙方位各自平行，也是正南北（磁偏角 1.5 度）。由于内围墙在 1956 年曾做过调查并发掘它的南

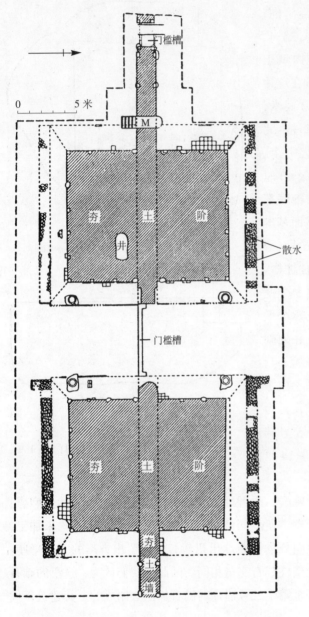

门槛槽

M

夯　土　阶

井

散水

门槛槽

夯　土　阶

夯
土
墙

图一三六　第十四号遗址内围墙南门门址平面图

门，所以我们这次仅作若干重点复探和复查。

我们这次复探的西墙和北墙西段，证实1956年钻探是准确的。内围墙每面长273米，墙体距现地面深约1米，基宽4.5米左右。西门门址和北门门址也做了复探，证实当时的钻探不误。东门门址已被压在厂房下，这次未能复探。南门门址在1956年作过发掘①。我们在复查时曾访问当时的发掘者雒忠如同志，现将雒忠如的谈话记录参照发掘资料叙述如下：

现存门址由门道及其两侧台基组成。两侧台基相距9米，进深13.5米。台基中部均向内凸出1.8米，中间门道宽5.6米。出土时，门槛已毁，仅存沟槽。沟槽宽0.25、深0.2米，内有灰烬，当是木质门槛遗存。门道前后各置础石2块，为天然片麻岩，呈卵石状，顶面中间琢出圆槽，外径63、内径42.5、深4~6厘米。从石形和石料看，这里的础石应是利用第十三号遗址的旧物改制的。

两侧台基大小相同。长19、宽13.5、高0.4米。根据第一号至十二号遗址及大土门遗址的发掘，两侧台基中部各有一道厚1.8米的隔墙，向内凸出部分就是隔墙的延伸。因隔墙已毁，1956年发掘时未觉察。为慎重起见，我们曾向雒忠如同志探询。据雒回忆，发掘时，南侧台基的中部确有一道隔墙痕迹，因残存不多，与台面难于区别，所以没有在平面图上画出。为尊重事实，我们在原平面图上加以补正，并重新发表。（图一三六）

两侧台基周边均有壁柱。两侧面各有壁柱8个，两端面各有壁柱6个，形成面阔五间、进深七间的格局。壁柱都是在台基夯筑以后再从台基上挖出柱槽，柱槽面宽、进深各约25

① 雒忠如：《西安西郊发现汉代建筑遗址》，《考古通讯》1957年第6期，第27页。

厘米。槽底置础石，出土时，部分础石已佚。遗存的础石均天然片麻岩，未加工或顶面略琢磨平整，一般长35、宽15、厚10多厘米。

台基周边有护坡。坡面8度，面上铺素面方砖。方砖边长33.5～34、厚4厘米，残存6行，共宽2.08米。护坡外围有卵石铺砌的散水。散水宽约1米，连护坡面宽约2.5米。两侧台基上原来应有木构建筑。

此外，在西侧台基以西约50米处的围墙上还发现有边门的遗迹。边门正中有门槛槽，周边有壁柱。

内围墙内是否有中心建筑？这是我们关注的重点。为此，我们在厂房空隙地面普遍钻探，但未发现任何迹象。根据我国古代建筑的特点，内围墙正中不可能没有中心建筑，这种意外的现象，我们推测可能因于政治事变的突然发生，使得未能按计划修建。详参第十章第三节。

尚需附带说明的还有：1956年陕西省文管会在这里调查时，曾在本遗址附近的近代扰坑中发现一种在河卵石上雕琢圆槽的础石（图版287），1960年我们发掘第十三号遗址和第十四号遗址时，在遗址附近的地面上又发现一种在河卵石中腰间啄出一道裙肩的础石（图版288、289）。这两种础石与发掘出土的础石，年代相近，但制作形式稍有不同。存在这种现象的情况还不清楚，有待今后工作中留意新发现，再做进一步研究。

第八章　出土的砖、瓦、瓦当

砖、瓦、瓦当都是建筑上的材料，又都是用黄土泥模印晒干入窑烧制而成。少见掺和料，质地坚硬，火候很高，表面大多呈青灰色或灰色。建筑遗址被焚毁时，部分砖瓦被烧成焦红色。因出土数量很大，类型又多，故另立本章叙述。与砖瓦、瓦当性质相同的建筑材料，还有土坯、铺砌排水沟道的筒形陶管、五角形陶管，以及用于嵌砌井壁的陶圈、券砖等，已在所在遗迹中记述，本章不再重复。

第一节　砖

有方砖、条砖和空心砖三类。

一　方砖

主要用于铺砌地面和台阶，有素面方砖、几何纹方砖、小方块纹方砖、绳纹方砖四种。皆模制，大小厚度差别不大。素面方砖的正面、背面、侧面皆平素。几何纹方砖和小方块纹方砖是用刻划有纹样的印模模印出来的，仅正面有纹样，背面、侧面平素。绳纹方砖是在模印砖坯后，再用带有绳纹的印模压印在砖的正面上，背面、侧面亦平素。出土时，方砖大多残破，能复原的不多。

（一）素面方砖

每座遗址中都有出土，是四种方砖中使用最多的一种。四边方正，边长34、厚4～5厘米。大多用于铺砌地面，也用于边栏的竖砌。

（二）几何纹方砖

四边方正，砖面十字界格，四周有边栏。几何纹图案有两种：一种是在四个等分的界格内对角压印勾连回纹和斜方格回纹。标本F13井3∶1，边长34、厚4厘米。（图版290）另一种是在四个等分的界格内对角压印直角线纹和斜方格回纹。标本T1302③∶6，略残，复原边长30、厚4厘米。（图版291）

（三）小方块纹方砖

四边方正，砖面密布小方块，似凸起的小乳丁，共28行，每行有28个小方块，四边压印宽边栏，每边栏上饰12个乳丁。标本F13井7∶5，每边长35.5、厚4.5厘米。（图版292）另一种无边栏，均残，小方块稍粗大，每行有36个小方块。标本T1341②∶7，边长

36厘米，宽残，厚5厘米。（图版293）

（四）绳纹方砖

数量较少。砖面通饰绳纹，有的有边栏，有的无边栏，长稍大于宽。绳纹有两种：一种是细直绳纹，砖面压印细直绳纹46条，无边栏。标本F13井7:6，长40、宽36.5、厚5厘米。（图版294）另一种是斜行绳纹，纹线较短，常见压覆，略显杂乱，大小厚度基本一致。标本T1316③:3，有边栏，边栏上刻篆文"□右"二字。长40、宽34、厚4.5厘米左右。（图一三七，1；图版295）标本T1316③:2，无边栏，略残。长40、宽34、厚4.5厘米左右。（图版296）

图一三七　绳纹方砖上的戳印和刻文

1.T1316③:3的"□右"刻文　2."左宫"戳印（F13采）　3~5.刻文，均F13H2出土

在少数绳纹方砖上还发现有戳印"左宫"和多种刻文。(图一三七,2～5;图版297)

二 条砖

皆素面。平面长方形,大小厚薄不尽相同,长宽厚大致为4:2:1,一般长29～35、宽14～18、厚6.5～7厘米。主要用于铺砌排水涵道或用于嵌砌卵石散水两侧的边栏。

三 空心砖

均见于第十三号遗址后期堆积中,皆残。砖面纹饰有两种:一种是相间压印回形纹、菱形纹,系单个印模分别压印。标本T1303②:3,残长22、残宽14厘米。(图版298)另一种是在平素砖面上间隔压印方格米字形纹,形成素面与方格米字形纹相间的布局。标本T1302③:10,残长24、宽23厘米。(图版299)

第二节 瓦

分板瓦、筒瓦两类,二者互相配合使用。板瓦背面向上平铺于屋顶坡面,在两行板瓦之间覆盖筒瓦,形成瓦垄。筒瓦首端有瓦唇,便于套合衔接。置于屋檐上的筒瓦,瓦首带有瓦当。

板瓦平面呈长方板状,断面略呈圆弧形,模范泥坯后拍印绳纹。筒瓦先模范成圆筒形泥坯,再在泥坯上拍印绳纹;半干后切割为二,然后捏附瓦唇或粘贴瓦当。出土时仍有少数筒瓦头上附着瓦当。板瓦、筒瓦的纹饰和厚度大致相同。出土时大多残破,完整的很少,能复原的不多。残破成碎片的小瓦片,有的难于分清是板瓦还是筒瓦。

板瓦和筒瓦的表面均饰绳纹,首尾两端大多抹光,内里平素,留有制坯垫衬的布纹、麻点纹。根据绳纹的粗细,一般分为细绳纹、粗绳纹两型。细绳纹瓦大多发现于第十三号遗址早期遗迹中,粗绳纹瓦大多发现于其他遗址和第十三号遗址后期堆积中。

一 板瓦

A型 均残。表面细绳纹,纹道较直,纹粗1.2、深1毫米左右(图一三八,1)。首尾两端抹光3～10厘米不等,被抹光的细绳纹槽有的仍隐约可见。瓦沿光滑,瓦尾稍薄,内面抹平,一般厚1.2～1.4厘米。标本T1313③:1,残长40、宽26、厚2厘米(图版300)。在个别板瓦上发现有"文左"、"四右"等篆文。(图一三九)

B型 表面粗绳纹,纹粗2～3、深1.5毫米左右,(图一三八,2)首尾两端抹光3～6厘米,或首端不抹光,仅抹光尾端10～20厘米。少见绳纹槽痕迹,内里常见麻点纹或麻布纹,(图一三八,4)一般比A型稍厚重。标本T1312②:3,长57、宽46、厚2.2厘米,重9.4公斤。(图版301)

图一三八　板瓦、筒瓦纹饰

1.A 型板瓦细绳纹（F13－1 出土）　2.B 型板瓦粗绳纹（F303 出土）　3.B 型筒瓦里面细布纹（F302 出土）

4.B 型板瓦里面粗布纹（F303 出土）

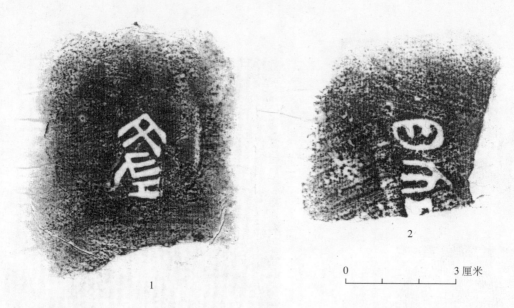

图一三九　A型板瓦上的刻文
1．"文左"（T1314③出土）　2．"四右"（T1315③出土）

二　筒瓦

A型　表面拍印较细直的绳纹，首尾两端抹光5～15厘米。瓦唇长3～3.5厘米，内面抹平或麻点纹、布纹。末端经刮削，较薄，略外侈，使与之衔接的另一筒瓦唇部严密套合。一般长40～50厘米，厚1.2～1.6厘米。标本 T1313③：2，残长38、厚1.4厘米。（图版302）

B型　表面粗绳纹，绳纹粗度和纹槽宽度略有不同，一般纹粗2～3毫米，纹槽深1.5～2毫米。瓦唇长5～6厘米。首尾两端抹光，首端抹光4～7厘米，末端抹光15～20厘米。内面大多有布纹（图一三八，3），也有麻点纹。一般长50厘米以上，厚1.5～2厘米。标本F13H3：36，唇长4.2、全长49厘米（图版303）。标本 F14 北门：1，绳纹较粗。唇长4.2、全长53厘米。（图版304）标本 T1339③：6，绳纹较规整，首尾抹光不多。唇长4.5、全长53厘米。（图版305）

第三节　瓦　当

瓦当是筒瓦首端下垂的部分，或称筒瓦头。出土的瓦当，火候高，质密坚硬，半瓦当仅见素面和"延年"、"上林"两种文字瓦当。瓦当的模范都是圆形的。制作时，将模范在当面泥坯上压制纹样，然后再与瓦筒粘合切割。从遗留的切割痕迹看，其制作工艺大致分两种：一种是将模成的当面纳入瓦筒坯的母口内，筒口即成瓦当的边轮，然后用竹木刀从瓦尾纵切瓦筒一半至近当背处。为求准确，又在当背瓦筒切口处横穿一孔，再用竹木刀削割或用细绳割勒，最后入窑烧制。这种工艺制作的瓦当，只见于早期瓦当，与瓦筒粘结不够牢固，易于脱落。汉甘泉宫曾发现无边轮的瓦当[①]，即其实证。另一种是当面与边轮一次范成，再粘贴在瓦筒坯的母口上，然后照第一种办法纵切、割勒。西汉中期以后制作的瓦当都属这种制法。半瓦当的模范也是圆形的，当面由两个相同且对称的图案构成，两个图案中间留有一条较窄的切割线。范成的当面泥坯粘接于筒瓦坯的母口一端后，再沿割线由外向内切割，将带有纹样的圆形瓦当一分为二，最后烧成两个半瓦当。

汉城南郊礼制建筑遗址中出土的瓦当，纹样繁多，特别是发现于第十三号遗址早期建筑遗迹中的瓦当。第一号至第十二号遗址出土的瓦当大多是固定纹饰，主要是四神纹和当心大乳丁的云纹瓦当。根据当面纹饰的不同，分为文字瓦当、图案瓦当和图像瓦当三大类。素面瓦当仅出半瓦当一种，附图案瓦当中叙述。

一　文字瓦当

出土的文字瓦当有延年、延年益寿、长生未央、长乐未央、长生无极、与天无极、千秋万岁、汉并天下、上林等多种。上林为宫苑名，其他均属吉祥语。记述如下。

延年　半当。47件。大多出自第十三号遗址。两字之间有双线界格，当面有边线，当底有切割痕迹。有的边轮上尚附着筒瓦。当体大小差别不大，文字工整优美。根据字体不同，分4型。

A型　9件。篆体。标本F13H2②:37，底边长17、边轮宽1.1厘米（图一四〇，1；图版306）。

B型　9件。篆体。标本F13井6:2，底边长18.2、边轮宽1厘米。边轮上尚附A型筒瓦。（图一四〇，2；图版307）

C型　25件。古隶体。标本T1339③:2，底边长17.5、边轮宽1.2厘米。（图一四〇，3；图版308）

D型　4件。古隶体。标本T1306③:5，底边长18.2、边轮宽1.2厘米。（图一四〇，4；图版309）此型中有未切割的"延年"重文瓦当1件，T1345③:4，面径18、边轮宽1.1厘米。从重文布局可知，半瓦当是从圆形瓦坯一分为二切割而成的。（图一四〇，5；图版310）

延年益寿　圆瓦当。113件。大多出土于第十三号遗址。当面双线十字界格，四个字分置四个界格内，当面有边线，当背大多有切割痕迹，少数直接贴附在切好的瓦筒上，不留切割痕迹。当面大小差别不大，一般面径在17～18厘米左右。字体工整秀美。根据当心和字体的不同，分3型。

A型　73件。双线十字界格，当心交叉处聚成圆点或井字形，当背都有切割痕迹，字体稍有不同。分4式。

---

① 《新中国出土瓦当集录·甘泉宫卷》图一二〇、二一五、二九七，西北大学出版社，1998年。

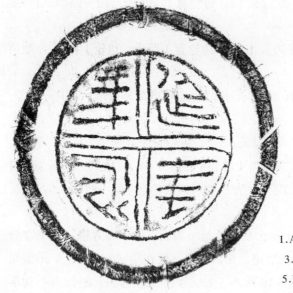

图一四〇　延年半当、延年重文瓦当

1.A型延年半当 F13H2②:37　2.B型延年半当 F13 井 6:2
3.C型延年半当 T1339③:2　4.D型延年半当 T1306③:5
5.D型延年重文瓦当 T1345③:4

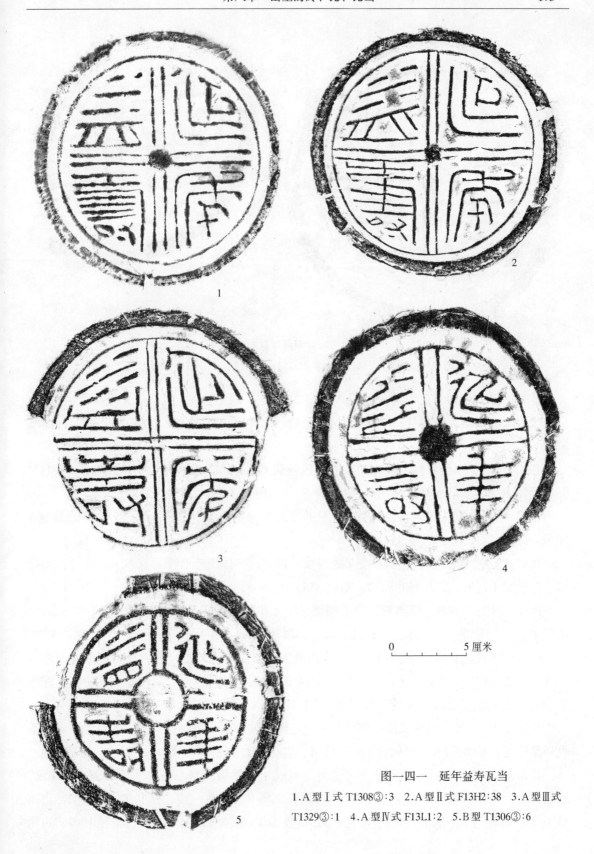

0 ————————— 5 厘米

图一四一 延年益寿瓦当

1.A型Ⅰ式 T1308③:3   2.A型Ⅱ式 F13H2:38   3.A型Ⅲ式
T1329③:1   4.A型Ⅳ式 F13L1:2   5.B型 T1306③:6

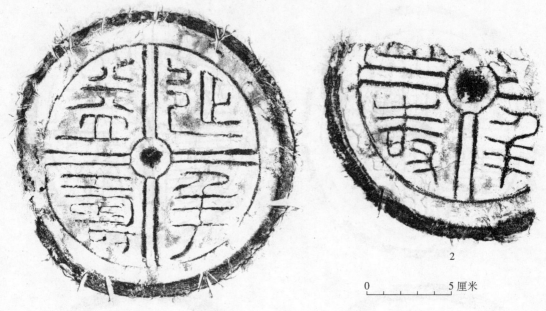

0 ―――― 5 厘米

图一四二　C型延年益寿瓦当
1. T1341③:2　2. T1311③:2

Ⅰ式　62件，占出土"延年益寿"当半数以上。双线界格，当心交叉处聚成一圆点，字体犹存篆书余韵。标本T1308③:3，面径17、边轮宽0.7厘米。（图一四一，1；图版311）

Ⅱ式　6件。双线界格，当心交叉处聚成一圆点，字体与Ⅰ式稍有不同。标本F13H2:38，面径16.9、边轮宽0.9厘米。（图一四一，2；图版312）

Ⅲ式　2件。双线界格，当心交叉处呈井字形。标本T1329③:1，面径17.8、边轮宽1厘米。（图一四一，3；图版313）

Ⅳ式　3件。双线界格，当心交叉处聚成一圆点，字体接近B型。标本F13L1:2，面径17、边轮宽1厘米。（图一四一，4；图版314）

B型　24件。双线十字界格，当心圆圈，字体比较接近标准的隶书。标本T1306③:6，面径17.2、边轮宽1.1厘米。（图一四一，5；图版315）

C型　16件。双线十字界格，当心圈内乳丁纹，除个别外，当背不见切割痕迹。标本T1341③:2，乳丁纹较小。面径17.2、边轮宽0.8厘米。（图一四二，1；图版316）标本T1311③:2，乳丁纹较大。面径18、边轮宽1.1厘米。（图一四二，2；图版317）

长生未央　8件。当面双线十字界格，当心圈内乳丁纹，边轮较宽，当体厚大，当背不见切割痕迹。标本T1302③:9，当面径17.4、边轮宽1.2厘米。（图一四三，1；图版318）

长乐未央　7件。出土于第十三号遗址。双线十字界格，当心圈内乳丁纹绕以连珠纹，边轮较宽，当背不见切割痕迹，大小稍有不同，文字书体基本一致。标本T1301③:2，当面径16.2、边轮宽1.1厘米。（图一四三，2；图版319）标本T1301③:3，当面径19.7、边轮

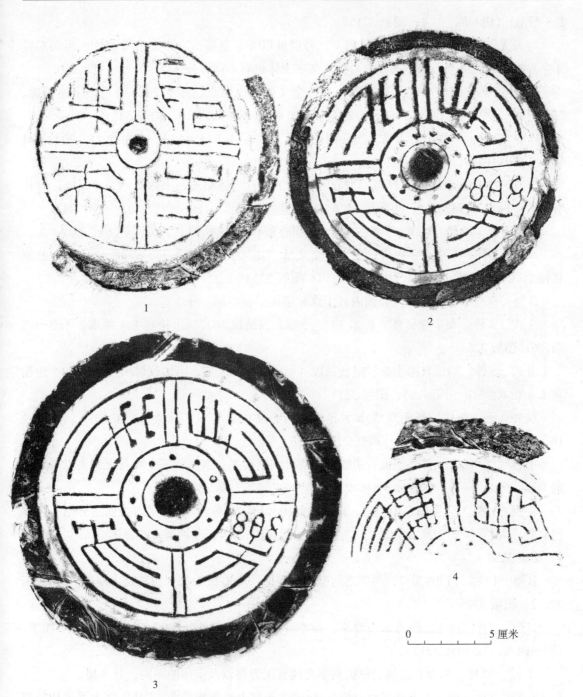

图一四三 长生未央、长乐未央、长生无极瓦当

1. 长生未央瓦当 T1302③:9　2. 长乐未央瓦当 T1301③:2　3. 长乐未央瓦当 T1301③:3　4. 长生无极瓦当 F1201:1

宽1.7厘米。(图一四三,3;图版320)

长生无极　1件。F1201:1,双线十字界格,当心圈内乳丁纹绕以连珠纹,边轮较宽,当背不见切割痕迹。已残,存"长无"二字,"生极"二字已失。当面径复原17.8、边轮宽

1.8 厘米。(图一四三，4；图版 321)

与天无极　30 件。除 2 件出自第十二号遗址以外，全部出自第十三号遗址。当面双线十字界格，有直通当心和不通当心两种，文字书体也有不同。分 3 型。

A 型　2 件。双线十字界格直通当心，交叉处聚成圆点。标本 F13－5:2，字体委婉，"极"写作"亟"。当面径 19.6、边轮宽 0.9 厘米。(图一四四，1；图版 322)

B 型　7 件。双线十字界格，当心圈内乳丁纹。标本 F13－5:3，当面径 17、边轮宽 1厘米。(图一四四，2；图版 323)

C 型　21 件。双线十字界格，当心圈内乳丁纹，当体略小，书体简约，"无极"写作"毋亟"。标本 T1342②:5，当面径 14.6、边轮宽约 1 厘米。(图一四四，3；图版 324)

千秋万岁　10 件。双线十字界格，有直通当心和不通当心两种，字体不同。分 2 型。

A 型　2 件。双线十字界格，在当心交叉呈"井"字形。标本 F7 东门采:1，当面复原直径 15.2、边轮宽 1 厘米。(图一四四，4；图版 325)

B 型　双线十字界格，当心圈内乳丁纹，字体稍有不同。分 2 式。

Ⅰ式　3 件。文字悬针体。标本 F13－5:4，当面径 18.2、边轮宽 1.4 厘米。(图一四四，6；图版 326)

Ⅱ式　5 件。均出自第十三号遗址西段。标本 T1345③:7，字体较粗。当面径 19、边轮宽 1.4 厘米。(图一四四，5；图版 327)

汉并天下　3 件。当面双线十字界格，当心圈内乳丁纹。标本 T1302③:5，当面径 16.6、边轮宽 1.2 厘米。(图一四五；图版 328)

上林(半当)　4 件。当面有边线，当底有切割痕迹。根据两字之间有无界格以及字体的不同，分 3 型。

A 型　1 件。F4 围墙东南角:1，两字之间无界格，隶体，"上"字占当面三分之一，字稍偏下，"林"字占当面三分之二，字稍偏上。底边长 14、边轮宽 1.3 厘米。(图一四六，1；图版 329)

B 型　1 件。T1306③:7，两字之间有单线界格。底边长 15.2、边轮宽 1 厘米。(图一四六，2；图版 330)

C 型　2 件。两字之间有双线界格。标本 T1339③:4，底边长 17.6、边轮宽 1.2 厘米。(图一四六，3；图版 331)

上林　50 件。当面有边线。根据两字之间有无界格以及字体的不同，分 3 型。

A 型　9 件。两字上下之间有双线界格，"上"字上部笔画弯曲，"林"字上下笔均呈直角。标本 T1302③:3，残，当面复原直径 17、边轮宽 1.5 厘米。(图一四七，1；图版 332)

B 型　11 件。上下无界格，"上"字上部笔画曲折，"林"字上下笔呈直角。标本 T1346②:1，当面径 16.7、边轮宽 1.1 厘米。(图一四七，2；图版 333)

C 型　30 件。上下无界格"上"字上部笔画曲折或弯曲，"林"字上下笔作弧线形。因弧线形不同，分 2 式。

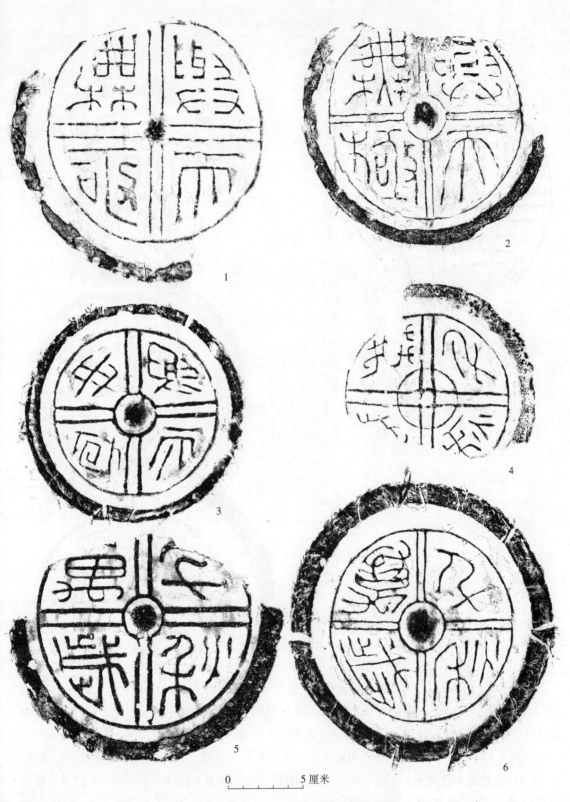

0   5 厘米

图一四四　与天无极、千秋万岁瓦当

1.A 型与天无极瓦当 F13－5:2　2.B 型与天无极瓦当 F13－5:3　3.C 型与天无极瓦当 T1342②:5　4.A 型千秋万岁瓦当

F7 东门采:1　5.B 型Ⅰ式千秋万岁瓦当 F13－5:4　6.B 型Ⅱ式千秋万岁瓦当 T1345③:7

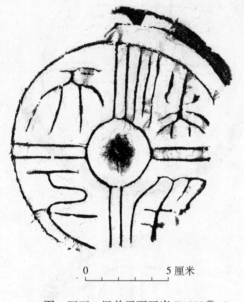

0　　　　　　　5 厘米

图一四五　汉并天下瓦当 T1302③:5

图一四六　上林半当

1.A 型 F4 围墙东南角:1　2.B 型 T1306③:7
3.C 型 T1339③:4

0　　　　　　　5 厘米

Ⅰ式　13 件。"上"字上部笔画曲折,"林"字上笔略呈直角,下笔带弧线形。标本 F3 西门:11,当面径 18.6、边轮宽 0.9 厘米。附 B 型筒瓦,全长 36 厘米。(图一四七,3;图版 334)标本 F3 西门:12,当面径 16.8、边轮宽 1.1 厘米。(图一四七,4;图版 335)

Ⅱ式　17 件。"上"字上部弯曲较大,"林"字上下笔呈弧线形。标本 F12 采:4,当面径 17.4、边轮宽 1.3 厘米。(图一四七,5;图版 336)标本 F12 采:5,当面径 17.6、边轮宽 1 厘米。(图一四七,6;图版 337)

按:"上林"指上林苑。《三辅黄图》卷四"苑圃"条:汉上林苑本秦之旧苑,武帝建元三年扩建,"周袤三百里"。我们所获的"上林"瓦当,其出土地点均在汉上林苑中。

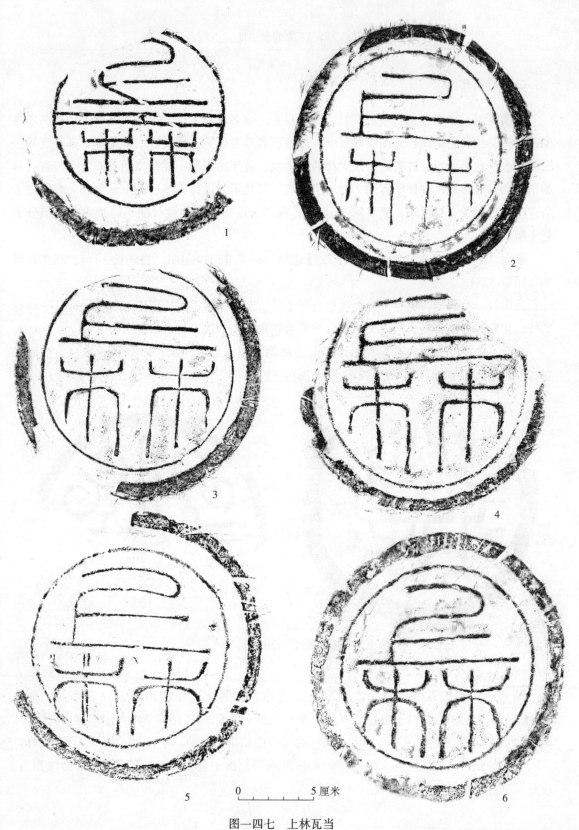

0   5 厘米

图一四七　上林瓦当

1.A 型 T1302③:3　2.B 型 T1346②:1　3.C 型Ⅰ式 F3 西门:11　4.C 型Ⅰ式 F3 西门:12　5.C 型Ⅱ式 F12 采:4

6.C 型Ⅱ式 F12 采:5

二　图案瓦当

图案瓦当，在出土瓦当中占多数，纹样很多，定名歧异不少。本书遵循约定俗成的定名原则，如葵纹、轮辐纹、云山纹和云纹，以便读者检索研究。比较麻烦的是带有各种变异的云纹瓦当。此类瓦当，过去的著录大都通称云纹，近年出版的一些瓦当图录或考古报告，开始出现在云纹前冠以种种形容词，如S形云纹，羊角形云纹，等等，颇不易掌握。我们除了另立“勾云纹”一种以外，仍统称“云纹”，在“云纹”下再据纹样的不同特点，适当分为若干型式。

素面（半当）　4件。均出自第十三号遗址。标本T1314③：3，当底长14.4、高7.8厘米（图版338）。

云山纹　有圆当，也有半当。这里发现5件皆圆当。当面云山图形，上下对称，中间有切线，切割后即成半当。当面无边线，当背有切割痕迹，图形稍有不同。分2型。

A型　中央以凸线两道组成山形，山之两侧缀勾云纹各一朵。标本F13采：1，当面径16.2、边轮宽1.2厘米。（图一四八，1；图版339）

图一四八　云山纹瓦当
1. A型 F13采：1　2. B型 T1342③：3

B型　山形曲线稍缓，山之顶部直通边轮，两侧从边轮伸出勾云纹各一朵。标本T1342③：3，当面径17.4、边轮宽0.9厘米。（图一四八，2；图版340）标本T1342③：4，附A型筒瓦，系将范成的当面纳入瓦筒坯的母口内切割而成的。全长27厘米。（图版341）

云山纹瓦当是典型的燕文化遗存，在易县燕下都出土甚多[①]，这里发现的云山纹瓦当，应是秦对燕文化的仿制。

① 杨宗荣：《燕下都出土半瓦当》，《考古通讯》1957年第6期。河北省文物研究所：《燕下都出土的建筑材料》，《文物》1993年第3期，第42页。

　　葵纹　一种由三条线组成鸟喙形的纹饰，流行于秦文化区。当面和当心有多个葵纹，当心有乳丁纹。当背有切割痕迹。这里发现 5 件，根据葵纹和当心外圈的变化，分 2 型。

　　A 型　当面由八个或十个葵纹组成。葵纹右向排列。当面周沿有弦纹。当心圈呈绹纹状。当心圈内由四个葵纹组成，亦右向排列。标本 T1326③：1，当面由八个葵纹组成，周沿有边线。当面径 15.2、边轮宽 0.8 厘米。出土时尚带 A 型筒瓦，筒瓦上阴刻"X 左"二字。（图一四九，1；图版 342）标本 T1326③：2，当面由十个葵纹组成，周沿无边线，筒瓦上阴刻"□左"二字。当面径 13、边轮宽 0.7 厘米。（图一四九，2；图版 343）

　　B 型　葵纹简化。标本 F13 采：5，残，当面复原应有八个葵纹，右向排列，周沿无弦纹，当心圈线较粗，圈内有四个葵纹，当心乳丁较大。当面径 17.2、边轮宽 0.9 厘米。（图一四九，3；图版 344）

　　轮辐纹　15 件。当面两圈涡纹，周沿有弦纹，当背有切割痕迹，主纹轮辐变化多样。分 3 型。

　　A 型　11 件。当面外圈涡纹由边轮卷出，内圈涡纹由轮辐纹上卷出，轮辐纹向左辐射，中心聚成乳丁。标本 T1315③：7，当面径 16、边轮宽 1 厘米。（图一五〇，1；图版 345）。

　　B 型　2 件。当面两圈涡纹变成两圈相背的弧线纹，当心轮辐纹涣散。标本 T1315③：6，当面径 15.8、边轮宽 0.8 厘米。（图一五〇，2；图版 346）。

　　C 型　2 件。当面辐线呈菊花瓣状，中间夹杂不规则的线纹，当心辐线较短，中心乳丁纹。标本 T1342③：2，当面径 16.4、边轮宽 1 厘米。（图一五〇，3；图版 347）。

　　勾云纹　25 件。以对称的半云纹（或称单线卷云纹）为主要特征，纹样为云纹的一半，从当心圈勾出或从界格上勾出，与位于界格内的习称云纹有所不同，当面有边线，当背有切割痕迹。根据当面有无界格线和单双界格线的区别，分 3 型。

　　A 型　当面无界格线，当心圈上饰四对勾云纹相背排列，当心圈内饰大小对称的折线纹。标本 T1342③：8，当面径 16、边轮宽 1.2 厘米。（图一五一，1；图版 348）

　　B 型　当面单线十字界格，直通当心（个别不通当心），界格内由当心圈向上饰一对勾云纹，当心圈纹饰稍有不同。分 2 式。

　　Ⅰ式　单线界格直通当心，交叉处饰乳丁纹，界格内饰相向勾云纹，当心圈界格内饰四叶纹或乳丁纹。标本 T1307③：5，当心界格内饰四叶纹。当面径 15.2、边轮宽 1.1 厘米。（图一五一，2；图版 349）标本 F13H3：1，界格线较粗，当心界格内饰乳丁纹。当面复原直径 17、边轮宽 1 厘米。（图一五一，3；图版 350）

　　Ⅱ式　单线界格不通当心。当面界格内饰相背勾云纹，顶上饰一乳丁纹，当心圈内为一特大的圆泡。标本 F13H4②：3，当面径 16、边轮宽 1 厘米。（图一五一，4；图版 351）

　　C 型　双线界格，当面勾云纹由界格向上相向内卷。根据界格是否通当心和当心纹饰的不同，分 3 式。

　　Ⅰ式　双线十字界格直通当心交叉，当面界格内相向勾云纹，勾云纹中上部饰一乳丁纹，当心界格内饰三角形纹。标本 F13H4②：4，当面径 15.8、边轮宽 1.1 厘米。（图一五

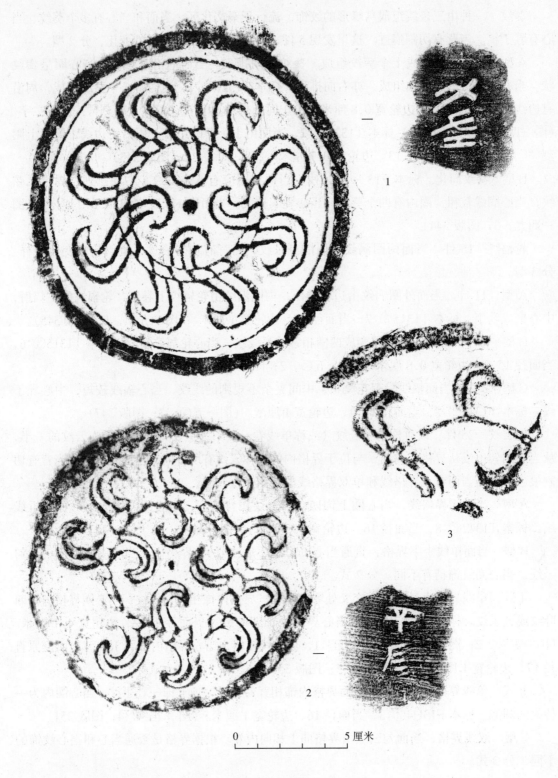

图一四九　葵纹瓦当

1.A 型 T1326③:1　2.A 型 T1326③:2　3.B 型 F13 采:5

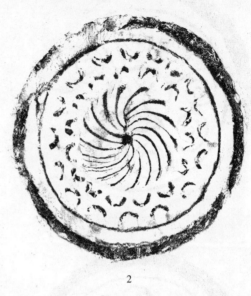

0 ____ 5厘米

图一五〇 轮辐纹瓦当

1.A型 T1315③:7　2.B型 T1315③:6　3.C型 T1342③:2

一，5；图版 352）

Ⅱ式　双线界格止于当心圈上，当心两层圆圈，圈内饰多个乳丁纹。标本 T1315②:2，当面复原直径 15.8、边轮宽 0.9 厘米。（图一五一，6；图版 353）

Ⅲ式　勾云纹简化似豆芽状，当心圈内十字界格，界格内各饰一叶纹。标本 T1315②:3，当面复原直径 17、边轮宽约 1 厘米。（图一五一，7）

云纹　云纹是汉代瓦当的主要纹饰，出土数量很大，纹样变化很多。这次我们获得 813 件，据纹样变化和当心的不同，约可分为 7 型。其中 F 型最多，288 件；其次是 E 型Ⅲ式，213 件；G 型，82 件；C 型Ⅱ式和 E 型Ⅱ式各 57 件；另有 2 件因纹样变异过甚，暂入异型。

A型　四朵云纹匀布当面，无界格线，当心圆圈线或螺旋纹。分 2 式。

Ⅰ式　云纹相连，当心螺旋纹或圆圈纹，螺旋纹繁简稍有不同。标本 T1312③:5，螺旋纹较少。当面径 16、边轮宽 1 厘米。（图一五二，1；图版 354）标本 T1312③:4，螺旋纹较多。当面径 16.5、边轮宽 1 厘米。（图一五二，2；图版 355）标本 T1312③:6，当心两层圆

图一五一　勾云纹瓦当

1.A 型 T1342③:8　2、3.B 型 I 式 T1307③:5、F13H3:1　4.B 型 II 式 F13H4②:3　5.C 型 I 式 F13H4②:4　6.C 型 II

式 T1315②:2　7.C 型 III 式 T1315②:3

图一五二　云纹瓦当

1.A型Ⅰ式 T1312③:5　2.A型Ⅰ式 T1312③:4　3.A型Ⅱ式 T1345②:6

圈纹。当面径 16.4、边轮宽 1 厘米。(图版 356)

　　Ⅱ式　每朵云纹分二支由当沿内卷相连。标本 T1345②:6，当面复原直径 14.8、边轮宽 0.8 厘米。当心已残失。(图一五二，3；图版 357)

　　B型　当面单线十字界格，界格顶上布云纹，圆圈当心十字交叉处有小乳丁(少数无小乳丁)，有的十字界格从当心圈上划分。分 2 式。

　　Ⅰ式　四朵云纹之间有一朵是从圈上卷出的勾云纹(或丫形纹)。当心界格内有叶纹，或在叶纹左右各加一小乳丁。标本 T1342③:11，四朵云纹间夹有勾云纹，十字界格直通当心。当面径 16、边轮宽 1.1 厘米。(图一五三，1；图版 358)标本 T1303③:1，当心界格内有叶纹。当面径 15.8、边轮宽 1 厘米。(图一五三，2；图版 359)。标本 T1342③:9，当心界格叶纹左右各有小乳丁。当面径 17.2、边轮宽 1.1 厘米。(图一五三，3；图版 360)标本 T1342③:10，四朵云纹之间有一丫形纹，当心界格内有叶纹。当面径 16.8、边轮宽 1.1 厘米。出土时，边轮上尚附着 A 型筒瓦。(图一五三，4；图版 361)

　　Ⅱ式　四朵云纹双线内卷，当心圆圈内有一十字纹。标本 T1316③:1，当面径 15.7、边轮宽 1.1 厘米。(图一五三，5；图版 362)

　　C型　当面双线十字界格，界格顶上云纹，当心圆圈，圈内有纹饰。分 4 式。

　　Ⅰ式　双线十字界格在当心交叉，当心圆圈十字界格内为 L 形纹、点纹或十字纹。标

图一五三 云纹瓦当

1.B型Ⅰ式 T1342③:11　2.B型Ⅰ式 T1303③:1　3.B型Ⅰ式 T1342③:9　4.B型Ⅰ式 T1342③:10　5.B型Ⅱ式 T1316③:1

本 T1342③:12，当心界格内为 L 形纹。当面径 16.2、边轮宽 1 厘米。（图一五四，1；图版 363）标本 T1342③:7，当心界格内点纹。当面径 15.4、边轮宽 1 厘米。（图版 364）标本 T1341③:4，当心界格内十字形。当面径 15.6、边轮宽 1.1 厘米。（图一五四，2）

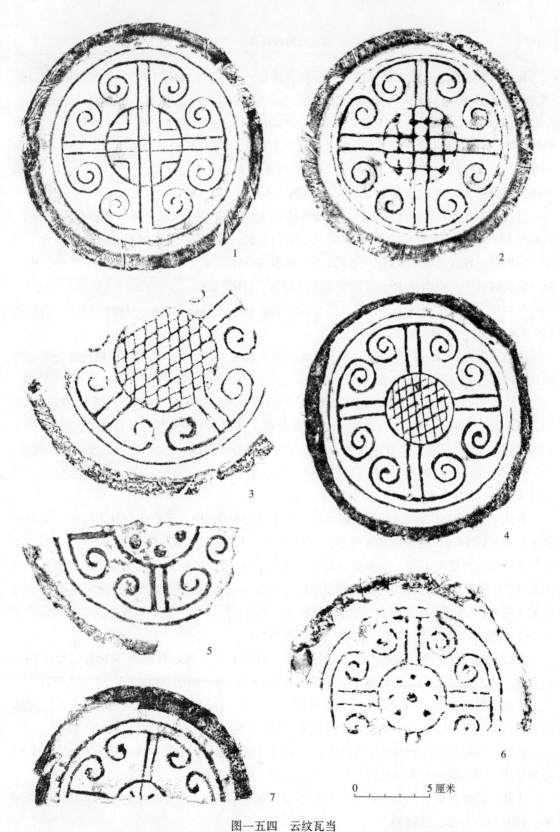

图一五四 云纹瓦当

1.C型Ⅰ式 T1342③:12　2.C型Ⅰ式 T1341③:4　3.C型Ⅱ式 F13H4②:5　4.C型Ⅱ式 T1342③:13　5.C型Ⅲ式
T1341③:5　6.C型Ⅲ式 T1341③:6　7.C型Ⅳ式 T1342③:14

Ⅱ式　当心圈上双线十字界格，当心斜方格纹。标本 T1341③：5，当心斜方格纹三道。（图版365）标本 T1342③：6，当心斜方格纹三道。当面径18、边轮宽1.1厘米。（图版366）标本 F13H4②：5，当心斜方格纹又大又密。当面径19、边轮宽1.2厘米。（图一五四，3；图版367）标本 T1342③：13，当心斜方格纹较小较直。当面径16.4、边轮宽1.1厘米。（图一五四，4；图版368）标本 T1342③：19，双线十字界格直通当面圈，云纹被分割，当心斜方格。当面径16.8、边轮宽1.1厘米。（图版369）

Ⅲ式　当心圈上双线十字界格，当心环绕乳丁纹。标本 F13H4②：6，当心有乳丁六个。当面径18、边轮宽1厘米。（图版370）标本 T1341③：5，残，复原知当心圈内环绕乳丁六个，中央有一较大的乳丁。（图一五四，5）标本 T1341③：6，当心圈内环绕乳丁八个，中央有一较大的乳丁。当面径16.4、边轮宽1.2厘米。（图一五四，6）

Ⅳ式　当心圈上双线十字界格，当心米字纹。标本 T1342③：14，当面径14.8、边轮宽1.5厘米。（图一五四，7；图版371）

D型　当面双线（个别三线）十字界格，少数直通当心交叉，云纹由界格卷出，当心圆圈，圈内有多种纹饰。分4式。

Ⅰ式　当心圈内 L 形纹或米字纹。标本 F13H4：9，当心圈内 L 形纹。（图版372）标本 T1342③：15，当心米字纹。当面径16.6、边轮宽1厘米。（图一五五，1；图版373）标本 T1314③：1，云纹反卷，上方正中有一三角形纹，当心米字纹。当面径15、边轮宽1厘米。（图一五五，2；图版374）标本 T1314③：4，当心米字纹，正中有一乳丁。当面径15.5、边轮宽1厘米。（图一五五，3；图版375）

Ⅱ式　当心圆圈内环绕乳丁纹或云纹。标本 T1342③：16，当心环绕乳丁纹，中央有一乳丁。当面径14.5、边轮宽0.8厘米。（图一五五，4；图版376）标本 T1306③：8，当心两层圆圈，圈内环绕乳丁纹，中央有一乳丁。当面径16.2、边轮宽1厘米。（图一五五，5；图版377）标本 T1342③：20，当心两层圆圈，两层圈之间环绕连珠纹。当面直径14.8、边轮宽1厘米。（图版378）标本 F4东南角采：2，当面云纹内有一乳丁，当心云纹互绕。当面径14、边轮宽1.1厘米。（图一五五，6；图版379）

Ⅲ式　双线十字至当心交叉，云纹由当面相向上卷，当心界格上下对称云纹。标本 F13H3②：3，当面径16、边轮宽1.2厘米。（图一五六，1；图版380）。

Ⅳ式　当面三线十字界格，云纹下有一乳丁。当心两层圆圈，中央一乳丁。标本 F13H3②：4，当面径16.6、边轮宽1.4厘米。（图一五六，2；图版381）

E型　当面双线（个别单线或三线）十字直通当心交叉，少数双线仅至当心圈上，云纹在界格内，当心圈内大多是几何形纹，变异较多。可分7式。

Ⅰ式　云纹蘑菇状，当心界格内有 L 形纹。标本 F4采：1，当面径15.9、边轮宽1.3厘米。（图一五六，3；图版382）

Ⅱ式　云纹正中下方竖一直线于界格上，当心界格内有 L 形纹。标本 T1342③：17，当面径18.5、边轮宽1.4厘米。（图一五六，4；图版383）标本 F13H4②：7，边轮残缺，当心

图一五五 云纹瓦当

1.D型Ⅰ式 T1342③:15 2.D型Ⅰ式 T1314③:1 3.D型Ⅰ式
T1314③:4 4.D型Ⅱ式 T1342③:16 5.D型Ⅱ式 T1306③:8
6.D型Ⅱ式 F4 东南角采:2

图一五六　云纹瓦当

1.D型Ⅲ式 F13H3②:3　2.D型Ⅳ式 F13H3②:4　3.E型Ⅰ式 F4采:1

4.E型Ⅱ式 T1342③:17　5.E型Ⅱ式 F5采:1　6.E型Ⅱ式 F3东门:1

界格内有三角形纹。当面径14.4、边轮宽1厘米。（图版384）标本F5采:1，残。当心界格内有三角形纹。（图一五六，5）标本F3东门:1，当面三线通当心交叉。当面径约14、边轮

图一五七 云纹瓦当

1.E型Ⅲ式F12采:6 2.E型Ⅲ式T1302③:7 3.E型Ⅲ式F3东门:2 4.E型Ⅳ式T1308②:4 5.E型Ⅳ式F13采:

6 6.E型Ⅳ式F13采:8

0　　　　　5厘米

图一五八　云纹瓦当

1.E型Ⅴ式 T1342②:18　2.E型Ⅵ式 T1315③:9　3.E型Ⅶ式 F13 采:10

宽1厘米。（图一五六，6）

Ⅲ式　云纹在界格内。标本 F13H4②:8，当心界格内为 L 形纹。当面径 16、边轮宽 1.1 厘米。（图版 385）标本 F12 采:6，云纹简化，当心界格内为 L 形纹。当面径 16.5、边轮宽 1.1 厘米。（图一五七，1；图版 386）标本 T1302③:7，当心界格内弧线纹。当面径 13.8、边轮宽 0.8 厘米。（图一五七，2；图版 387）标本 F3 东门:2，云纹上有三乳丁，当心界格 L 形纹。当面径 17、边轮宽 0.9 厘米。（图一五七，3；图版 388）

Ⅳ式　当面双线十字界格，当心圆圈内四叶纹、斜方格纹或八角星纹。标本 T1308②:4，当心圈内四叶纹。当面径 16.4、边轮宽 1 厘米。（图一五七，4），T1308②:5，当心圈内四叶纹。（图版 389）标本 F13 采:6，当心圈内四叶纹，中央一乳丁。当面径 15.5、边轮宽 1.1 厘米。（图一五七，5；图版 390）标本 F12 采:3，当心圈内斜方格纹。当面径 16.6、边轮宽 1 厘米。（图版 391）标本 F13 采:8，当心圈内八角星纹。当面径 15、边轮宽 1 厘米。（图一五七，6；图版 392）

Ⅴ式　当面双线十字界格，云纹扭转呈 S 形，当心圈内轮纹（似金乌形）。标本 T1342②:18，当面径 13.6、边轮宽 0.8 厘米。（图一五八，1；图版 393）

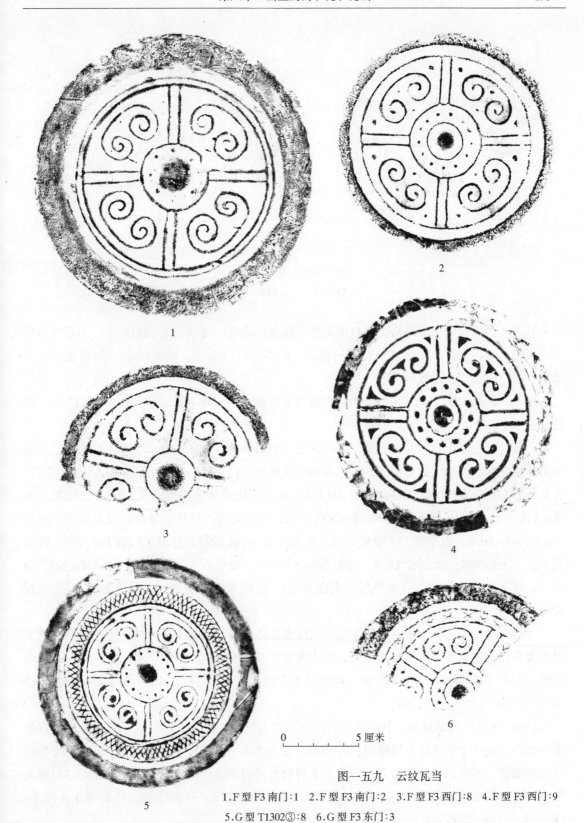

图一五九 云纹瓦当

1.F型 F3南门:1　2.F型 F3南门:2　3.F型 F3西门:8　4.F型 F3西门:9

5.G型 T1302③:8　6.G型 F3东门:3

图一六〇　异型瓦当
1.T1325③:1　　2.T1303③:2

Ⅵ式　当面双线十字界格,界格内对称云纹和山形纹,云纹内有三角形纹,山形纹两侧一飞燕纹,当心三线十字交叉,当心一乳丁。标本 T1315③:9,当面径 15、边轮宽 0.9 厘米。(图一五八,2;图版 394)

Ⅶ式　单线十字交叉,无当心圈,界格内云纹蘑菇状。标本 F13 采:10,当面径 16、边轮宽 1 厘米。(图一五八,3;图版 395)

F 型　当心大乳丁为主要特征,当面双线(个别单线)十字界格,边轮较宽,乳丁周边大多环绕连珠纹。出土数量很大,多数发现于围墙四门门址内,当面直径一般 15 厘米左右,也有个别面径近 20 厘米的。标本 F3 南门:1,乳丁周边连珠纹。当面径 18.8、边轮宽 2 厘米。(图一五九,1;图版 396)标本 F3 南门:2,乳丁周边连珠纹,每朵云纹上有四个小乳丁。当面径 16.2、边轮宽 1.7 厘米(图一五九,2;图版 397)。标本 F3 西门:8,当心仅有乳丁纹,无连珠纹。当面径 14.6、边轮宽 0.9 厘米。(图一五九,3;图版 398)标本 F3 西门:9,每朵云纹上有实心三角形纹。当面径 16、边轮宽 1.1 厘米。(图一五九,4;图版 399)

G 型　当心大乳丁纹和当面外缘饰网状纹为主要特征,当面十字界格,边轮较宽,乳丁周边大多环绕连珠纹。出土数量很大,大多发现于围墙四门门址内。当面直径一般 15 厘米左右。标本 T1302③:8,当面径 15、边轮宽 1.2 厘米。(图一五九,5;图版 400)标本 F3 东门:3,残。(图一五九,6)。

异型　3 件。残缺过甚。其中 T1325③:1、T1325③:4 残存 T 形云纹二至四朵,单线分隔,当心三线 十字界格,界格内斜方格纹,左右角各一乳丁。(图一六〇,1;图版 401)从残块推测,此当似为单线二分界格,上下界格上并列四朵 T 形云纹。T1303③:2,当面无界格,残存两朵变形云纹,当心有两层圆圈,圈内似有纹饰。当面径 16、边轮宽 1.4 厘米。(图一六〇,2;图版 402)

0 　　　　　　5 厘米

图一六一　四神瓦当

1. 苍龙纹 F3 东门:5　2. 白虎纹 F3 西门:10　3. 朱雀纹 F3 南门:4　4. 玄武纹 F14 外北门②:2

三　图像瓦当

图像瓦当仅见四神纹样。另有共出的月牙形瓦当一种，在弯月形的当面内排列三个乳丁纹，若"三星拱月"状，故列入图像瓦当中叙述。

（一）四神瓦当

四神瓦当又称四灵瓦当，指当面塑造苍龙、白虎、朱雀、玄武四种图像的瓦当。《三辅黄图》卷三"未央宫"条云："苍龙、白虎、朱雀、玄武，天之四灵，以正四方，王者制宫阙殿阁取法焉。"汉城南郊礼制建筑遗址中出土的四种瓦当，数量颇丰，当亦取法"以正四方"的含义。

四种瓦当均作圆形布局，造型规整大方，当面硕大，当心均有大乳丁纹。大小差别不大，似用专模印制。

苍龙纹　188件。大多出土于遗址东门门址。龙屈躯利爪，轻盈腾飞状。当心乳丁在龙背上方。标本 F3 东门:5，当面径 1.82、边轮宽 2 厘米。（图一六一，1；图版 403）

白虎纹　97件。多数出土于遗址西门门址。虎姿态凶猛，健步疾走状。当心乳丁在虎背上方。标本 F3 西门:10，当面径 18.6、边轮宽 2.5 厘米。（图一六一，2；图版 404）

朱雀纹　63件。多数出土于遗址南门门址。朱雀凤头鹰啄，鸢颈鱼尾，展翅欲飞状，当心乳丁在雀翅上。标本 F3 南门:4，当面径 18.5、边轮宽 2.3 厘米。（图一六一，3；图版 405）

玄武纹　84件。多数出土于遗址北门门址。龟蛇相交，龟首上昂，蛇头俯视，蛇尾上翘，当心乳丁在龟背上。标本 F14 外北门②:2，当面径 16.5、边轮宽 2 厘米。（图一六一，4；图版 406）

（二）月牙形瓦当

33件，均与四神瓦当共出，呈月牙形，边轮顶部较宽，下部较窄。当面匀布三个乳丁。标本 F302:3，两对角距离 16.7、高 13 厘米。（图一六二；图版 407）

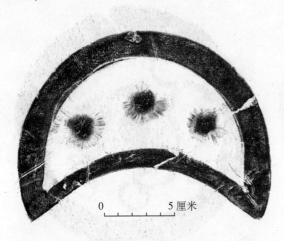

0　　　　5 厘米

图一六二　月牙形瓦当 F302:3

第九章　大土门遗址

第一节　发掘经过及地层情况

遗址位于现西安市郊的西北部，东距玉祥门约 1.5 公里，北距汉代长安城故址约 1 公里余，南邻大土门村。（参见图一）遗址在未发掘之前，地势略高于其周围的一般地面，中部是一个不规则的大土堆，其南北长 180、东西宽约 60 余米，中部最高处约 5～7 米，当地的人们把它叫做"塚屹崿"。（图版 408）

这个遗址在 1956 年 7 月中旬，为陕西省文管会所发现。当发现时遗址上部的文化层和部分遗迹，已被建设施工中平整地面推毁约三分之二，露出了土坯和夯土墙。陕西省文管会随即派工作组前往发掘。1957 年 3 月中旬，交由中国科学院考古研究所西安研究室继续进行发掘。前后参加发掘工作的同志有李涤陈、卫大信、张瑞荃、冉宪复、唐金裕等同志，另有陕西省文管会田醒农、雒忠如、王玉清三同志协助。整个工作自 1956 年 7 月 27 日开始，至 1957 年 10 月 15 日结束。共发掘面积 6678 平方米。

整个发掘工作是配合基建工程进行的。根据施工的急缓，先从保存较完整的中心建筑遗迹开始。由于上部文化堆积层和部分遗迹被破坏，东面一部分建筑物又被一条晚期的河渠所打破，因此对这部分的情况不太了解。建筑遗址里面，堆积着被大火焚烧过的建筑材料，如变成火红色的瓦片、土坯块、红烧土、木炭渣，以及因火焰高度集中以致瓦片、土坯被烧毁的残渣和一些倒塌的残墙断垣。看去只见一片红色，火烧过的情景犹了然在目。堆积厚度 0.2～1.8 米。围墙、四门及配房、圜水沟等建筑遗迹，除了部分被唐代砖瓦窑坑[①] 和近代墓葬所破坏外，一般保存较好。北门则在施工中遭到破坏。

围墙、四门及配房的文化堆积共分 4 层：第 1 层系耕土，厚 0.15～0.3 米；第 2 层为近代扰乱层，土质较紧密，色黄褐，内含少量素面瓦片和近代瓷片，厚 0.5～0.62 米；第 3 层系路土层，只在四门过道中发现，为遗址毁弃后经过人们在上面走踏而形成的，土质坚硬，色黑褐，厚 4～8 厘米；第 4 层为遗址的遗物堆积层，出土有红烧土，包含物有绳纹瓦片、瓦当、铁钉、木炭灰渣及残砖等，土层厚 0.3～0.42 米。

圜水沟的地层堆积可分 3 层：第 1、2 层与围墙、四门及配房相同；第 3 层为沟内堆积层，土质松软，色灰褐，接近沟底为黑色的淤土，包含物有长方砖、石板，已扰乱，仅两壁

---

① 唐金裕：《西安西郊发现唐代砖瓦窑址》，《文物参考资料》1957 年第 4 期 83 页。

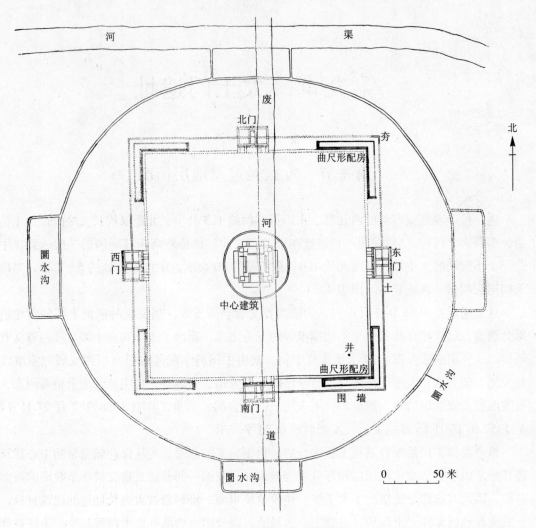

图一六三　大土门遗址平面实测图

部分砌砖保持原状。

第二节　建筑形制

发掘结果，了解整个建筑遗址的规模宏大，大致可分为三个部分：第一部分为中心建筑物；第二部分为围墙、四门及配房建筑；第三部分为圜水沟。它们的关系是：遗址的中心为中心建筑，在一个圆形夯土台上；中心建筑的四周是一个方形的院落，它的四角各建有曲尺形的配房，各配房的四面的中距又有东、西、南、北四门的建筑，配房的外侧又有围墙与四门连接，整个构成一个方形建筑体，位于方形夯土台上；在围墙的四周，又有一圆形的大圜水沟，在大圜水沟的四边正对四门处又有长方形的小圜水沟。这就是整个建筑遗址的建筑平面布局情况。（图一六三）

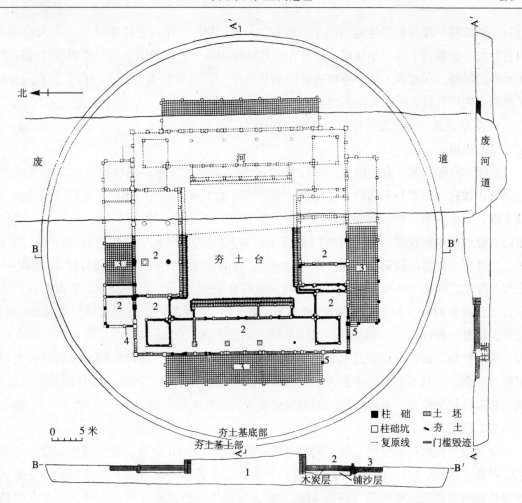

图一六四　大土门遗址中心建筑平剖图

1.夯土　2.草泥地面　3.方砖铺地　4.斜坡路　5.空心砖

（一）中心建筑

中心建筑是在一个方形的土台正中部。土台南北长205、东西长206、高1.6米。土台的上部是夯土。中心建筑物的地基是一个圆形夯土台。夯土台的上部直径62、底径60米。地基高于院落地面30多厘米。其构造是，在所要建筑的地点及所需要的面积处，先掘一个圆坑，坑壁略呈弧形，经锤实后，再在坑内填土，夯筑成一个圆台基，再按照平面的布局挖出室内的空间，留出墙壁，再挖柱窝。从居住面至夯土底深为2.9米。中心建筑的平面似"亞"字形。方向正南北，南北通长42、东西42.4米。正中是个大方形的夯土台，南北长16.8、东西长17.4、残高1.5米。按其四周建筑的布置，夯土台原来很高，推测高台上面原有楼阁式的建筑。在土台的四角，各有方形的小夯土台两个，大小相同。这些小土台可能是帮助建筑物在转角地方角柱加固而筑成的，也可能上面原有小楼或亭阁的建筑。在大夯土台的四周有东、南、西、北四堂建筑。（图一六四；图版409~412）北堂出抱厦四间，其他三堂每面出抱厦八间，每边通长24米。在抱厦、厅堂以及廊屋转角处都用两个柱础（图版

413)，如果两个转角相邻处则用四个（图版 414），其中只有一个转角是用一个大柱础的，但它的大小却相当于两个小柱础。这种在转角处使用两个柱础的做法，是受到当时的科学技术水平的限制，在建筑上还不能解决转角的复杂结构。南北两堂柱础都用白石，石质细腻；东西两堂则用青石，质粗而体积也较小。

1. 北堂建筑　分抱厦与厅堂两部分（图版 412）

（1）抱厦

四间。间距 3 米。方砖铺地。方砖每边长 32.5、厚 4 厘米。檐柱础方形，东西两头有二斜坡，通过二斜坡与东西两小屋相连。小屋间宽 4.1 米。斜坡与小屋作朱红色泥地面。斜坡 5 度，宽 1.5 米。坡与砖面及与小屋相邻处各有一道小槽，宽 12～20、深 18～20 厘米，里面有烧过的木炭灰烬，系当时的门槛或木板墙的下坎。西头小屋西边有门一道，宽 1.1 米，门外有一条斜坡路通往外面。路与门同宽，上有路土，证明曾被人通行过。（图版 415）抱厦与厅堂之间有土坯墙一堵，墙宽 0.42、残高 0.4～1.2 米。向外倒塌。墙内砌柱。柱础有长方和正方两种。长方形柱础长 60～70、宽 45～60 厘米；正方形柱础每边长 36 厘米。此外，还有一种柱础，一端方形一端圆形的，通长 1 米（图版 416），石质有白石和青石两种。部分柱础上面留有烧毁的木炭烬，呈圆状，直径 55 厘米。在砌柱的土坯墙断面上留有半圆形凹痕，可见木柱的一半嵌入土坯墙中。从平面结构来看，门是在二柱间再加二边柱，此边柱起抱框的作用，可以按照门的宽窄调整柱与边柱间的距离。

（2）厅堂

厅堂中列柱两行，分为三间，间距 5 米。圆柱础直径 60 厘米，表面制作光滑，经火烧后已剥落。（图版 417）厅堂的两头各有门一道，与东西两小屋互通。小屋间宽 3.2 米，可能是作储藏室之用或楼梯间（图版 418）。地表面都作红色泥面，打磨光平，经大火焚烧后部分变成砖灰色，未烧到的部分，尚保持原来色度，极为鲜艳。后墙是夹墙，用三层土坯垒砌而成，宽 1.1 米。夹墙紧邻夯土台，丁头外露，中层顺砌。（图版 419）土坯长 44、宽 22、厚 10.5 厘米。厅堂每间之中，又加一柱。柱砌夹墙内，柱洞方形，是先砌好了墙，然后在所要安立柱子的地方掘出柱洞。（图版 421）东西两屋，通过廊屋可进入东西两堂的厅堂北头的小屋。廊屋宽 1.2 米，作曲尺形，前壁系土坯墙，后壁则利用小夯土台为壁。（图版 420）

墙的结构，分土坯墙与夯土墙两种。土坯墙又分单墙夹墙两种。在夹墙下部中间出现有烧毁的木炭灰烬，里面原有木板的设置，是为维护夯土台的坚固或作隔潮湿用的。墙皮分三次构成：先用麦秸泥打底，分两次抹成，厚 4～4.5 厘米；再抹一层谷壳细泥，厚 1 厘米；然后在表面刷白灰，薄似蛋壳。墙脚部画一道紫色边，宽 4 厘米。夯土墙是利用小土台壁作的，基部宽于墙面 3.5 厘米。墙皮里面印有高粱秆编扎的排架痕迹，（图版 422、423）里面有烧毁的灰烬。由于版筑土壁的墙面光滑，不易搪抹墙皮泥，因而用棕绳编扎高粱秆儿排架，拿铁钉钉在夯土墙上，每个铁钉之间的距离是上下 40、左右 24 厘米。编扎排架，为了防止沤坏，而使用较粗的棕绳。这样在土墙上施一层高粱秆儿排架，使抹泥易粘，坚耐性较强，且有防潮湿的作用。墙面刷淡色红灰。墙皮厚度和层次与土坯墙皮结构一样。

（3）地基结构

地面为红色细泥，高于砖地面 20 厘米。表面做得光滑；之下是一层细泥，厚 0.1～0.2 厘米；细泥之下又是谷壳细泥，厚 2～2.5 厘米；底层是草泥土，分两次抹成，厚 2～2.5 厘米。草泥之下用六层土坯平垒砌成，共厚 70 厘米。在第四层土坯下铺木炭烬，厚 0.5 厘米；第五层土坯下铺草席，已朽成灰，但痕迹尚存；第六层土坯下又铺木炭一层。在夹墙脚下部木炭块较大，厚 2～4 厘米，再下垫细砂一层，厚 35～60 厘米。细砂之下是夯土，厚 1.5～1.7 米。（图一六四，BB′剖面）夯土坚硬，系用小圆锤平夯，夯印直径 5～6 厘米。夯土每层厚 7.7～10 厘米。接近自然土的夯土层里夹杂有细砂。

铺地砖的地层，为地砖之下有一层填土，厚 3～4 厘米，系铺砖时所垫的。其下有六层土坯，共厚 65 厘米。土坯之下又是夯土。土坯墙不另设墙基，直接从地基的夯土上垒砌而成。每一个柱础都有基脚，比础石大一倍，较一般夯土坚硬。因建筑物塌毁的压力过大，致部分地面塌陷，高低不平。

2. 南堂建筑（图版 410）

（1）抱厦

南堂抱厦与北堂抱厦略有不同。依檐柱础计算，布局应为 8 间，间距为 3.1 米。方砖铺地。南堂厢房（敞厅）西北角置有空心砖两块（已残），其位置相当于北堂西头小屋门外的斜坡路处。空心砖长 1.25、宽 0.36、厚 0.19 米。抱厦与厅堂之间有土坯墙一堵，宽 0.42 米，有门三道通入厅堂与小屋，门宽 1.3 米。

（2）厅堂

分四间，二明二暗。各有门相通。中部两明间，间距 3.4 米，两边暗间各宽 2.75 米。东西两头各有小屋一间，宽 3.65 米。中间为 1.6 米宽的夯土墙与两暗间相隔，墙与夯土台相邻处有 10 厘米宽的小槽一道，内有烧毁的木烬，是为维护土台坚固或隔潮设置的木板。

（3）地基结构

与北堂略有不同。所不同的只是泥地面下部土坯各层中没有铺木炭和草席，在第六层土坯下垫有一层木炭，厚 1～2 厘米，木炭下垫细沙，厚 25～35 厘米，其下是夯土。

3. 西堂建筑（图版 411）

（1）抱厦

八间，间距 3.1 米。方砖铺地。在南头内侧置空心砖一块（残），东西顺放。抱厦与厅堂之间也有土坯墙一堵。墙内砌柱，柱础有长方形和正方形两种，全系青石作成。有三道门通入厅堂。门宽 1.3 米。凡有门处都有烧毁的木烬痕迹。门槛有一道小槽，宽为 15 厘米。

（2）厅堂

堂内列柱一行，分为五间。柱础圆形，直径 40 厘米。红色泥地面高于抱厦砖面 15 厘米。正中三间，间距 5 米。南北两头小屋各宽 3.3 米。北头小屋有墙一堵与正中三间相隔，有门一道通入。厅堂再向内有六间小暗室，由三道门入。门宽 0.9～1 米。南头两间有墙一堵与北四间相隔，可能是楼梯分位，由这里上楼正是从西南入的分位。暗室后面也是三层土坯夹墙，与夯土台相邻。厅堂南北两头的小屋，各通过廊屋。廊屋宽1米，与南北两堂西头小屋相连接。

（3）地基结构

西堂地基较南北两堂结构简单。在红色泥面下，系用八层土坯垒砌成，共厚0.8～0.85米。第六层土坯下铺麻一层。砖地面下有六层土坯，厚0.6～0.68厘米，在第四层土坯下铺麻一层，与泥地面第六层土坯下铺麻成平行。土坯下为夯土，厚1.55～1.85米。（图一六四，AA′剖面）其他，如墙与墙皮的结构，与北堂相同。

4.东堂建筑

东堂被唐代河渠所打破。河渠宽15.2、深4.7米。渠内出开元钱两枚。厅堂和南北两堂东部建筑都被破坏，仅存抱厦2米多宽。从清理出残存砖面及檐柱础观察，东堂抱厦八间的建筑形式全部与西堂同。

（二）围墙、四门、配房

1.围墙

大围墙位于中心建筑外围。四边等长，每边长235米。围墙四边距中心建筑各96米。墙为夯土做成，残高15～30厘米，上宽1、基宽1.8、基深1.2米。墙内砌柱，柱础作方形。墙脚内外各有0.4米宽的防水坡（图版424），亦夯土做成。坡下用砖砌出滴水沟，距墙0.5米，沟宽0.2米。从残存现象观察，围墙顶部似有板瓦覆盖。

2.四门

在每边围墙的正中部各有一门。每门距中心建筑81.5米。除北门在工程施工中遭到破坏外，东、南、西三座大门都做了发掘（图一六五；图版425、426）。东西两门保存较好。门洞地面低于中心建筑物的抱厦砖面1.5米。南门被破坏较大，只清理出门洞及部分夯土台和石子路。（图版427）这三门的大小结构、形式都相同，因而推想北门的建筑结构也应一样。建筑情况是每座大门中央有一门洞，长12.5、宽4.5米。（图版428）在门洞中央安门板的地方有木质门槛，已烧毁，槽内有木炭灰；槽宽0.4、深0.32米，长与门洞宽相等。两端有门框柱，把门洞分成内外两部分。四角和中部两边共有柱础六个，础形为上圆下方。门洞两旁各有夯土台（图版428），夯土台残高0.22米，中间有夯土墙一堵，与门槛成直行，墙宽1米，把夯土台分成内外两部分，外台为7.65×5.45米，内台为7.65×5.5米。四边有墙。靠围墙的两边是夯土墙，宽0.9米。余两边为土坯墙，宽0.2米。土坯与土台之间有一道小槽，宽8厘米，内有木灰，为原有木板设置。土台四边有柱。柱砌墙内，柱础有长方形与正方形两种：长方形柱础长35、宽30厘米；正方形柱础每边长35厘米。每个土台内外各分三间，间距2.7米。四边下面为方砖铺地，门洞两边铺砖，宽1.2米，外门洞外边也铺砖，宽1.6米。内门洞与土台下面铺砖两行，中间有一条龟背形的石子路，宽80厘米，高于砖面3厘米，石子路的两边砌有竖砖一行，用以护住石子。石子路分四段，与门洞对称的两段呈曲尺形，向斜坡路方向拐去。在四段石子路之间，间铺有三段砖铺地，靠边的

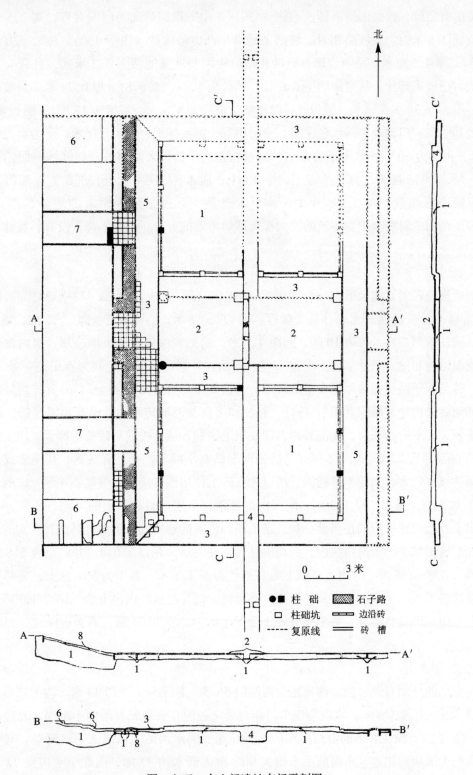

图一六五　大土门遗址东门平剖图

1. 夯土台　2. 泥地面　3. 方砖铺地　4. 夯土墙　5. 土坯墙　6. 残空心砖台阶　7. 斜坡路　8. 填土

一排砖面有回纹，纹饰面向下铺。（图版429）正中一段铺砖面与门洞对直，宽2.5米，两边两节宽2.1米而与斜坡路相对。坡路上铺有小凸方格纹砖（图版430），砖为正方形，每边长34、厚4.5厘米。路两边砌有竖砖作沿。距两斜坡路的两头3.2米远，各有空心砖台阶一块，已残成碎片。从复原的空心砖看，其长为1.44、宽0.81、厚0.24米。斜坡表面铺细沙一层，厚3～3.5厘米，原为铺砖时所垫。坡面宽4.8米，坡度为17度。（图版431）

地基结构：门洞地面系红色泥面，表层用谷壳细泥抹平，厚1.5厘米，下为草泥土，厚3厘米，再下为30～35厘米厚的夯土，质量较差，不甚坚硬。斜坡表面铺沙一层，沙下有填土一层，厚15厘米，再下为夯土，厚1～1.2厘米。（图一六五，剖面）在西门斜坡表面上只铺一层细沙，厚5～8厘米，沙下为自然土。这是因为原来的地势西部高东部低，因而东门的斜坡至中心建筑的院内都有厚薄不等的夯土，质量不高，没有斜坡部分夯打坚实。

3. 配房

围墙里的四隅有曲尺形配房，距墙远3.85米（图一六六；图版432、433）。每排配房距大门44米。配房前面无墙，是为敞厅，每边长47米，后边有夯土墙，长52、墙宽0.6米。从檐柱排列观察，每边10间，间距4.7米，房的两端各有夯土墙一堵。房内泥地面与门洞地面结构相同，只是草泥土略薄一些。前檐柱外铺砖两行，中间为石子路一条，宽72厘米，砖与石子路面在敞厅尽头呈曲尺形，与房宽度等齐（图版434～436）。转角处的石子路与铺地砖结构非常精致（图版434）。斜坡脚下部与铺地砖相邻处砌有边沿竖砖，坡面有乱砖堆积，砖下有沙一层，此乱砖原为铺在坡上面的，遗址被毁后砖被挖掉了。出土完整的砖，长66.6、宽33.8、厚4.5厘米。砖的两端钻有小圆孔，孔上有铁锈，其用意或许是因为坡面的坡度较大，铺砖不易稳固，所以才在砖上使用铁钉接连。坡宽2.4米，坡的斜度为12度。坡为夯土做成，厚1.2米。配房内的柱础，只用一般有平面的河卵石代替，未曾加工。出土瓦当也比大门的瓦当要小些。足见不同位置的建筑物所用的材料是有区别的。

在配房斜坡上的东南角院内，清理出汉代水井一座，井口深0.4、井口至底5.8米，井作圆形，直径1.38米。井内上部填土为灰褐色，厚1.1米，其下为黄褐色土，底部为一种黄泥夹沙的淤土。里面出土有灰色陶罐、残筒瓦，筒瓦与遗址内出土的一样。井底部系用陶制圆形井圈二个重叠砌成，每个圈直径1.2、高0.34、厚0.04米，表面有绳纹，里面有豆点纹。（图版437）

（三）圜水沟

在围墙的外面有圜水沟。沟相距东西两门56.5、南门54、北门43米。沟为圆形，其直径东西368、南北349米。水沟与四个门相对处又各围有一个长方形的小水沟，北边的小水沟与一条宽21、深3.8米的由西向东的河渠相通，圜水沟的流水出入于该河渠。其余三个小水沟与大圜水沟相通。东西两小水沟长90、距大圜水沟27米，南北小水沟长72米。地表面至沟的口部深1.5、沟口至底深1.8、沟的两土壁宽1.8～2米。沟用长方砖垒砌，从残存的砖面看，最下部分为三层顺砌，丁头外露，以上各层顺砌，不露丁头。砖素面，长

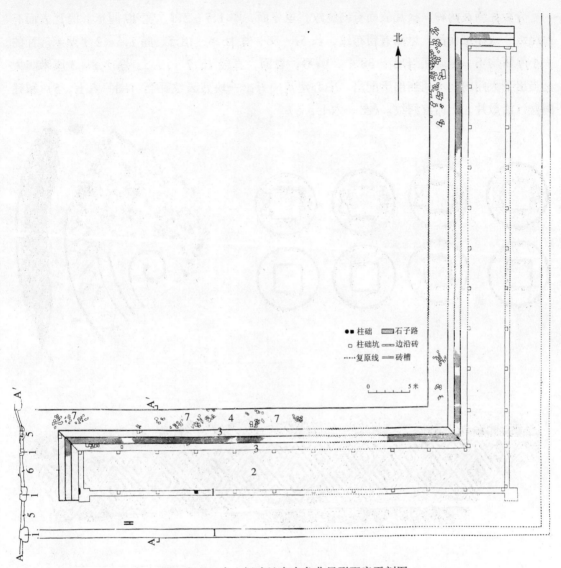

图一六六　大土门遗址东南角曲尺形配房平剖图

1.夯土墙　2.草泥地面　3.方砖地面　4.斜坡　5.夯土　6.填土　7.砖块

37.5、宽18、厚9.2厘米。砌砖两壁构成沟的内宽为92厘米。在四个大门相对的小水沟内的乱砖上，乱堆置着石板。石板为青石做成，甚粗糙，长108、宽63、厚12厘米，一边有裁口缝，缝的边宽2.5厘米。根据出土位置推测，石板原系盖在水沟上面的。（图版438～440）

第三节　出土遗物

遗址发掘出土的遗物，除大量的绳纹瓦片外，其他遗物较少，计有瓦、铜、铁三类。

1. 瓦类

　　分板瓦筒瓦两种。板瓦表面有斜绳纹，里素面，厚 1.7～2.3、宽 49 厘米。筒瓦表面有直绳纹，纹印细而深，里面有粗布纹，长 51～56、宽 16.5～18.5、厚 1.5～2.1 厘米。瓦的大小厚薄均不一样。瓦当出土 38 个，圆形，素面，直径 18.7～19.5、厚 2.8～3 厘米。大瓦当出于大门内，小瓦当出于配房。中心建筑内只出一块残云纹瓦当（图一六七，5）和残陶盆口沿数片，上面有回纹。（图一六七，6）

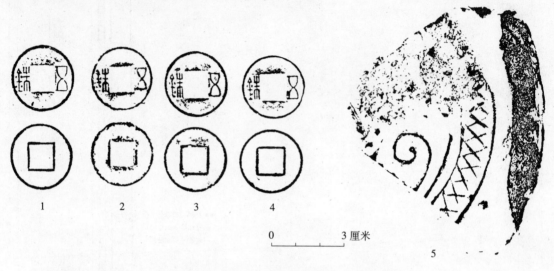

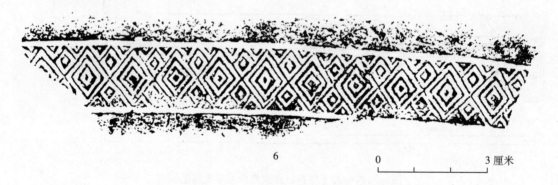

图一六七　大土门遗址出土五铢钱、陶盆、瓦当

1～4.五铢钱（1、2.中心建筑出土，3、4.西门门洞内出土）　5.云纹残瓦当（中心建筑出土）
6.陶盆口沿的回纹

　　2. 铜类

　　五铢钱　5 枚。中心建筑西堂出 3 枚（图一六七，1、2），西门门洞出土 2 枚（图一六七，3、4）。郭直径 2.6、方孔径 1、边厚 0.15 厘米。

　　铜镞　3 枚。西门出土 2 枚，北门东边配房出土 1 枚。镞作三棱形，三边有刃，前锋稍圆曲，铤附圆形铁杆。镞长 3.7、杆长 24.3 厘米。

　　3. 铁类

　　铁钉　各建筑内都有出土。形状分两种：一种为圆杆，钉头圆盖，通长 38、杆径 0.15

厘米；另一种为方杆弯头，通长15、杆径0.8~1厘米，这种钉只在中心建筑内出土。

铁刀　1把。残长15、刀背厚3厘米，一边有刃。

（本文原载《考古学报》1959年第2期，原题《西安西郊汉代建筑遗址发掘报告》，唐金裕执笔，收入本书时改今题，线图有删节，图版顺序据行文进行了调整，并删去原结语）

第十章　结　语

第一节　史籍所见的汉长安城南郊礼制建筑

汉初承袭秦代的自然崇拜和鬼神信仰，奉祀天地山川神祇、祖宗神灵，迷信方士术数，因奉祀信仰需要而修建的礼制建筑十分普遍。武帝以后，又有所发展。史籍所见的这类建筑，名目繁多，就皇家修建的礼制建筑而言，概括起来，大体上分三类：郊祀、社稷；宗庙、陵园；明堂、辟雍。汉家礼制建筑，遍布全国各地，但主要的集中在长安都城南郊。根据笔者阅读所见，陈述如下。

一　圜丘

举行郊祀仪式的祭坛叫"圜丘"。郊祀的对象是"泰一"神。"泰一"神是至上神，位在"五帝"之上。《史记·封禅书》、《汉书·郊祀志》俱云：

> （元光二年）亳人谬忌奏祠太一方，曰："天神贵者太一，太一佐曰五帝。古者天子以春秋祭太一东南郊……"于是天子令太祝立其祠长安东南郊，常奉祠如忌方。

同书又云：

> （元鼎五年）幸甘泉。令祠官宽舒等具太一祠坛。祠坛放薄忌太一坛，坛三垓，五帝坛环居其下，各如其方。

从上面引文看，武帝在长安东南郊和云阳甘泉山都建有泰一坛。不过，从《史》、《汉》二书及以后史籍看，甘泉泰一坛建成后，长安东南郊的泰一坛可能不再使用或很少使用。据《汉书·成帝纪》、《汉书·郊祀志》，泰一坛真正建在长安城南郊是在成帝时。《郊祀志》云：

> 成帝初即位，丞相（匡）衡、御史大夫（张）谭奏言："帝王之事莫大乎承天之序，承天之序莫重于郊祀，故圣王尽心极虑以建其制。祭天于南郊，就阳之义也；瘗地于北郊，即阴之象也。天之于天子也，因其所都而各飨焉。……今行常幸长安，郊见皇天反北之泰阴，祠后土反东之少阳，事与古制殊。……甘泉泰畤、河东后土之祠宜可徙置长安，合于古帝王。"

经群臣反复讨论，最后成帝采纳匡衡、张谭的意见，于建始元年（前32年）徙甘泉泰祠河东后土于长安南北郊。此后，因受帝王臧否和阴阳术数的影响，泰一祠、后土祠于永始元年（前16年）、建平三年（前4年）曾两度迁回甘泉、汾阴。元始五年（公元5年）王莽当政，再次依建始故事，复长安南北郊。

长安南郊泰一坛位于何处？《三辅黄图》[①] 云："昆明故渠南，有汉故圜丘，高二丈，周回百二十步。"此圜丘即当始建于建始年间的泰一坛。《水经注·渭水》[②] 亦云：昆明故"渠南有汉故圜丘，成帝建始二年，罢雍五畤，始祀皇天上帝于长安南郊。应劭曰：'天郊在长安南，即此也。'"唐韦述《两京新记》[③]、北宋宋敏求《长安志》[④]、南宋程大昌《雍录》[⑤] 和清徐松《唐两京城坊考》[⑥] 俱云汉圜丘在唐长安城居德坊或云在居德坊东南隅。陕西省文管会和中国科学院考古研究所曾于 1957～1962 年对唐长安城城址进行勘查，据所绘实测复原图[⑦]，汉圜丘的地望约在今西安旧城西郊周家围墙村附近。(图一六八)

武帝听信亳人谬忌，令太祝在"长安东南郊"修建的泰一祠，似在另一地点，古籍未载，亦未见考古报道，故目前无法标定。

二 社稷

社稷，亦称大社、太社。祭祀土地五谷之神，历来被作为"国家"的代称。汉初除秦社稷，立汉社稷，其后又立官社，以夏禹配食。元始年间，王莽增建官稷于原来的官社后面，以后稷配食。随后又为自己立宗庙社稷。比照第十三号遗址和第十四号遗址的所在地及出土资料，我们认为第十三号遗址可能是汉初利用秦旧址修建的汉社稷，第十四号遗址可能是王莽的新社稷，详见本章第三节。

三 文帝顾成庙

《汉书·文帝纪》：四年（前 176 年）"作顾成庙"。注引"服虔曰：庙在长安城南，文帝作。还顾见城，故名之。应劭曰：文帝自为庙，制度卑狭，若顾望而成，犹文王灵台不日成之，故曰顾成。贾谊曰：因顾成之庙，为天下太宗，与汉无极。……师古曰：……应说近之。"《长安志》、《雍录》、《唐两京城坊考》俱云文帝顾成庙遗址在唐长安城休祥坊内。据唐长安城实测复原图，地望约在今西安旧城西郊梁家庄至十里铺之间。

除长安城南顾成庙外，霸陵附近另建有文帝陵庙。据《史记·汉兴以来将相名臣年表》：孝景"元年（前 156 年）立孝文皇帝庙"。昭帝元凤四年（前 77 年）、宣帝甘露元年（前 53 年），孝文庙两次遭火灾[⑧]，当指陵庙而非顾成庙。《长安志》卷十一"万年县"云："汉文帝庙在县东本陵北，去县二十五里"，远在我们发掘区的东南方。

---

① 本文引《三辅黄图》，除特别注明外，均据陈直"校证"本，陕西人民出版社，1980 年。
② 本文引《水经注》，除特别注明外，均据陈桥驿"校点"本，上海古籍出版社，1990 年。
③ 《两京新记》，丛书集成初编本。
④ 本文引《长安志》，均见清光绪辛卯思贤讲舍校刊本和民国二十年长安县志局刊本。
⑤ 《雍录》，关中丛书第三集。
⑥ 本文引《唐两京城坊考》，均见清张穆校补本，中华书局，1985 年。
⑦ 陕西省文管会：《唐长安城地基初步探测》，《考古学报》1958 年第 3 期插页"唐长安城探测图"。中国科学院考古研究所西安唐城队：《唐代长安城考古纪略》，《考古》1963 年第 11 期插页"唐长安城实测复原图"。1985 年出版的《唐两京城坊考》也附此复原图。以下论证礼制建筑的地望均据此二图，恕不一一标注。
⑧ 参见《汉书·昭帝纪》、《汉书·宣帝纪》、《汉书·五行志》。

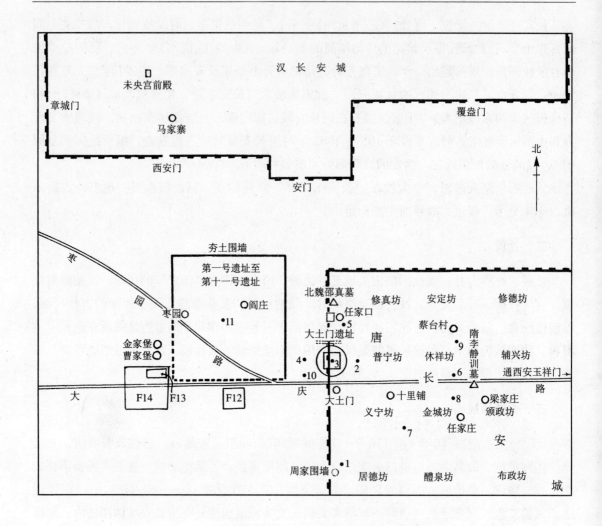

图一六八　见于史籍的汉长安城南郊礼制建筑位置示意图

1.圜丘　2.明堂　3.辟雍　4.太学　5.灵台　6.顾成庙　7.卫思后园　8.戾后园　9.奉明园　10.大社
11.王莽九庙

四　思后园、戾后园、奉明园

思后园、戾后园、奉明园，系宣帝为其曾祖母（武帝皇后卫子夫）、祖母（武帝太子刘据之妻史良娣）及其父史皇孙（刘进）修建的陵园。卫皇后、刘据、史良娣、史皇孙皆死于巫蛊之祸。关于卫皇后的葬地，《汉书·外戚传·卫皇后传》云：

（巫蛊事发，卫后自杀），盛以小棺，瘗之城南桐柏。……宣帝立，乃改葬卫后，追谥思后，置园邑三百家，长丞周卫奉守焉。（颜注：葬在杜门外大道东，以倡优杂伎千人乐其园，故号千人聚。其地在今长安城内金城坊西北隅是）

关于太子刘据、史良娣和史皇孙的葬地，据《汉书·武五子传·戾太子传》：

（巫蛊事发）卫后、史良娣葬长安城南。史皇孙、皇孙妃王夫人及皇女孙葬广明，皇孙二人随太子者，与太子并葬湖。……（宣帝即位，追尊）皇太子谥曰戾，史良娣曰戾夫人，史皇孙谥悼，皇孙妃王夫人谥悼后。以湖阌乡邪里聚为戾园，长安白亭东为戾后园，广明成乡为悼园。皆改葬焉。后八岁（元康元年）……悼园尊号曰皇考，立庙，因园为寝，以时荐享焉。益奉园民满千六百家，以为奉明县。尊戾夫人曰戾后，置园奉邑，及益戾园各满三百家①。

根据上引文字记载，汉长安城南郊应有位在杜门（覆盎门）外大道东的思后园，白亭东的戾后园和广明成乡的悼园。然在汉代以后的史籍中，戾后园多径称戾园，这大概是因为戾后乃戾太子之妻，戾太子盛名在史良娣之上，而戾园远在湖阌乡（今河南省阌乡县），地方偏僻，不及长安南郊繁华，后人因太子冤死，怜之，遂径称戾后园为戾园。至于悼园改称奉明园，则因悼园立皇考庙，益奉园民为奉明县，故悼园便也称为奉明园了②。

《两京新记》、《长安志》、《雍录》和《唐两京城坊考》，俱云思后园在汉长安城杜门外大道东，唐长安城内金城坊西南隅（颜师古作"西北隅"）；戾园在汉白亭博望苑北，约当唐金城坊北门，距思后园不远。据唐长安城实测复原图，此二园约在今西安西郊十里铺附近。奉明园在汉文帝顾成庙北边，唐长安城休祥坊内，其地约在今西安西郊蔡台村南。

五　杜陵和乐游庙

杜陵是汉宣帝及王皇后的合葬墓。《汉书·元帝纪》："初元元年（前48年）春正月辛丑，孝宣皇帝葬杜陵。"注引臣瓒曰："杜陵在长安南五十里"。《汉书·外戚传·孝宣王皇后传》：孝宣王皇后"永始元年（前16年）崩，合葬杜陵，称东园。"颜注："虽同茔兆而别为坟，王后陵次宣帝陵东，故曰东园。"《长安志图》卷中云："杜陵，今在奉元城东南二十五里三赵邨，陵在高原之上，即所谓鸿固原也。……其东南数十步，又有一陵，形制差小，皇后王氏之陵也。"经考古勘查，杜陵坟丘尚存，地在今西安南郊雁塔区曲江乡三兆村南，王后陵位于杜陵东南500多米处③。

乐游庙为宣帝陵庙。《汉书·宣帝纪》：神爵"三年春，起乐游苑。"颜注："《三辅黄图》云在杜陵西北。又《关中》记云，宣帝立庙于曲池之北，号乐游。案其处则今之所呼乐游庙者是也，其余基尚可识焉。"《长安志》卷十一"万年县"云："乐游庙在县南八里，汉书宣帝起乐游庙在曲江北，亦曰乐游原。"同书卷八"唐京城二"："昇平坊东北隅汉乐游庙。"据唐长安城实测复原图，其地约在今西安南郊后村附近。近年考古工作者在杜陵东北400米处发现一座平面方形的夯土台基，发掘者从遗址所在地、建筑形制及出土物推测，认为它可能

---

① 原文较长，引文稍有删节。

② 《汉书·宣帝纪》：元康元年"立皇考庙，益奉明园户为奉明县"。颜注："奉明园即皇考史皇孙之所葬也，本名广明，后追改也。"

③ 刘庆柱等：《西汉十一陵》第79页，陕西人民出版社，1987年。

是宣帝陵庙遗址①。但未提此遗址是否即乐游庙。

杜陵所在地的三兆村和乐游庙所在地的后村，均远离我们在汉长安城南郊的发掘区。

六 王莽九庙

王莽建九庙，见《汉书·王莽传》。记载翔实，方位明确，结合已发掘的汉长安城南郊礼制建筑遗址资料研究，我们认为，第一号至第十二号遗址应是王莽九庙遗址，详见本章第二节。

七 明堂、辟雍、太学、灵台

明堂、辟雍、太学、灵台是一组性质相近的礼制建筑，照儒家经典的说法，明堂用于告朔行令，辟雍用于行礼乐、宣教化，太学用于讲习射礼，灵台用于占星云吉凶。先秦是否已出现儒家经典所说的性质明确的这类建筑，还值得怀疑。西汉立国后，诸事草创，礼仪未备，到了武帝时期，才开始出现明堂②、太学③，可能还有灵台④，但都不在长安南郊。只有到了元始年间，王莽当政，明堂、辟雍、太学、灵台才在长安南郊全面实现。《汉书·王莽传上》云：

> 是岁（元始四年），莽奏起明堂、辟雍、灵台，为学者筑舍万区，作市、常满仓，制度甚盛。

这批建筑位于长安城南的具体地点，史籍多有记载。《史记·武帝纪》索隐引《关中记》云：

> 明堂在长安城门外，杜门之西也。

《长安志》卷五"郊丘章"亦引《关中记》云：

> 汉太学、明堂，皆在长安城南安门之东，杜门之西。

《水经注·渭水》记载又较周详，注云：

> 渭水东合昆明故渠，……又东迳长安县南，东迳明堂南，旧引水为辟雍处，在鼎路门东南七里。其制上圆下方，九宫十二堂，四向五室。堂北三百步有灵台。是汉平帝元始四年立。

---

① 中国社会科学院考古研究所：《汉杜陵陵园遗址》第75、106页，科学出版社，1993年。

② 武帝明堂修建在泰山汶上，详见本章第四节。

③ 关于西汉太学，文帝二年，贾山曾建议"造太学"，武帝元光二年，董仲舒对策，又建议"兴太学"，结果都没有成功。参见《汉书·贾山传》《董仲舒传》。武帝元朔五年（前124年）任用公孙弘为丞相，才"因旧官而兴"太学，罢黜百家，表章六经，置博士弟子员，在未央宫曲台讲习射礼。参见《汉书·儒林传·序》、《汉书·艺文志》注引如淳、晋灼曰。又据宋王应麟《玉海》卷111。宣帝时，何武"学长安，歌太学下"（《汉书·王褒传》），哀帝时，"王咸举幡太学下"（《汉书·鲍宣传》）说的都是设在未央宫曲台的太学。因与本文所论长安南郊太学关系不大，此处不备详。

④ 武帝时可能有灵台，见《三辅黄图》："汉始曰清台，本为候者观阴阳天文之变，更名曰灵台。郭延生《述征记》曰：'长安宫南有灵台，……题云太初四年造。'"《雍录》云："清台，武帝造太初历之所。"据此知西汉除建于长安南郊的元始灵台外，可能尚有建于长安宫南之太初灵台。长安宫在何处？史籍未载，陈直《三辅黄图校证》定太初四年灵台遗址"在今阿房宫南去明堂三百步，镐水经其西，古城村以西。"但所引论据大多把元始灵台与太初灵台混淆在一起，结论似亦欠妥。因问题比较复杂，与本文所论长安南郊灵台关系不大，此处不备详。

北魏长安县即汉长安城。杜门即汉长安城之覆盎门，鼎路门即汉长安城之安门。明堂、辟雍、太学位于安门南出大道之东与覆盎门南出大道之西。1956 年发掘的大土门遗址适在二门南出之间，其中心建筑北距安门约 2 公里，与北魏"七里"基本符合。遗址外围圜水沟注入一条古河渠，当即昆明故渠。由此我们推定大土门遗址当是西汉辟雍遗址。详参本章第四节。

《两京新记》、《长安志》、《雍录》以及元李好文的《长安志图》、清徐松的《唐两京城坊考》和王森文的《汉唐都城图》①都标出汉明堂、辟雍、太学于唐长安城普宁坊内，标出汉灵台于其北的修真坊内，只是排列顺序稍有不同②。

根据唐长安城城址勘查及所绘制的实测复原图，唐长安城西城墙正贯穿在大土门遗址中心建筑的中部，城墙西北角与大土门遗址中心台相距约 1 公里③，遗址东半部正位于普宁坊内。1958 年在大土门遗址东边约 1.1 公里处发掘了隋李静训墓。墓志云，李静训"瘗于京兆长安县休祥里万善道场之内"④。隋万善道场即唐万善尼寺，隋长安县休祥里即唐长安城休祥坊⑤，亦可证大土门遗址位于休祥坊西邻之普宁坊。1953 年在大土门遗址北边的任家口村西北边发掘北魏邵真墓，据出土墓志，知墓葬处为"明堂北乡永贵里"⑥。北魏人把汉元始明堂所在地称明堂乡。明堂与辟雍并列，都在北魏邵真墓以南。

只有今本《三辅黄图》记"汉辟雍在长安西北七里"，"汉明堂在长安西南七里"，"汉太学在长安西北七里"，"汉灵台在长安西北八里"。我们认为这里的"长安"均指唐长安。据前贤考订，《黄图》原书应成于东汉末曹魏初。本有图，久经散佚，原文经后人多次补缀，原有文字已不多。有注，注为原撰人或后人所作，亦无可考。《雍录》早已指出："今图盖唐人增续成之"。近人陈直先生也说，"今本为中唐以后人所作"。由此可证，所谓"汉辟雍在长安西北七里"，"汉太学在长安西北七里"，"汉灵台在长安西北八里"，当指唐长安而言。说"汉辟雍在唐长安西北七里"，与大土门遗址所在地并不矛盾，与韦述、宋敏求等唐宋学者的说法也是符合的。事实上，汉长安城西北，地处渭水滩，也不可能有建筑。如果笔者理解不误，《三辅黄图》的记载也应该是正确的，所谓"汉明堂在长安西南七里"，则可能是"西北七里"之误。

---

① 王森文《汉唐都城图》存世二帧，一存西安市文史研究馆，另一存陕西省博物馆。科学出版社 1959 年出版的《汉长安大明宫》曾影印发表。《考古》1963 年第 11 期，又发表唐城图的摹本。

② 各书对汉明堂、辟雍、太学的排列位次稍有不同。《长安志》、《长安志图》、《唐两京城坊考》三书认为明堂在东，辟雍居中，太学在西；《两京新记》只标辟雍在东，太学在西；《雍录》标明堂在东，辟雍居中，大社在西；《汉唐都城图》标辟雍在东，明堂居中，太学在西。

③ 《唐长安城地基勘探初测》，《考古学报》1958 年第 3 期。《唐代长安城考古纪略》，《考古》1963 年第 11 期。大土门遗址中心台与唐城西北角、隋李静训墓、北魏邵真墓之距离，本文均据唐长安城实测图推定，数据容有误差。

④ 《唐长安城郊隋唐墓》第 25 页，文物出版社，1980 年。

⑤ 参见《两京新记》、《长安志》、《唐两京城坊考》。

⑥ 《西安任家口 M299 号北魏墓清理简报》，《文物参考资料》1955 年第 12 期。

第二节　第一号至第十二号遗址的定名

这十二座遗址位于汉长安城安门和西安门南出 1 公里许的平行线内，其中十一座大小相仿，另一座约大一倍。它们的平面都呈"回"字形，正中是方形主体建筑，四周是方框形围墙。在大小相仿的十一座建筑的四周，还环以大围墙。约大一倍的一座位于大围墙南墙外的正中。为了便于叙述，我们把北边的十一座依次编为第一号至第十一号建筑遗址，把南边的大遗址，编为第十二号建筑遗址。

1960 年，当这组建筑遗址发掘基本结束时，我们曾发表一个简报，推定这组建筑系王莽时所修建，可能是"王莽九庙"[①]。1989 年笔者发表《关于王莽九庙的问题》一文，认定这组建筑是"王莽九庙"，并就有关问题阐述了看法[②]。自信这篇文章的看法是可以成立的。本节即以这篇文章为蓝本，个别处稍有增删。

本节分三部分：第一部分扼要叙述这组建筑遗址的特点，提出带王莽时代标志的主要物证；第二部分据史料论证王莽九庙的存在，王莽九庙的形制、方位与这组建筑相符；第三部分考释王莽九庙的庙数问题。

一

这组建筑群中的每一座建筑，其平面布局、建筑形式完全相同，都是由中心建筑、围墙、四门和围墙四隅的曲尺形配房所组成。规矩方正，整齐划一。中心建筑在围墙内正中。修建前，在地面挖出大方坑，填土夯实，再在这夯土基上建造。中心建筑平面呈方形，每边长 55 米，四面对称。中央是一个平面呈亚形的高大台基，复原后的台基地面，高出四周"厅堂"内地面约 2 米左右。依《吕氏春秋·月令》，我们把中间部分称之为"太室"，四角凸出部分称为"夹室"。"太室"的面积恰占中心建筑的一半，即每边长 27.5 米。"夹室"亦呈方形，每边长 7.3 米。"太室"和"夹室"的原来建筑早已毁没，室内地面也大多不存，残存地面以草泥铺墁，表面粉刷朱红色的颜料。

"太室"的四面各有一个"厅堂"，内部结构完全相同。"厅堂"地面低于中央台基地面 2 米，低于外围台面 0.5 米。厅堂内并列柱础四排，每排四个。依《月令》，我们把东堂叫青阳，南堂叫明堂，西堂叫总章，北堂叫玄堂。四堂内部的右边有一个"厢房"，左边有一堵"隔墙"，是为左右"个"。四堂之间有绕过四夹室的夹道相通。其后壁（即中央台基的周缘）共有暗柱础 100 个；前壁又有明柱础 28 个。

四堂前面的外围台面上各有三个平面呈方形的夯土台（方台），每边长 2.8 米左右，高 0.3 米。外围台面后缘有矮墙，版筑而成，复原后高约 0.4 米，把四堂和小方台隔开。小方

---

① 考古研究所汉城发掘队：《汉长安城南郊礼制建筑遗址群发掘简报》，《考古》1960 年第 7 期，第 36 页。
② 黄展岳：《关于王莽九庙的问题——记汉长安城南郊一组建筑遗址的定名》，《考古》1989 年第 3 期，第 261 页。

台的前面各有一小段砖路，中间的砖路正对四门门道。整个中心建筑还环绕以河卵石铺砌的散水。

围墙平面呈方框形，夯土筑造，每边长 270 米左右，正中各辟一门，门道宽 5.4 米。曲尺形配房，比较简陋，似为廊屋式建筑。

中心建筑和四门门道内都有大量的建筑材瓦出土，大都是西汉晚期流行的器形纹样。此外，还有一些带王莽时代标志的遗迹和遗物，例如：第十二号中心建筑础石上有朱书"始建国"题记；第三号中心建筑方台础石上有新莽改名"节碭"的地名题记；第二号中心建筑地基内的土坯上有压印的"货布"钱文；在围墙四门上分出苍龙、白虎、朱雀、玄武"四神"纹瓦当；等等。可以肯定，这组建筑遗址确系王莽时修建，建成后不久，便全部遭到毁灭性的焚烧，以后再没有利用。

古建学家王世仁先生据发掘简报研究绘制复原图[①]，承惠允转载，（图一六九）供研究参考。

二

关于王莽九庙，历代类书都没有收录，似乎也没有人对它作过专门研究。这可能与历代学者都视王莽为篡僭有关。尽管如此，王莽建九庙确实是当时的一项极为隆重的国家大事。《汉书·王莽传》用了很大篇幅来记述这件事。从九庙的建筑缘起，建筑过程，九庙方位，九庙庙号，九庙形制以及九庙堕毁，等等，都有着翔实的记载。为了对它有个比较系统的了解，移录其建筑始末于下：

> （地皇元年）莽又见四方盗贼多，欲视为自安能建万世之基者，乃下书曰："予受命遭阳九之厄，百六之会，府帑空虚，百姓匮乏，宗庙未修，且祫祭于明堂太庙，夙夜永念，非敢宁息。深惟吉昌莫良于今年，予乃卜波水之北，郎池之南，惟玉食。予又卜金水之南，明堂之西，亦惟玉食。予将亲筑焉。"于是遂营长安城南，提封百顷。九月甲申，莽立载行视，亲举筑三下。司徒王寻、大司空王邑持节，及侍中常侍执法杜林等数十人将作。崔发、张邯说莽曰："德盛者文缛，宜崇其制度，宣视海内，且令万世之后无以复加也。"莽乃博征天下工匠诸图画，以望法度算，及吏民以义入钱谷助作者，骆驿道路。坏彻城西苑中建章、承光、包阳、大台、储元宫及平乐、当路、阳禄馆，凡十余所，取其材瓦，以起九庙。……九庙：一曰黄帝太初祖庙，二曰帝虞（王先谦《补注》引王念孙曰："帝虞当为虞帝"）始祖昭庙，三曰陈胡王统祖穆庙，四曰齐敬王世祖昭庙，五曰济北愍王王祖穆庙，凡五庙不堕云；六曰济南伯王尊祢昭庙，七曰元城孺王尊祢穆庙，八曰阳平顷王戚祢昭庙，九曰新都显王戚祢穆庙。殿皆重屋。太初祖庙东西南北各四十丈，高十七丈，余庙半之。为铜薄栌，饰以金银雕文，穷极百工之巧。带高增下，功费数百巨万，卒徒死者万数。

① 王世仁：《明堂形制初探》，《中国文化研究集刊》第四期，复旦大学出版社，1987 年。

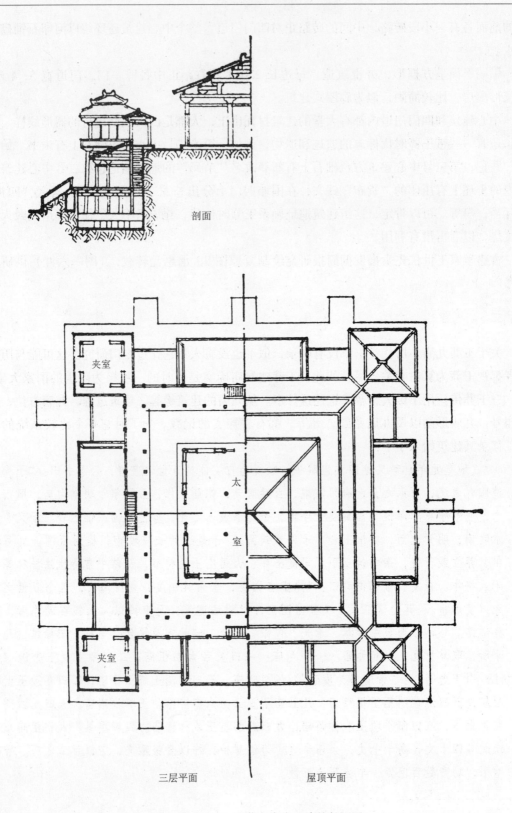

剖面

夹室

太

室

夹室

三层平面　　　　　　　　　　屋顶平面

图一六九－1　王莽九庙中心建筑复原图

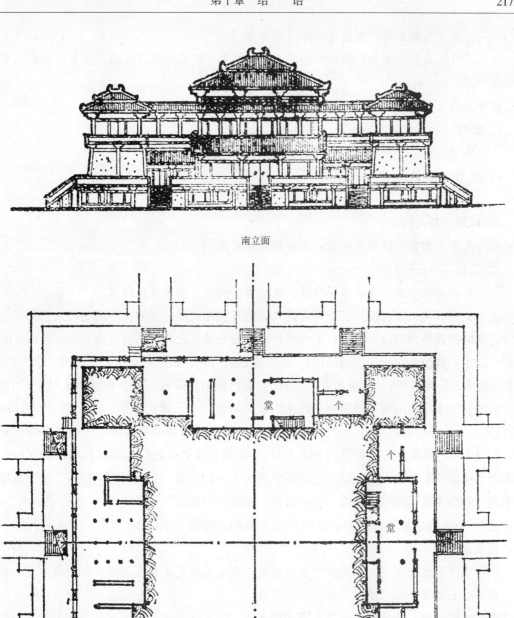

南立面

0 ├─┼─┼─┼─┤ 10 米

图一六九 – 2　王莽九庙中心建筑复原图

"地皇三年正月，九庙盖构成，纳神主。"

"（地皇四年九月）众兵发掘莽妻子父祖冢，烧其棺椁及九庙、明堂、辟雍，火照城中。"

此外，涉及九庙记载的还有：

汉·扬雄《剧秦美新文》：

明堂、雍、台，壮观也；九庙长寿，极孝也。①

《后汉书·隗嚣传》：

莽"造起九庙，穷极土作。"

汉·桓谭《新论》：

王莽起九庙，以铜为柱㯼，大金银错镂其上。②

晋·潘岳《西征赋》：

由伪新之九庙，夸宗虞而祖黄。驱吁嗟而妖临，搜佞哀以拜郎。③

上引史料证明王莽在汉长安城南营建九庙的真实性。现在要解决的问题是九庙所在地同这组建筑的位置是否符合。《汉书·王莽传》记九庙在波水之北、郎池之南和金水之南、明堂之西。波水、郎池，颜注引"刘德曰：'长安南也。'晋灼曰：'《黄图》波、浪，二水名也，在甘泉苑中。'"师古曰："晋说非也。《黄图》有西波池、郎池，皆在石城南上林中。"石城即汉故城，二水在故城南上林苑中，同这组建筑的方位不矛盾。金水，沈钦韩《汉书疏证》（卷三六）认为是昆明故渠。《水经注·渭水》："（渭水）东合昆明故渠，……又东迳长安县南，旧引水为辟雍处，在县鼎路门东南七里。"北魏长安县鼎路门，即汉长安城的安门。安门东南七里的明堂辟雍，就是这组建筑群东边的大土门遗址（详本章第四节）。这个遗址有圜水沟，其引水渠当即昆明故渠。颜师古在"遂营长安城南"句下注云："盖所谓金水之南，明堂之西"，指的也是这片地方。这些都是正确的。惟独《水经注·渭水》置王莽九庙于城东。注文云：

霸水又北会两川，又北，故渠右出焉。霸水又北迳王莽九庙南。……霸水又北迳枳道，在长安县东十三里，王莽九庙在其南。

杨守敬《水经注疏》依此注系王莽九庙于霸水东。笔者认为这是郦道元的一个失误，杨守敬未加审察，同误。第一，霸水北流绝不能迳九庙南；第二，城南是元始以来礼制建筑的汇集区，王莽不会舍此而之城东，而且事实上，在王莽未建九庙以前，就已经把他的祖宗配祀于城南明堂④；第三，较大的可能性是，郦道元把另一座汉代礼制建筑误指为王莽九庙。1956年发现的阎新村（又称阎家寺村）建筑遗址，位于汉长安城东北角正东偏北 5700 米处（据

① 《文选》卷四八。胡玉缙《许庼学林》卷二十《文选剧秦美新赋书后》谓此赋系刘歆子棻所作，中华书局，1958年。

② 参见《太平御览》卷五三一。

③ 《文选》卷十。

④ 《汉书·王莽传中》，中华书局标点本第十二册，第4106页。

实测图量定），东临霸水①。笔者怀疑郦道元误指的"九庙"也许就是这一座建筑。根据这三点理由，可以认定，王莽九庙确实是在发掘遗址的范围内。

据《王莽传》，九庙的范围是"提封百顷"。提封，据《汉书·刑法志》"提封万井"注引李奇曰："提，举也，举四封之内也。"王先谦《补注》引王念孙："《广雅》曰：'提封，都凡也。'都凡者，犹今人言大凡，诸凡也。…… 都凡与提封一声之转，皆是大数之名。"意即举其总数言之。也就是说，九庙总共占有一百顷的地面。王莽搞复古，过去有不少学者认为王莽的度量衡制度是废弃汉制而依《周礼》定制的，但从考古发现的王莽时的度量衡器证明，王莽并没有真正回复周制，而只对汉制作了一些细小的变更。王莽尺一尺折合 0.2304 米②。据此核算：六尺为步，则一步等于 1.3824 米；一平方步等于 1.91102976 平方米；步百为亩，则一亩等于 191.102976 平方米；亩百为顷，则一顷为 19110.2976 平方米；一百顷就是 1911029.76 平方米。这个数字，与第一号至第十一号建筑遗址外围的大围墙面积 1960000 平方米的数字很接近。如果加上第十二号遗址的面积 75076 平方米，则略嫌稍大。

其次，太初祖庙与第十二号建筑遗址作比较。据《王莽传》，"太初祖庙东西南北各四十丈"，一丈折合 2.304 米计算，四十丈合 92.16 米。第十二号中心建筑每边长 100.4 米，扣去周围散水部分，每边实际长 95.4 米。这个数字与"四十丈"基本符合。再把太初祖庙以下的八庙与第一号至第十一号中心建筑作比较。据《王莽传》，"余庙半之"应是八庙的大小各相当于太初祖庙的一半，即各庙边长二十丈，折合 46.08 米。已发现的第一号至第十一号中心建筑，扣去周围散水部分，每边长约 50 米。二者也是基本符合的。

由此推定这组建筑应是"王莽九庙"。

三

《王莽传》明言庙号九，而发现的这组建筑却有十二个，即使扣除事实上已无法寻找的第六号建筑，也还有十一个。数字不符，这是大家所关心的问题。为了寻求比较合理的解释，先考察一下汉儒怎样理解先秦的"七庙"制度，也许是必要的。《礼记·王制》曰：

> 天子七庙，三昭三穆，与太祖之庙而七。

对于这段文字，汉儒们根据当时不同的政治需要，已作了多种解释。他们联系西汉先帝宗庙，哪些应永久保留，哪些应迁毁，曾进行过长期的无休止的争论。韦玄成、郑弘等认为，"周之所以七庙者，以后稷始封，文王、武王受命而王，是以三庙不毁，与亲庙四而七。"③王舜、刘歆认为，"天子三昭三穆，与太祖之庙而七。……七者，其正法数，可常数者也。

---

① 这座建筑遗址系陕西省文管会发掘。刘致平先生等曾到现场考察，发表《西安西北郊古代建筑遗址勘查初记》，《文物参考资料》1957 年第 3 期。以后未见正式报告发表。1959 年笔者曾到现场考察，从遗址形制和出土遗物推定，它可能是秦代创建，西汉初期又加以利用的礼制建筑。

② 吴承洛：《中国度量衡史》第 51 页，商务印书馆，1957 年。又参阅天石：《西汉度量衡略说》，《文物》1975 年第 12 期，第 80 页。

③ 《汉书·韦贤附子玄成传》，中华书局标点本第十册，第 3118 页。

宗不在此数中。宗，变也。苟有功德则宗之，不可预为设数。……至祖宗之序，多少之数，经传无明文，至尊至重，难以疑文虚说定也。"[1] 班彪支持刘歆的说法。他在评议西汉定宗庙、改郊兆的得失时说："考观诸儒之议，刘歆博而笃矣。"[2] 笔者认为，刘歆是王莽的国师，是当时最有权威的学者，在考察王莽宗庙这一问题上自应以刘歆的理论为准。对此，清代的许多经学家已有精确评议，其中以孙希旦的评议最为精当。他在所著《礼记集解·王制》中说：

> 周礼作于周公时，有守祧八人，姜嫄之外，已有七庙。而其后以文武受命亲尽不祧，则不止七庙矣。鲁周公庙为大庙，鲁公庙为世室，至成六年立武官，至定元年立炀宫，而桓僖之庙，至哀公时而不毁，并四亲庙而为十庙。此虽鲁之僭礼，然必周有此礼后鲁僭之；苟天子之庙止于七，鲁人虽僭，必不逾周制而过之矣。盖报本追远之意，极乎始祖而止，而王者更及乎始祖之所自出。亲庙尽于服制之所及，极乎高祖而止，而王者更及乎高祖之父与祖。盖德厚流光，自当如此。

周七庙实际上可以不止七庙，鲁五庙实际上可以多至十庙，如果此论不误，王莽九庙实际上也可以多于九个了。

可是，王莽宗庙不称七而称九，这是为什么？笔者认为可能有两种原因。第一，王莽世系出自姚、妫、陈、田、王五姓，不同于周天子姬姓单传，周的太祖是后稷，加上文武受命而王，所以立三庙不毁之礼；王莽有五个始祖，当然也不能毁庙，故自应定五庙不堕之制。这样一来，不毁之庙就多了两个。第二，王莽自称系出黄帝，夏殷周汉古宗四代只够配祀于他的始祖虞帝之旁[3]。先秦"天子七庙，诸侯五，大夫三，士二"，根据刘歆的解释，这是因为"德厚者流光，德薄者流卑"，所以"自上以下，降杀以两"。依"降杀以两"之义，王莽的祖宗庙自然要称九庙了。

上面论证九庙可以多于九个，但九庙庙号只能分属于九个建筑遗址，现在发现的这组建筑有十二个，比九个多出三个。这多出的三个建筑遗址属于谁？九庙庙号的排列次序又当如何区别？这是本文要解答的最后一个问题。我们认为，寻找"多出三个"宗庙的关键应到王莽世系中解决。据《汉书·元后传》：

> 莽自谓黄帝之后，其《自本》曰："黄帝姓姚氏，八世生虞舜。舜起妫汭，以妫为姓。至周武王封舜后妫满于陈，是为胡公，十三世生完。完字敬仲，犇齐，齐桓公以为卿，姓田氏。十一世，田和有齐国，二世称王，至王建为秦所灭。项羽起，封建孙安为济北王。至汉兴，安失国，齐人谓之王家，因以为氏。文、景间，安孙遂字伯纪，处东平陵，生贺，字翁孺。……翁孺生禁，……（禁）有四女八男：长女君侠，次即元后政君，……长男凤孝卿，次曼元卿（莽之父也）。"

---

① 《汉书·韦贤附子玄成传》，中华书局标点本第十册，第3127页。
② 《汉书·韦贤附子玄成传》，中华书局标点本第十二册，第3131页。
③ 《汉书·王莽传中》，中华书局标点本第十二册，第4105页。

又《王莽传》始建国元年《策》文中也提到：

惟王氏，虞帝之后也，出自帝喾。

根据王莽《自本》和始建国元年《策》文，再参照上引的九庙庙号，我们可以替王莽列出一张比较详细的世系表[①]。

王莽世系表

祖先	黄帝	帝喾	虞帝	胡公满	田完(敬仲)	田和	田建	田安	王遂(伯纪)	王贺(翁孺)	王禁(稚君)	王曼(元卿)
世次			黄帝八世孙	胡公十三世孙	田完十一世孙	田和八世孙		建孙	安孙	遂子	贺子	禁子莽父
氏姓	姚		妫	陈	田	田	田	田	王	王	王	王
追王之号			胡王	敬王				愍王	伯王	孺王	顷王	显王
庙号	太初祖		始祖	统祖	世祖			王祖	尊称	尊称	戚称	戚称
九庙次序	祖庙一		祖庙二	祖庙三	祖庙四			祖庙五	亲庙一	亲庙二	亲庙三	亲庙四

在这张世系表里，我们可以知道王莽还有一个古帝祖先帝喾，两个古王祖先田和、田建。帝喾乃五帝之一，田和有齐国，二人都是了不起的人物。田建虽说是个亡国之君，但他是亡于暴秦的，所以仍不失是个好的国君。这三个祖先都有资格立庙。因限于庙数必须指其常数，故被排除于庙号之列。基于上述的认识，我们设想这组建筑中多出的三个建筑应是王莽为他的三个远祖立庙，其排列位置自应在这组建筑的中心。（图一七○）

为了更有把握地搞清这组建筑遗址的定名问题，1963年深秋的一个夜晚，笔者随同夏鼐先生拜访了顾颉刚先生，当面送呈发掘报告初稿求教，并谈了我们对王莽宗庙设想复原图的构思。顾先生详细批阅报告初稿，同意把这组建筑遗址定名为"王莽九庙"。对多出的三个建筑，他提出另外一个设想复原图，并亲自墨绘草图。他说我们设想的"三个远祖庙"可以作为第一个方案，他提出的"三个新庙"可作为第二方案，并对我口述他的构思："有庙号的九个是先于新室而存在的王莽祖先，多出的三个似为新庙。这三个新庙，一个是王莽自留的庙，其他两个系效法周之文世室、武世室或汉之以文帝为太宗、宣帝为中宗的办法，预留与子孙有功德而为祖、宗者。"现在发表这篇文章，顾先生已辞世多年，为保存顾老的这份珍贵墨迹，特影印发表，（图一七一）并志悼念之情。

多出三个宗庙的问题解决以后，位次排列问题就不难解决了。对此问题，顾先生同意我们的看法，理由如次：

古宗庙之制，太祖之庙居中，二世、四世、六世居于左，谓之昭；三世、五世、七世居

---

① 此表是根据顾颉刚先生《五德终始说下的政治与历史》（《古史辨》第五册，1935年）文中所作"王莽世系图"改作的。

于右，谓之穆。《礼记·王制》："天子七庙，三昭三穆。"清孙希旦《礼记集解》注引朱子曰："盖群庙之列，则左为昭，右为穆。祫祭之位，则北为昭，而南为穆也。……宗庙但以左右为昭穆，而不以昭穆为尊卑。"据此，这组建筑中的南边五个建筑遗址可定为五祖庙。第十二号建筑遗址在南，居中，大于余庙一倍，当系祖庙一，即黄帝太初祖庙。第八号、第九号建筑遗址居左为昭，由内及外，第九号建筑遗址当系祖庙二，即虞帝始祖昭庙；第八号建筑遗址当系祖庙四，即齐敬王世祖昭庙。第十号、第十一号建筑遗址居右为穆，由内及外，第十号建筑遗址当系祖庙三，即陈胡王统祖穆庙；第十一号建筑遗址当系祖庙五，即济北愍王王祖穆庙。北边的四个建筑遗址东西并排，可定为四亲庙。

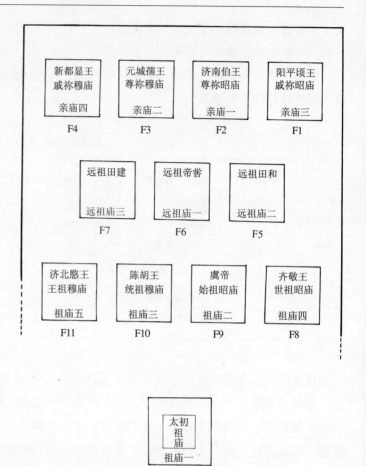

图一七〇　笔者绘制"王莽九庙"庙号位序（1～12为遗址编号）

依昭穆世次，第二号建筑遗址当系亲庙一，即济南伯王尊祢昭庙；第三号建筑遗址当系亲庙二，即元城孺王尊祢穆庙；第一号建筑遗址当系亲庙三，即阳平顷王戚祢昭庙；第四号建筑遗址当系亲庙四，即新都显王戚祢穆庙。中间的第五号、第六号、第七号三个建筑遗址，自成一排，当系未列庙号者。根据笔者设想的复原图，第六号建筑遗址居中，可定为帝喾祖庙；第五号建筑遗址居左，可定为田和昭庙；第七号建筑遗址居右，可定为田建穆庙。根据顾颉刚先生设想的复原图，可定此三建筑为三新庙，王莽自留庙居中，即第六号建筑遗址；第五号建筑遗址居左为昭，第七号建筑遗址居右为穆，皆预留与子孙有功德而为祖、宗者。

第三节　第十三号和第十四号遗址的定名

第十三号遗址位于第一号至第十一号遗址的大围墙外面西南边，东距第十二号遗址约600米。遗址的主体是一座横长方形的夯土台基。现存东西残长约240米，南北宽约60～70米，高出周边地面5～10米。台基中部正北直对汉长安城内未央宫前殿遗址。当地老乡叫它

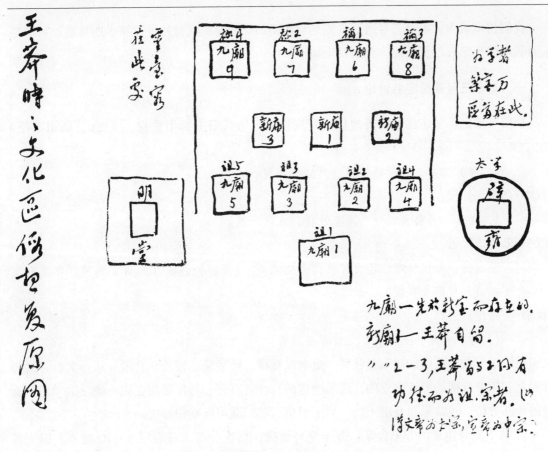

图一七一　顾颉刚先生手绘"王莽九庙"庙号位序

"影山楼"。

由于自然的和人为的破坏，遗址保存很不好。现存夯土台基，部分廊道和础石，多个陶圈井，多条排水陶管道，以及台基边上的三座房屋。出土物主要是 A 型板瓦、A 型筒瓦，葵纹、云山纹、轮辐纹、勾云纹及云纹瓦当等。从建筑遗迹、打破关系和出土物的特征分析，这座建筑遗址的夯土台基，其始建年代应在秦代，现存的早期遗迹应是西汉早期建筑遗迹。打破早期遗迹的房屋、壁炉和土坑，应是对早期建筑的维修、改建或重建。在这些晚期遗迹中，出土大量的 B 型板瓦、B 型筒瓦、各种云纹瓦当、五铢钱范和铜铁工具，年代大约已到了西汉晚期。遗址废弃后未再利用。

第十四号遗址是平面呈"回"字形的内外两层围墙。外围墙的东北部，绕过第十三号遗址的台基；内围墙与第十二号遗址的围墙东西并列，处在同一平行线上。外围墙南北长 600 米，东西长 570 米，四面围墙正中各辟一门。内围墙在外围墙内正中稍偏南，平面方形，每边长 273 米，四面围墙正中也各辟一门。从已发掘的外围墙北门门址和内围墙南门门址看，其建筑形制与王莽九庙门址相同，出土物主要是 B 型板瓦、B 型筒瓦、玄武纹瓦当（出外围墙北门门址）、朱雀瓦当（出内围墙南门门址），以及利用第十三号遗址旧物加工的础石。内围墙正中估计应有主体建筑，但未发现。

我们初步认为，第十三号遗址可能是利用秦旧址修建的汉初社稷，第十四号遗址可能是王莽新增的未完成的新社稷。分别讨论如下。

一　第十三号遗址定名讨论

社稷与郊祀、宗庙具有同等地位，商周以来，历代帝王都很重视。《史记·高祖本纪》云：

> （二年）二月，令除秦社稷，更立汉社稷。

《汉书·高帝纪》云：

> （二年）二月癸未，令民除秦社稷，立汉社稷。

《汉书·郊祀志》云：

> 圣汉兴，礼仪稍定，已有官社，未立官稷。（王莽）遂于官社后立官稷，以夏禹配食官社，后稷配食官稷。

《汉书·平帝纪》云：

> （元始三年夏，王莽奏）立官稷及学官。

上引史、汉记载，证明汉初除秦社稷，更立汉社稷，随后又立官社、官稷。从行文看，汉初社稷是利用秦社稷的旧址建立的，随后增建的官社、官稷，与社稷应在同一处。第十三号遗址的所在方位、建筑形制及出土物，同上引史、汉记载可以互相对应。

1. 第十三号遗址的夯土台基，夯土坚硬似砖，层次分明，每层厚 8～10 厘米。据笔者实地考察，第十三号遗址台基的夯筑法与咸阳秦宫殿夯土台基、渭南阿房宫夯土台基以及修建于汉惠帝年间的汉长安城城墙完全相同，台基周边的房舍、排水管道，以及利用河卵石制作的础石，均具有明显的时代特点。尤其是 A 型板瓦、A 型筒瓦，绳纹方砖以及葵纹瓦当、轮辐纹瓦当、勾云纹瓦当和砖瓦上的刻文、戳印文字，都是典型的秦文化遗物，汉初仍沿用不变。第十三号遗址中出土的 B 型板瓦、B 型筒瓦和以云纹为主要特征的瓦当，应是属于维修、改建时期的西汉遗物。

2. 第十三号遗址台基中心北对汉未央宫前殿，而未央宫前殿是利用秦章台旧址修建的，往北过渭河直对秦咸阳宫，由北向南连成一线，第十三号遗址的特殊地位于此可以想见。宋人程大昌的《雍录》，把汉初社稷（大社）遗址置于唐长安城内普宁坊中，与汉明堂、辟雍并列，虽然方位与第十三号遗址稍有差距，但他认为汉初社稷在长安城南郊与元始明堂辟雍相去不远，则是完全正确的。《汉书·郊祀志下》记王莽"于官社后立官稷"是在元始五年王莽"复长安南北郊"之后进行的，由此也可以推定汉社稷应在长安南郊。

3. 《周礼·考工记·匠人》"左祖右社"，贾疏引刘向《别录》云："左明堂辟雍，右宗庙社稷。"王莽依托"周礼"行事，元始四年修建明堂辟雍时，必定要考虑它们与原有宗庙社稷的排列位置，第十三号遗址位于明堂辟雍之西，正合《周礼》本义。这也是我们论证第十三号遗址很可能是汉初社稷的一个重要旁证。

二　第十四号遗址定名讨论

我们认为第十四号遗址应是王莽修建的新社稷，主要理由有三点：

1. 王莽立新社稷，见《汉书·王莽传下》。王莽在地皇三年九庙盖构成时的一道诏书中说：

> 又兴奉宗庙社稷之大作，民众动摇。今复一切行此令，尽二年止之，以全元元，救愚奸。

这道诏书，透露出当时王莽政权已处于内外交困的绝境中，但修宗庙立社稷还是要进行下去的。王莽立新社稷的时间，传文未明言，但可以从传文中推定。据本传，王莽曾于始建国四年、天凤四年两次授诸侯茅土于明堂，依"周礼"，授诸侯茅土应在太社（社稷），而王莽独于明堂，说明汉社稷在始建国、天凤年间已废弃，而新社稷尚未建立。由此推定王莽建社稷的时间必在地皇年间，约与修九庙同时。

2. 第十四号遗址由内外两个平面方形的围墙构成，每面围墙的正中各辟一门，其建筑形式和用料，均与九庙（第一号至第十二号遗址）完全相同。所不同的是，础石系利用第十三号遗址的旧物，采用九庙础石雕琢法加工，表明建筑年代应与九庙大约同时。

3. 第十四号遗址位于九庙西南边，符合《周礼》"左祖右社"的建制。

按照汉代礼制建筑的特点，第十四号遗址的内围墙正中应有主体建筑，但探寻无着。这种现象，可能与政局遽变有关。新社稷修建于地皇年间，距离王莽政权的灭亡为时甚短，主体建筑未及动工而新莽已灭。

此外，还可以有另一种推测。《续汉书·祭祀志》云："建武二年立太社稷于雒阳，在宗庙之右，方坛，无屋，有墙门而已。"注引《白虎通》曰："《春秋文义》，天子社广五丈。"王莽社稷的主体建筑如果也是一个"方五丈"的夯土坛，按今制折合，五丈约今 11.5 米，范围不大，时隔 2000 年，方坛有可能已全部毁没，所以探寻无着。

第四节　大土门遗址的定名

大土门遗址在西安旧城西郊的大土门村北边，东距西安玉祥门约 1.5 公里，北距汉长安城南垣 1 公里许。1956～1957 年发掘。1959 年发表发掘报告[①]。报告说，遗址分三部分：中心建筑，围墙、四门及配房建筑，圜水沟。中心建筑位于围墙内中央的方形土台上。土台每边长 205～206 米，高 1.6 米。土台上部是平面圆形的夯土台基。台基上部直径 62 米，底径 60 米。台基上建中心建筑。中心建筑平面呈亞字形，方向正南北。每边长 42 米。正中是方形夯土台，原台面已削毁。夯土台四角各有方形小夯土台 2 个，大小相同，原台面亦已削毁。在夯土台的四边各有一座类似厅堂的建筑。厅堂地面低于现存夯土台面 0.3 米多。北面

---

① 参见本书附录。

厅堂外出抱厦 4 间，其他三堂每面外出抱厦 8 间。厅堂及抱厦内密布柱础石（出土时大多剩下础坑），木柱及屋顶均已毁没，仅剩残垣断壁。中心建筑的四周是夯土围墙，平面方形，每边长 235 米，距离中心建筑各 96 米。每边围墙的正中有一门。围墙四隅有平面呈曲尺形的配房。配房为敞厅式，两边各 10 间。围墙外有圜水沟，直径东西 368、南北 349 米。在水沟面对四门处又挖出平面呈长方形的小水沟，北边的小水沟与一条从西向东流的古河渠相通。

遗址发掘报告发表后，王世仁先生曾写专文研究，并作遗址复原推测图，近年重新考虑，重作复原图①，承惠允转载，（图一七二）供研究参考。

本遗址的中心建筑、围墙、四门和曲尺形配房，建筑形式和使用的材瓦，与第一节考定的王莽九庙基本相同，壁面和室内地面用草泥铺墁，中心台四边的壁柱础和厅堂内的明柱础，土坯、板瓦、筒瓦的形式和大小，以及厅堂的地基结构，几乎完全相同。由此我们认定本遗址的修建年代应在西汉末年。但本遗址的中心建筑比王莽九庙复杂，主要使用素面圆瓦当，围墙外有圜水沟，则为王莽九庙所无。说明它是一座性质与王莽九庙近似但又不同的另一种礼制建筑。

本遗址距离汉长安城南城墙约 1 公里许，位于安门南出大道东侧。据《水经注·渭水》和《两京新记》、《长安志》、《雍录》、《长安志图》、《唐两京城坊考》和《汉唐都城图》的记载，西汉元始年间修建的明堂、辟雍、太学正分布在这一带（详见本章第一节）。因本遗址是带有圜水沟的建筑，故认定它应是辟雍遗址。

可是问题似乎并没有解决。由于与辟雍性质相近，地点可能相距不远的明堂、太学尚未发现，于是千古聚讼纷纭的明堂辟雍问题又被翻动出来，有人认为明堂辟雍、太学、灵台都包含在这座建筑中，这座建筑应名"明堂"。所以，有必要就古代明堂辟雍及其形制问题先作一点探讨。

古今论明堂辟雍的学者，大都迷信三礼，认为明堂辟雍古已有之，平面是亚形的多室建筑；但对有多少"室"，看法不一，是各自独立的建筑，还是同在一座建筑中，意见歧异尤多。汪宁生先生近作《释明堂》，一反前人陈说。他根据先秦考古发现和民族学材料，论定明堂原是古人公众集会之处和各种集体活动的中心。这种公众会所建筑，远古时代即已存在。它建在氏族聚落的中央，比一般房屋宽大，四面无壁，显得特别明亮，故称明堂。古文献中所谓亚形明堂是战国末以后阴阳家的想象或设计。西汉末年以前，这样的亚形明堂是否实际存在，是值得怀疑的。根据目前材料，这种亚形明堂的历史，只能上溯到王莽时期②。受汪氏见解的启发，笔者觉察到在西汉末年以前，不但不存在亚形明堂，而且也不存在包括辟雍在内的其他亚形礼仪性建筑。考古工作中已发现不少史前至商周时期的大型建筑遗址，其中有些可明确定为宫殿、会所一类的礼仪性建筑，然未见有如儒家经典中所说的亚形五室、

---

①　王世仁：《明堂形制初探》，《中国文化研究集刊》第四期，复旦大学出版社，1987 年。

②　汪宁生：《释明堂》，《文物》1989 年第 9 期。引文稍有删节。

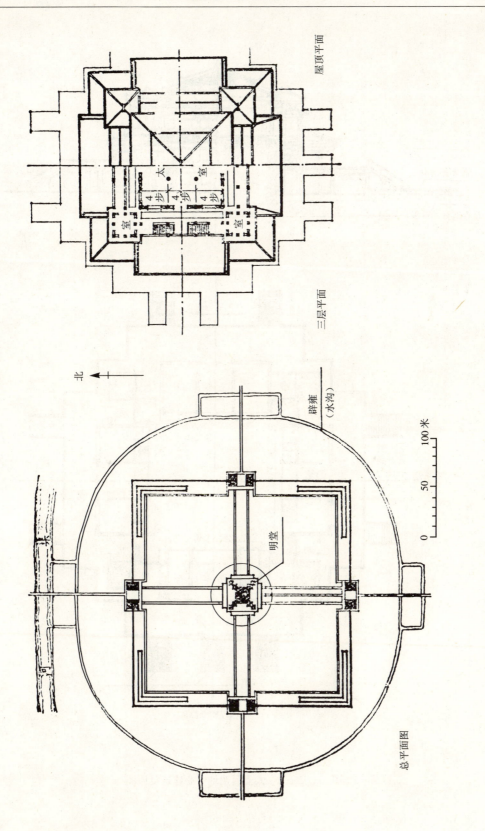

屋顶平面

三层平面

北

大 室

4步 4步 4步

室 室

辟雍（水沟）

明堂

总平面图

0 50 100米

图一七二-1 大土门遗址中心建筑复原图

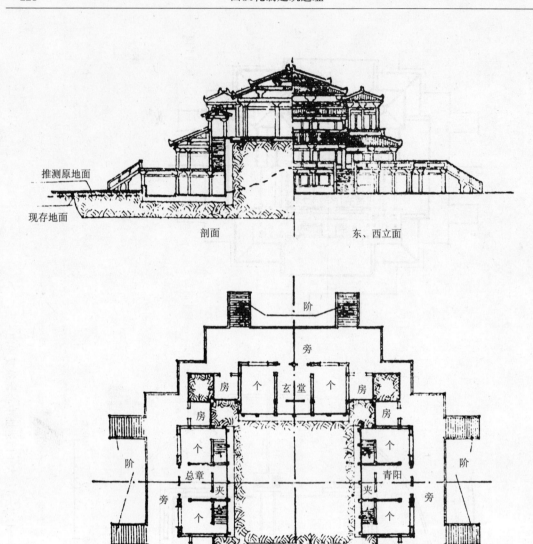

推测原地面

现存地面

剖面   东、西立面

阶

旁

房   个   玄堂   个   房

房   房

个   个

总章   青阳

阶   夹   夹   阶

旁   旁

个   个

房   房

房   个   明堂   个   房

旁

阶

二层平面

西汉明堂辟雍

图一七二-2　大土门遗址中心建筑复原图

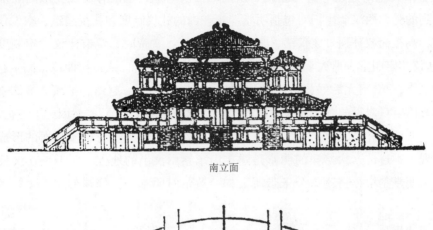

南立面

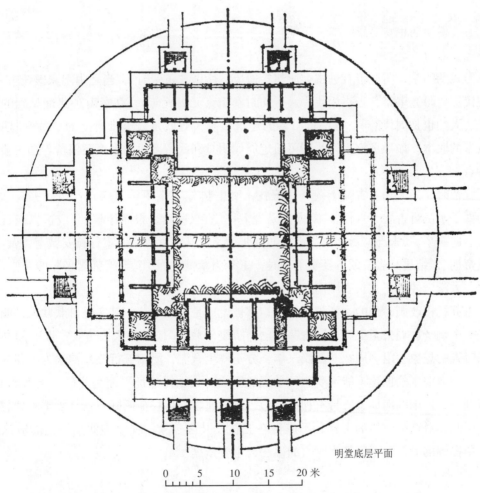

7步　　7步　　7步　　7步

明堂底层平面

0　　5　　10　　15　　20 米

（根据《考古学报》1959 年 2 期发掘报告推测）

图一七二-3　大土门遗址中心建筑复原图

亚形七室或亚形九室的建筑。秦代和元始以前的西汉时期，也没有发现类似的亚形建筑遗址。所能看到的是，西汉儒生们对包括明堂辟雍在内的礼仪制度和礼仪建筑，空发议论的倒不少。例如，高祖命叔孙通"定仪法，未尽备而通终"。文帝时，贾谊建议"定制度，兴礼乐"；贾山建议"定明堂，造太学"，都遭到反对，"其议遂寝"。武帝初即位，儒生赵绾、王臧又建议造明堂，"会窦太后好黄老言，不说儒术，其事又废"，赵绾、王臧竟被诛杀。元光元年，董仲舒以贤良对策，奏"立大学以教于国，设庠序以化于邑"，然因"上方征讨四夷，锐志武功，不暇留意礼文之事"，其议又寝①。直到元封二年，随着尊儒局面的形成，明堂才第一次出现。不过，这次修建的明堂是建在山东泰山汶上的地方，而不是在汉长安城南郊。这座泰山明堂是根据济南人公玉带所上的"黄帝时明堂图"修建的。《汉书·郊祀志》云：

> 明堂图中有一殿，四面无壁，以茅盖，通水，水圜官垣，为复道，上有楼，从西南入，名日昆仑。②

这种形式的明堂，明显带有远古会所建筑遗风，所谓"黄帝时"，当是阴阳家虚托古人之言，用现代历史眼光审察，当指周代。武帝初封泰山（元封元年），在泰山东北址见到的古明堂遗址，大约也是周代的③。这座古明堂的建筑形制大约就是公玉带所上的"黄帝时明堂图"所根据的底本。如果理解不误，即可断定周代明堂和武帝泰山明堂都还保留着远古会所的建筑特点。

宣帝时，谏大夫王吉又上疏"述旧礼，明王制"，"上不纳其言，吉以病去"。成帝时，犍为郡于水滨得古磬十六枚，"刘向因是说上：'宜兴辟雍，设庠序'"，"成帝以向言下公卿议，会向病卒。"未已，丞相匡衡、大司空张谭又"奏请立辟雍。案行长安城南，营表未作，遭成帝崩"，结果又告失败。及至平帝时，王莽为宰衡，"堕废千载莫能兴"的明堂、辟雍、灵台、太学，才真正在长安城南郊修建起来。

王莽托古改制，他的一切规章制度，都被说成是师法周公，其实是自欺欺人，明堂辟雍就是一个例子。周公至王莽，明堂辟雍已"堕废千载"，他靠什么去仿效？惟一的办法就是以当时人的想象去附会周礼。西汉末年，方士儒生合流，阴阳五行谶纬神学为王莽篡位帮了大忙，明堂辟雍的创建不能不受这种学说的影响。大土门遗址平面呈亚形，堂室四面对称，整齐划一，外围四面周水，带有神秘色彩，出土遗物时代特征明确，正是阴阳家理想化的产物。因此，对这座建筑的考察，不应再在三礼及其注疏家的文字中兜圈子，而应该以《汉书》中提到的刘歆、王莽等当时人的说法为主要依据。

---

　　① 西汉儒生奏立明堂辟雍太学的言论散见于《史记》中的《封禅书》、《礼书》，《汉书》中的《武帝纪》、《郊祀志》、《贾山传》、《董仲舒传》、《儿宽传》、《王莽传》等，恕不一一注明。

　　② 《史记·封禅书》夺一"水"字，余全同。

　　③ 参见《史记·封禅书》、《汉书·郊祀志》。原文是："初，天子封泰山，泰山东北址古时有明堂处，处险不敞。"《汉书·武帝纪》作元封元年，"登封泰山，降坐明堂"。颜注引臣瓒曰："郊祀志：'初，天子封泰山，泰山东北址古时有明堂处'，则此所坐者也。明年秋乃作明堂耳。"是知元封元年武帝东封泰山所坐之明堂实为古明堂遗址。此古明堂之形制，大约就是公玉带所献明堂图的蓝本。

《汉书》中刘歆、王莽等人对明堂辟雍的说法大约有以下 10 条。

1.《平帝纪》：元始四年，"安汉公（王莽）奏立明堂、辟雍，尊孝宣庙为中宗，孝元庙为高宗，天子世世献祭。"

2.《平帝纪》："羲和刘歆等四人使治明堂、辟雍，令汉与文王灵台、周公作洛同符。"

3.《恩泽侯表》：元始五年，"刘歆、孔永、孙迁、平晏四人，使治明堂、辟雍，得万国驩心，功侯各千户。"

4.《楚元王附刘歆传》：刘歆"治明堂辟雍，封红休侯。"

5.《王莽传上》：元始四年，"莽奏起明堂、辟雍、灵台，为学者筑舍万区，作市、常满仓，制度甚盛。……群臣奏言：'昔周公奉继体之嗣，据上公之尊，然犹七年制度乃定。夫明堂、辟雍，堕废千载莫能兴，今安汉公起于第家，辅翼陛下，四年于兹，功德烂然。……宰衡位宜在诸侯王上。'"

6.《王莽传上》：居摄元年四月，张竦为刘嘉撰文颂莽功德："建辟雍，立明堂，班天法，流圣化，朝群后，昭文德，宗室诸侯，咸益土地。"

7.《王莽传上》：居摄元年十二月，莽白太后下诏曰："大保（王）舜、大司空（甄）丰、轻骑将军（甄）邯、步兵将军（孙）建，……典灵台、明堂、辟雍、四郊，定制度，开子午道，与宰衡同心说德。"

8.《翟方进附子义传》，居摄二年九月翟义反，王莽依《周书》作《大诰》自颂功德："建灵台，立明堂，设辟雍，张太学，尊中宗、高宗之号。"

9.《王莽传下》：地皇四年九月，"众兵发掘莽妻子父祖冢，烧其棺椁及九庙、明堂、辟雍，火照城中。"

10.另据《文选》卷四八扬雄《剧秦美新文》："明堂、雍、台，壮观也。"

再看传世的新莽时铜镜铭文。

1.《汉三国六朝纪年镜图说》卷一、图版二，规矩兽带纹镜铭曰："始建国二年新家尊，更作辟雍治校官。"

2.《汉式镜》卷一、图七五，铭文镜："新兴辟雍建明堂，然于举土列侯王，将军令尹民所行，诸生万舍在北方。乐中央。"[①]

从上引《汉书》和新莽镜铭语词文法分析，平帝元始四年在汉长安城南郊营建的明堂、辟雍、太学、灵台，应该是四者分立，各有单独的建筑，而不是合四者于同一座建筑中。

下面再举东汉及后人对辟雍的理解作为旁证。

东汉明堂、辟雍、太学、灵台已相继发掘[②]。它们分布在东汉洛阳城南郊，开阳门和平城门南出沿线一带。建筑形式各不相同。辟雍、太学位于开阳门外南出沿线东侧，南北并列，辟雍在南，太学在北。魏晋因袭不变。晋武帝三临辟雍碑出土于辟雍遗址夯土殿基南

---

① 此镜铭文又见《小校经阁金文》卷十六，第 66 页拓本。
② 《汉魏洛阳城的调查与发掘》，《新中国的考古发现和研究》，第 520 页，文物出版社，1984 年。

边，汉魏石经残石均出土于太学遗址处，故得以确认。明堂在二门南出沿线中间，与辟雍遗址东西相望。灵台在平城门南出沿线西侧。东汉明堂、辟雍、太学、灵台分立的布局，应是沿袭西汉的建制。

其次，《三辅黄图》、《水经注》、《两京新记》、《长安志》、《雍录》、《长安志图》、《唐两京城坊考》和《汉唐都城图》等魏晋以来的图籍，对汉元始年间修建的明堂、辟雍、太学、灵台，都是分别记述或分别用线图标出位置的。

还有，在古籍中，凡提及辟雍者皆云"四面周水，圜如璧"。直到清代仍有辟雍泮水。清代辟雍是国子监（太学）的主要建筑，四面开门，外面水池环绕。水池四面架起石桥，通向辟雍四门，构成所谓"辟雍泮水"，隐约还带有元始辟雍的遗风。

出土器物总表

遗址号	出土方位	砖	瓦片	瓦当	陶器和陶片	铁器	铜器、铜钱及其他	备注
第一号遗址（F1）	中心建筑西堂（F103）		B型板瓦、筒瓦数百片	云纹F1、白虎纹1、玄武纹1		曲钉1	石磴2	
第二号遗址（F2）	中心建筑西堂（F203）		B型板瓦、筒瓦数百片	白虎纹1、月牙形1		冒钉11、曲钉6、凿1、镰1	板状器1、凸形器2、竹叶形器1、货泉1	
	西门		B型瓦片数十片	云纹F2、上林B1、CI1，白虎纹1				
第三号遗址（F3）	中心建筑东堂（F301）		B型板瓦、筒瓦数百片	苍龙纹4、朱雀纹1、月牙形4		冒钉2、曲钉5、铁条1	垫片2、五铢I1	
	中心建筑南堂（F302）		B型板瓦、筒瓦数百片	云纹F1、苍龙纹1、白虎纹1、朱雀纹2、玄武纹1、月牙形11		冒钉13、曲钉11	垫片1	
	中心建筑西堂（F303）		B型板瓦、筒瓦数百片	月牙形1		冒钉9、曲钉4、尺形板2、筒1	凸形器2、合页形器1、板状器2、竹叶形器2	
	中心建筑北堂（F304）	几何纹方砖1	B型板瓦、筒瓦数百片	云纹F1、朱雀纹2、月牙形1		冒钉11、曲钉7、尺形板1	凸形器3、垫片4、四铢半两钱1、五铢I1、货泉1	
	东门	B型板瓦、筒瓦数百片		云纹DⅢ1、EⅢ5、F65、G2、苍龙纹130、朱雀纹3、玄武纹1				
	南门		B型板瓦、筒瓦数百片	云纹EⅢ2、F26，上林CI2、CⅡ3，朱雀纹38		残铁片数片	五铢Ⅱ1、货泉5	

续表

遗址号	出土方位	砖	瓦片	瓦当	陶器和陶片	铁器	铜器、铜钱及其他	备　注
第三号遗址(F3)	西门		B型板瓦、筒瓦数百片	云纹F55、延年益寿AⅠ4、长生未央1、上林CⅠ6、CⅡ9、白虎纹83、朱雀纹1、玄武纹6				
第四号遗址(F4)	中心建筑东堂(F401)		B型板瓦、筒瓦100多片	云纹F4		冒钉5、大铁条1	凸形器1、垫片9、五铢Ⅱ1、货泉3	
	东门		B型板瓦、筒瓦数百片	云纹F98、G1，上林CⅠ1、苍龙纹51、白虎纹5、朱雀纹3、玄武纹1、月牙形11				
	围墙东南角附近采集		B型板瓦、筒瓦各10多片	云纹DⅡ1、上林半当A1				
第五号遗址(F5)	采集			云纹EⅡ1				
第七号遗址(F7)	中心建筑北堂(F704)	几何纹方砖5	B型板瓦、筒瓦数十片	月牙形2			货泉1、大泉五十1	局部发掘
	东门附近采集			云纹F14、千秋万岁A1、汉并天下1、上林CⅡ3				
第十一号遗址(F11)	南门采集			云纹F5、千秋万岁A1、朱雀纹4				
	西门采集			云纹F4、白虎纹3				
第十二号遗址(F12)	中心建筑中心台		B型板瓦、筒瓦数十片	月牙形10				局部发掘
	中心建筑南堂(F1202)	几何纹方砖1、素面方砖1	B型板瓦片2706、B型筒瓦片1010	云纹EⅢ2、延年益寿AⅡ1、BⅡ1，与天无极B2、朱雀纹2、月牙形1	盆罐类陶片10多片	冒钉2、曲钉2、锸1、铁条2	残铜片3、五铢Ⅱ2、货泉2、大泉五十1	局部发掘

续表

遗址号	出土方位	砖	瓦片	瓦当	陶器和陶片	铁器	铜器、铜钱及其他	备注
第十二号遗址（F12）	中心建筑东堂（F1201）、北堂（F1204）	几何纹方砖 2	B 型板瓦片、筒瓦片 3000 多片	云纹 EⅢ 1、长生无极 1、苍龙纹 2、白虎纹 1、玄武纹 5、月牙形 1	盆罐类陶片 10 多片，复原罐 1	冒钉 1、铁条 1	货泉 2、石磴 1	局部发掘
	南门及围墙东南角一带采集			云纹 EⅢ 3、G1、长生未央 1、上林 CⅡ 2、朱雀纹 7				
大围墙	10 号门址（西墙北头）		B 型板瓦片 110、B 型筒瓦片 75	云纹 AⅠ 2	盆罐陶片 17、灯 1	削 2、残铁块 4	五铢Ⅰ 1、货泉 4	
	11 号门址（北墙西头）		B 型板瓦片 622、B 型筒瓦片 204	云纹 DⅠ 1、F2，玄武纹 3	盆罐残片 52		货泉 1、货布 1	
第十三号遗址（F13）	东段（T1311～T1316、T1321～T1326、T1331～T1333）地层	素面方砖 106、几何纹方砖 484、小方块纹方砖 142、绳纹方砖 100、空心砖 35	板瓦 A 型 3971 片、B 型 586 片，筒瓦 A 型 595 片、B 型 85 片	延年半当 A1、C2，延年益寿 AⅠ 2、B2、C1，与天无极 A1、B1，葵纹 A2，轮辐纹 A8、B1，勾云纹 BⅠ 1、BⅡ 1、CⅠ 1、CⅡ 3、CⅢ 1，云纹 AⅠ 19、AⅡ 3、BⅠ 1、BⅡ 1、CⅡ 5、DⅠ 5、DⅡ 3、EⅣ 1、EⅥ 3、G2，异型 2	盆罐瓮类陶片 710	锸 1		
	中段（T1306～T1310、T1317～T1330、T1330、T1339、T1340）地层	素面方砖 248、几何纹方砖 527、小方块纹方砖 118、绳纹方砖 45、空心砖 11	板瓦 A 型 105 片、B 型 8244 片，筒瓦 A 型 67 片、B 型 2106 片	延年半当 A6、B7、C11、D2，延年益寿 AⅠ 29、AⅡ 2、AⅣ 1、B6、C2，与天无极 C1，上林半当 B1、C1，上林 B4，素面半当 3，勾云纹 BⅠ 1、CⅡ 2，云纹 AⅠ 6、CⅡ 4、DⅡ 1、EⅠ 1、EⅡ 1、EⅢ 11、EⅣ 4、G11	盆罐瓮类陶片 922、蒜头壶口沿 2、小陶丸 4、拍 1、权 C1	锄 3、锸 5、斧 1、锛 1、铲 1、削 4、锥 1、鼎 1、灯 1、釜 1、钉 2、环 1、冒钉 2、曲钉 2、凿 1、方形铁条 1、器形不明残块 20 多	筒 1、方形条 1、饼 1、鎏金铜片 1、器形不明残片 14、四铢半两 4、五铢Ⅰ 18、Ⅱ 10、大泉五十 2、泥钱范 1、铅饼 1	

续表

遗址号	出土方位	砖	瓦片	瓦当	陶器和陶片	铁器	铜器、铜钱及其他	备 注
第十三号遗址（F13）	西段（T1301～T1305、T1327～T1329、T1341～T1346）	素面方砖1740、几何纹方砖1355、小方块纹方砖959、绳纹方砖33、空心砖12	板瓦A型2299片、B型7030片，筒瓦A型953片、B型2319片	延年（半当重文）D1、延年益寿AⅠ20、AⅡ2、AⅢ1、AⅣ1、B8、C3、长生未央4、长乐未央4、与天无极B1、C14、千秋万岁BⅡ5、汉并天下1、云山纹B2、葵纹B1、轮辐纹B1、C1、勾云纹A2、BⅠ1、云纹AⅠ4、BⅡ6、CⅠ9、CⅡ38、CⅢ1、CⅣ1、DⅠ3、DⅡ9、DⅢ4、EⅡ38、EⅢ26、EⅣ3、EⅤ1、EⅥ1、F1、G25、异型1	盆瓮罐类陶片1700，权A1、纺轮2、圆陶片2	锄1、削2、直角形器1、镢1、残块2	五铢Ⅰ1、无字钱1、石盘1	
	1号房(F13-1,在T1326内)	绳纹方砖14	板瓦A26、筒瓦A12	葵纹B1，轮辐纹A1、C1				田野原编F1106
	2号房(F13-2,在T1325内)	绳纹方砖40	板瓦A10、筒瓦A15			锤1		田野原编F1107
	3号房(F13-3,在T1303内)	绳纹方砖3、小方块纹方砖1	板瓦A320、筒瓦A127	葵纹B1				田野原编F1103
	4号房(F13-4,在T1301内)	素面方砖、几何纹方砖、小方块纹方砖各数十块	A型10多片、B型1500多片（板瓦、筒瓦未分）				泥钱范600多块	田野原编F1101

续表

遗址号	出土方位	砖	瓦片	瓦当	陶器和陶片	铁器	铜器、铜钱及其他	备 注
第十三号遗址（F13）	5号房(F13-5,在T1302内)	素面方砖、几何纹方砖、小方块纹方砖各数十块	A型10多片、B型1500多片（板瓦、筒瓦未分）	延年半当A1、C3,延年益寿AⅠ5、AⅡ2、AⅢ1、C9,长生未央2,长乐未央3,与天无极A1、B2、C4,千秋万岁B2,汉并天下1,上林A2、B2、CⅠ1,素面半当1,云纹CⅠ2、CⅡ3、EⅢ35、G30	盆罐陶片10多片		马蹄形铜片1、五铢Ⅰ1、货泉1	田野原编F1102
	6号房(F13-6,在T1341内)	素面方砖、几何纹方砖、小方块纹方砖共1000多	A型10多片、B型1000多片（板瓦、筒瓦未分）	延年益寿AⅠ1、C1,与天无极C2、云纹G4				田野原编F1111
	1号井(F13井1,在T1314内)	几何纹方砖39,空心砖8	板瓦A29、筒瓦A26					
	2号井(F13井2,在T1311内)	几何纹方砖263、小方块纹方砖3、素面砖58	板瓦B36、筒瓦B304	延年益寿CⅠ1、云山纹A1,云纹DⅡ1、EⅢ1、G1	盆罐类陶片30			
	3号井(F13井3,在T1309内)	几何纹方砖25、素面条砖12	板瓦B41					
	4号井(F13井4,在T1309内)	几何纹方砖31	板瓦B70		权B1		大泉五十1	
	5号井(F13井5,在T1309内)	几何纹方砖230、小方块纹方砖8、素面方砖20、素面条砖25	板瓦B313、筒瓦B299	延年半当C1、延年益寿B3、云纹AⅠ1、EⅢ2、G1	盆罐类陶片127		五铢Ⅱ2	

续表

遗址号	出土方位	砖	瓦片	瓦当	陶器和陶片	铁器	铜器、铜钱及其他	备注
第十三号遗址（F13）	6号井（F13井6,在T1306内）	几何纹方砖4、小方块纹方砖6、素面方砖13	板瓦B120、筒瓦B42	延年半当B1、D1	盆罐类陶片38		铜饼1、铅饼1	
	7号井（F13井7,在T1340内）	几何纹方砖4、小方块纹方砖12、绳纹方砖8	板瓦B80、筒瓦B30	延年半当B1、C1		锸1、环首钩1、冒钉1、码钉1、器形不明残块2	小贝壳1	
	8号井（F13井8,在T1340内）	小方块纹方砖7、素面方砖13	板瓦B58、筒瓦B61		盆罐类陶片70			
	9号井（F13井9,在T1340内）					V形铧冠1、曲钉1、器形不明残块13	四铢半两1、小贝壳3	
	10号井（F13井10,在T1339内）		B型板瓦、筒瓦数片					
	11号井（F13井11,在T1339内）		B型板瓦、筒瓦数片					
	12号井（F13井12,在T1339内）		B型板瓦、筒瓦数片					
	13号井（F13井13,在T1312内）		A型板瓦、筒瓦数片					
	壁炉（F13L1,在T1307内）	绳纹方砖1、素面方砖1	板瓦B1500、筒瓦B464	延年半当C1，延年益寿AⅣ1、BⅢ1	盆瓮罐类陶片1189	器形不明残块6	三棱形铜条1、器形不明容器残片54、炼铜渣30多块、五铢Ⅱ1、契刀五百1	田野原编H1107

续表

遗址号	出土方位	砖	瓦片	瓦当	陶器和陶片	铁器	铜器、铜钱及其他	备注
第十三号遗址（F13）	1号坑(F13H1，在T1311内)							坑内塞满土坯，未见其他遗物。原编H1110
	2号坑(F13H2，在T1309、T1310内)	几何纹方砖335、小方块纹方砖34、绳纹条砖45、素面方砖60、素面条砖2	板瓦A29、B1533，筒瓦A85、B446	延年半当A1、C1，延年益寿B4、上林B2、勾云纹C1	盆瓮罐类陶片2407（内戳印"共器"陶片1）、纺轮1、丸3、鼓风管1	锸1、斧1、锛1、锻1、凿1、钩2、灯3、栏条2、冒钉1、曲钉6、剑2、镞1、筒1、器形不明残块42	锏1、键1、鸟形盖纽1、饼1、环1、环钮1、器型不明残件250，五铢Ⅱ1、大泉五十1、泥钱范1	田野原编H1106
	3号坑(F13H3，在T1308、T1309内)	几何纹方砖41、小方块纹方砖93、绳纹方砖8、素面方砖164	板瓦B2326、筒瓦A18、B632	延年半当C2、千秋万岁BⅠ1、轮辐纹A1，勾云纹BⅠ3、BⅡ4、CⅠ4、云纹CⅠ3、CⅡ4、DⅢ1、DⅣ3、EⅡ8、EⅢ72	盆罐类陶片314、权A2		印1、残镜1、五铢Ⅱ1、泥钱范1、加工骨料56	田野原编H1108:1
	4号坑(F13H4，在T1308内)	几何纹方砖24、小方块纹方砖82、素面方砖107	板瓦B1272、筒瓦B420	勾云纹CⅠ2、云纹CⅡ3、EⅠ3、EⅡ9、EⅢ48、G1	盆罐类陶片269	锸1、曲钉2、铁条7	器形不明铜片2、四铢半两1、五铢Ⅱ2、加工骨料34	田野原编H1108:2
	采集			云山纹A2、轮辐纹A1，云纹EⅢ1、EⅣ3、EⅦ1		凹口锸1、镞2		
第十四号遗址（F14）	外墙北门	几何纹方砖5	板瓦B14314、筒瓦B5671	延年半当C3、云纹AⅠ1、EⅢ1、F12、G2、玄武纹66			五铢Ⅱ1、货泉2、货布1	

续表

遗址号	出土方位	砖	瓦片	瓦当	陶器和陶片	铁器	铜器、铜钱及其他	备　注
	内墙南门		B型板瓦片、筒瓦片甚多	延年益寿 A Ⅳ1、千秋万岁 A1、上林 C Ⅰ1、云纹 E Ⅲ1、G1				

注：据《考古通讯》1957年第6期简报云：曹家堡遗址（即第十四号遗址内墙南门——引者）出土不同纹样的瓦当有十六种之多。这里仅依发表的4幅插图填写，均作1件。

后　记

　　汉长安城南郊礼制建筑遗址的资料编写及其研究成果，终于脱稿付梓，压在我们心中的重负得以缓解。让关心这批资料的同志们久等了，尚望谅解。

　　应该说，我们对发掘资料的整理编写是重视的。1958 年发掘开始不久，我们对先此发掘的同属汉城南郊礼制建筑的大土门遗址，便十分关注，协助主持发掘的同志编发该遗址发掘报告（《考古学报》1959 年第 2 期。现收入本书"附录"）。在发掘期间，随着遗址的不断发现，我们随时调整遗址编号，修改和统一文字记录；对出土数量最多的瓦片、瓦当，进行初步分式；同时编发一个简报（《考古》1960 年第 7 期）。1960 年底，发掘工作结束以后，资料整理编写随即全面展开。至 1963 年底，发掘资料的文字报道草稿和绘图、照相都已大部分完成。1964 年以后，因被派去参加四清运动，遭遇"文化大革命"，以及工作变动等多种原因，整理编写工作全部搁置。光阴荏苒，转瞬间逼近世纪末，当年参加发掘的同志亦相继步入老龄。这时笔者不禁意识到该是到了"清还旧账"的时候了。于是重新翻检当年田野资料，审读旧草稿，构思改写计划。心想这本老资料报告绝不能比新资料报告逊色。应该努力做到资料报道全面、翔实、准确，配图清晰、齐全、美观，文字叙述清楚、简洁，论证谨严、审慎。对当年遗留的一些问题，例如第十二号遗址中心建筑外围前台的情形，第十二号遗址北围墙与其北边十一座遗址的大围墙南墙的关系等问题，争取再做一点工作，以求确切解决。故自 1999 年动笔改写以来，工作未敢怠惰。除了充分利用旧草稿、旧图、旧照片互相参校核实以外，对准备采用但已破碎、变质的部分旧图、旧底片，尽可能做技术处理，或重绘、重照。为减免错漏，曾于 1998 年、2000 年两次去西安研究室，寻找、核对当年挑选存放在那里的实物标本，同时去遗址故地考察、抒怀。现在写出来的文字稿，系几经增补、修改而成，耗费的精力和时间远甚于编写新资料报告，自感已基本上反映了当年发掘原貌。稍感遗憾的是，原计划对遗址中的遗留问题再做一点工作，怎奈时过境迁，脑力衰退，往事已多淡忘，难有寻回昔日时空的感觉，只落得心有余力不足而告吹，惟有寄望于年轻同志继续工作了。行文至此，笔者深切感到，编写资料报告应该"趁热打铁"，切莫"冷处理"，拖延时间越长，编写难度越大。假若当年没有留下一份草稿，是很难设想可以完成这本报告的。愿未能及时写出发掘报告的现象，将随着社会进步而逐渐消失。

　　最后还应该交代一下完成这本报告的参加人员。

　　全书的编写和图版的初步编排，由笔者担任。发掘资料的取得以及绘图、照相等工作是集体完成的。参加发掘的同志，"绪言"中已提及，此处略。遗址的绘图、照相大多由负责发掘的同志完成。遗址图的上墨修订和出土遗物的绘制，是郭义孚、张心石、曹国鉴、曹继秀完成的。遗址照片的冲洗缩放和出土器物照相，是刘国强、席昭霞完成的。第三号遗址中心建筑的模型，是刘增坤现场制作的。1998 年以来的改写定稿期间，文字稿的电脑打印由张建锋、黄建芳完成。全部照片的冲洗缩放由张亚斌完成。部分插图的修改、补充由李淼、董慧杰完成。英文提要由曹楠翻译。书稿经所长刘庆柱同志审阅。

　　本书的出版，得到王仲殊、殷玮璋二位同志的推荐，由中国社会科学院出版基金资助。文物出版社第一图书编辑部给予出版方面的诸多支持帮助。在本书付梓之际，谨向参加工作和出版的同志们致以深切的谢意。

黄展岳
2001 年 6 月 25 日

　　大土门遗址发掘报告原定为本书附录，文物出版社编辑同志建议移入正文，藉以增加全书整体感，便于与"结语"衔接，图版号亦可按顺序编排。我接受这意见，把大土门遗址发掘报告改定为本书第九章。特此说明。

黄展岳
2003 年 6 月 20 日

The Western Han Ritual Architectural Compound Sites

(Abstract)

The present book collects 14 architectural compounds excavated in the western suburb of Xi'an (the southern suburb of Han Chang'an capital city) within 1958 – 1960 and the latest research achievements. The volume comprises 10 chapters; they are introduction, general survey, compounds of No.3, Nos. 1, 2, 4 – 11, No.12, No.13, and No.14 from chapters 1 – 7 respectively. Chapter 8 contains relics like bricks, tiles and tile-ends. The Datumen 大土门 site, excavated in 1956, owing to its same date and identity as the above 14 compounds, is also collected as chapter 9. Chapter 10 is about how to nominate the above sites. According to the records in the *Han Shu* 汉书 and the *Shuijing Zhu* 水经注, the royal ritual compound site of the Western Han Dynasty is mainly concentrated in the southern suburb of Han Chang'an capital city. The reliable record and textual reference show that the Taiyi Altar 太一坛 (*Huanqiu*), *Mingtang* 明堂, *Piyong* 辟雍, *Taixue* 太学, *Lingtai* 灵台, the altar to the gods of earth and grain and Wang Mang's Nine Ritual Temples were distributed there. The 14 architectural compounds and the Datumen site should be a part of the ritual architectural complex recorded in historical document. Consequently, the present book is inscribed as *The Western Han Ritual Architectural Compound Sites*.

Nos. 1 – 11 compounds are situated within the parallel line about 1 kilometer south of the An Gate 安门 and Xi'an Gate 西安门 of Han Chang'an city. All the eleven sites have the same dimensions; only No.12 building site is one time bigger than others. The center of each central building is square surrounded by a square enclosure. The eleven sites were surrounded by a greater enclosure. The No.12 lies to the outside of middle southern greater enclosure. The above twelve ritual compounds have identical plan layout and architectural style. They all consist of the central building, enclosure, four gates and four L-shaped wings in the four corners of wall-enclosure. The central building, situated in the center of the enclosure, is square in plan. The four walls of enclosure are symmetrical, each measures about 55 meters long. The central building is composed of a hall in the center and four side chambers. According to the chapter "Yue Ling 月令" of the *Lüshi Chunqiu* 吕氏春秋, the former is called *taishi* 太室 and the latter in the four corners *jiashi* 夹室. The area of *taishi* is exactly one half of the hall, which measures 27.5 meters each side. *Ji-*

ashi is square and each side measures 7.3 meters. The buildings were collapsed in early times. Much floor of the central building was not existed. The surviving floor is built by daub, a layer of red pigment remained on the floor surface.

There are four *tingtang* 厅堂 (hall) in the four sides of the central hall; their interior structure is completely identical. The ground surface of the *tingtang* is two meters lower than the central building, 50 centimeters lower than the outer foundation. During excavation, the halls were completely filled with fired chips, ashes and tiles, and the daub floor was collapsed, most post stones were looted. Based on post grooves, postholes and surviving post stones, only 100 wall posts and 112 columns were recovered in the four *tingtang*. According to the chapter "Yue Ling 月令," we name the east hall as *Qingyang* 青阳, the south hall as *Mingtang* 明堂, the west hall as *Zongzhang* 总章, the north hall as *Xuantang* 玄堂. Inside each *tingtang*, there is a wing room in the right side, and a partition wall in the left side, which are regarded as left and right ge 个 (rooms flanked the hall). The four *tingtang* were connected by passages that bypass the four *jiashi*.

Three small square-shaped rammed-earth platforms distributed in front of each *tingtang*. Each side of the platform is 2.8 meters long and 30 centimeters high. The rear side of the outer foundation has a low partition wall, which is board-built, 40 centimeters high, separated the *tingtang* and three small platforms. In front of the each small platform, a short section of sloping road paved with square bricks, was connected to it. The middle sloping road is precisely oriented to the gate. The whole central building is also surrounded by pebble-paved apron.

The enclosure is square in plan and built by rammed earth. Each side is about 270 meters long. There is an entrance in each side. The entrance is 5.4 meters wide. The L-shaped wing room is rough and seems to be corridor styled building.

A great amount of building material was recovered in the central building and four entrances; their types and patterns were popular in the late Western Han period. In addition, some remains and relics marked as Wang Mang period were spotted. For example, in the central building of No.12 site, a post stone red-written characters "*Shi Jianguo* 始建国" was discovered. In the small platform of the central building of No.3 site, a post stone was inscribed with a place name "Jiedang 节砀," which was changed by Wang Mang. On the floor of the central building No.2, an adobe is stamped with coin characters "huo bu 货布". Tile-ends designed with four mythical animals of green dragon, white tiger, red sparrow and black turtle were identified in the four gates of the enclosure respectively. Therefore, we can affirm that these 12 architectural compounds were built in the Wang Mang period, and soon thoroughly destroyed by fire. They were never re-used thereafter.

According to the chapter "Wang Mang Zhuan 王莽传" of the *Han Shu* 汉书, Wang Mang once built nine ritual temples in the southern suburb of Han Chang'an city in the first year of the Dihuang 地皇 reign period. Through textual research, the location and size of the nine ritual temples are basically matched with our excavation. As a result, we conclude that these 12 ritual architectural compounds are "Wang Mang's Nine Ritual Temples." Based on the knowledge of Liu Xin's 刘歆 (the Prime Minister of Wang Mang) understanding on the number of ritual temples before Qin Empire, we consider the three more temples as reasonable. As Wang Mang's genealogy originates from five surnames of Yao 姚, Gui 妫, Chen 陈, Tian 田 and Wang 王, and nine ancestors of Wang Mang have ritual temples, we infer those three temples are for his remote ancestors Di Ku 帝喾, Tian He 田和, and Tian Jian 田建. Furthermore, Mr. Gu Jiegang 顾颉刚 proposed that the nine ritual temples with titles were Wang Mang's ancestors before the Xin 新 period was established; the other three were new established ritual temples: one for Wang Mang himself, and the other two reserved ahead for his grandchildren who would earn merits and virtues and can be ancestors.

No.13 building site locates in the southwest of the above 12 compounds. The main ritual architectural vestige is a rectangular rammed-earth foundation, about 240 meters long from east to west, 60 – 70 meters wide from north to south, 5 – 10 meters higher than its surrounding ground. The north side exactly oriented to the front hall of the Weiyang Palace 未央宫 inside Han Chang'an capital city. Due to natural and man-made damage, the site is in bad condition. The exposed vestiges can be divided into two periods. The remains of the early period consist of rammed-earth foundations, parts of corridor, post stones, a couple of pottery-framed wells and pottery drainage pipelines and three halls on side of foundation. The retrieved objects include type A segmental tile, type B semi-cylindrical tile and tile-ends with sunflower, cloud and mountain, wheel and cloud patterns. The analysis of architectural remains, stratigraphical relationship and features of relics show that the rammed-earth foundation of No.13 site was first built in the Qin period, the early architectural remains should belong to the early Western Han. The vestiges of five rooms (F13-4 – F13-8), one fireplace (L1) and four earth-pits (H1 – H4) intruded into the early remains, are of the late period. A large number of type B segmental tile, type B semi-cylindrical tile, tile-ends with various cloud motifs, mode of Wuzhu coin and bronze and iron implements were sorted out in the late period remains. The late period roughly corresponds to the late Western Han. The site was deserted and no long used thereafter.

No.14 building site is square shape in plan and consists of the inner and outer enclosures. The northeastern outer enclosure bypassed the foundation of the No.13, while the inner enclosure breasted with the enclosure the No.12 in an east-west line. The outer enclosure measures 600 meters long from north to south, 570 meters wide from east to west. A gate is built in the middle of each side. The inner enclosure is slightly south of the center, square in plan and each side mea-

sures 273 meters long. One gate was opened in the middle of each side. The researches of the
north gate of the outer enclosure and the south gate of inner enclosure show the architectural style
is identical with those of Wang Mang's Nine Ritual Temples. The relics primarily contains type B
segmental tile, type B semi-cylindrical tile, tile-ends with black turtle motif (recovered from the
north gate of the outer enclosure) and tile-ends with red sparrow motif (recovered from the south
gate of the inner enclosure) as well as re-made post stones formerly used in the No.13. Though
the center of the inner enclosure should have central building, we did not find this time.

According to our primary textual research, No.13 building site might be a ritual temple to
the gods of heaven and earth of the early Han period built on the Qin platform, and the No.14
seems to be the unfinished new ritual temple to the gods of heaven and earth constructed by Wang
Mang.

The Datumen Site, locates to the east of Wang Mang's Nine Ritual Temples. The architec-
tural style and building materials of its central building, enclosure, four gates and L-shaped wing
rooms are basically the same as Wang Mang's Nine Ritual Temples. The building date should be
in the late Western Han. Whereas, the more complicated central building, the recovered round
plain tile-ends, and the round water-ditch surrounding the enclosure indicated that the nature of
the Datumen site differs from Wang Mang's Nine Ritual Temples; it must be another kind of ritu-
al architecture. The historical documents like the *Shuijing Zhu* 水经注 and the *Liang Jing Xinji*
两京新记 said *Mingtang*, *Piyong*, *Taixue*, *Lingtai* built in the Yuanshi 元始 reign period of
Emperor Pingdi 平帝 in the Western Han were located in this area. Owing to the construction
surrounded by a round water ditch, we consider it as the *Piyong*.

图版

1. 在汉长安城南郊普遍钻探

2. 测绘遗址分布图

3. 第三号遗址中心建筑开始发掘

4. 第三号遗址中心建筑（由南向北）

5. 第三号遗址中心建筑东堂（F301）出土全景（由东向西）

. 第三号遗址中心建筑南堂（F302）
出土全景（由北向南）

. 第三号遗址中心建筑南堂
（F302）出土全景（由西向东）

8. 第三号遗址中心建筑西堂（F303）出土全景（由西向东）

9. 第三号遗址中心建筑北堂（F304
出土全景（由北向南）

10. 第三号遗址中心建筑模型

11.F302 出土时 219、220、221 号壁柱
　　前的地面塌陷情形（由东南向西北）

12.F302，212、213、214号壁柱和228、229、233号础石
　　（由西南向东北）

13.F302，210号壁柱槽出土情形（由南向北）

14.F301，120、121号并立础石出土情形
（由东北向西南）

15.F301，120、121号并立础石放置情形
（由东北向西南）

16.F302，226号础石出土情形（由西南向东北）

18.F301，142号础石和前墙的9号础石（由西南向东北）

19.F301，153号础石出土情形（由西向东）

17.被废弃的三方未完成础石
（上、中出F302，下出F304）

20.F301，153号础坑附近扰坑中的未完成础石

21.F303 厢房出土情形（由东向西）

22.F303 厢房出土情形（由北向南）

23.F303 厢房清理后（由西向东）

24.F301 厢房北墙地基（由北向南）

25.F302 厢房东墙和 229 号础石（由东南向西北）

26.F302 厢房东墙和门墩石（由东北向西南）

27.F302 厢房门道北侧门墩石

28．F303 隔墙出土情形（由南向北）

29．F301 隔墙地基（由北向南）

30．F301 隔墙及地基（由南向北）

31.F302 出土的草泥墙皮

34.F302 出土的含有大量麦秸痕的草泥土

32.F302 出土的带有麦秸壳粒的草泥土

35. 上，F304 出土的带有麦秸秆儿的草泥土

下，F302 出土的涂抹在板瓦上的草泥墙皮

33.F302 出土的带有麦秸的草泥土

36.F303 出土的带有麦秸及壳粒痕迹的草泥土

37.F304 出土的烧焦土坯

38.F301 出土的烧焦土坯

39.F302 出土的烧焦土坯

40.F302 出土的刻"五"字的残土坯

41.F303 出土的土坯

42.F303 出土的烧焦土坯

43.F304 地面下出土的木炭

44.F304 出土的竹炭

45.F302 地面下出土的木炭柱

46.F303 前墙 7 号础石

47.F303 七号方台"官工节砀周君长"础石出土情形

48.F303 七号方台础石
"官工节砀周君长"刻文

49.F303 九号方台础石上出土的木炭柱（由北向南）

50.F304 砖道、散水和十号方台（由北向南）　　　　51.F304 卵石散水和十号方台（由东向西）

52. 第三号遗址围墙东南角开工发掘
　　（由东南向西北）

53. 第三号遗址西门（前）和
第四号遗址（后）同时开
工发掘（由东向西）

54. 第三号遗址西门门道
（由西向东）

55. 第三号遗址西门门道
（由南向北）

56. 铁冒钉 F301：7、F302：5、F304：7、F302：10、F302：9，铁曲钉 F303：6

57. 铜板状器 F303:3、F303:4

59. 铜合页器 F303:2

58. 铜竹叶形器 F303:7

60. 铜凸形器 F303:5

61. F3 出土铜钱（半两、Ⅰ型五铢、Ⅱ型五铢、货泉）

62. 第一号遗址中心建筑西堂（F103）开工发掘
（由南向北）

63.F103 发掘区全景（由西向东）

64.F103 北夹道（由南向北）

66.F103，322 号础石（由南向北）

65.F103，320、321 号并立础石（上有朱书"王子然"等字）（由西南向东北）

67.F103，322、323、344 号础石（由南向北）

68.F104，401 号础石（由西向东）

69. F103，343、344号础石（由西南向东北）

70. F103，343号础石（由南向北）

71. F103，344号础石（由东向西）

72.F103，320、321、322号柱槽前的地面构造（由西向东）

73.F103，320、321、322号柱槽
前的地面构造（由西北向东南）

74. 暴露在地面上的 F103
西南拐角 347 号大础
石（由西南向东北）

75. 暴露在地面上的 F103 西南拐
角 347 号大础石（由北向南）

76. 第二号遗址中心建筑西堂（F203）发掘全景（由西向东）

77. 第二号遗址中心建筑西堂（F203）发掘全景（由南向北）

78.F203，314号壁柱础（由西南向东北）

79.F203，314号壁柱础及地下构造（由西向东）

80.F203，309、310号并立础石（由西北向东南）

81.F203后壁310号上础石

82.F203，322号壁柱础（由南向北）

83.F203，326、330号础石及地面构造
（由东南向西北）

84.F203出土的草泥土

85.F203，312号壁柱前之塌墙（由西南向东北）

86.F203，312号壁柱前之塌墙（由西南向东北，
　局部）

87.F203，312号壁柱前之塌墙（由西向东）

88. F203，326 号至 330 号柱础间
隔墙前之塌墙（由南向北）

89. F203 隔墙至 326、330 号础石间
之地下构造（由西向东）

90.F202，222号壁柱槽前之地面构造
（由南向北）

91.F202，222号壁柱槽前之地面构造
（由西向东）

92.F202，222号壁柱槽前之地面构造
（由南向北）

93.F203 地基压印有"货布"钱文的土坯

94.F203，326 号、330 号础石及近旁
地基上的柱洞（由东向西）

95.F203，326 号础石西南边地基上的柱洞（由西南向东北）

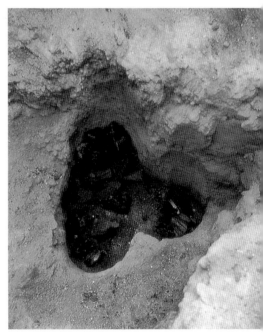

97.F203，330 号础石西南边地基上的并连三柱洞
（由东向西）

96.F203，326 号础石西南边地基上的柱洞
（由西南向东北，局部放大）

98.F203 南夹道 304 号柱槽西南边
地基上的柱洞（由东向西）

99.F203 南夹道 304 号柱槽西南边
地基上的柱洞（由东北向西南）

100.F203，326 号础石西南边地基
柱洞内的木炭柱

101.F203厢房（由西向东）

102.F203厢房西北拐角础石（由东向西）

103.F203厢房墙基（由东向西）

104.F203厢房地基剖面（由南向北）

105.F203厢房地基土坯

106.F203 隔墙至 326、330 号础石间
的地下构造（由西向东）

107.F203 隔墙（由南向北）

108.F203 隔墙（由北向南）

109. F202 西夹道出土地面（由西向东）

110. F203 前墙上的础石

111. 第二号遗址南围墙被破坏情形

12. 第四号遗址中心建筑
    东堂（F401）出土全
    景（由北向南）

113. 第四号遗址中心建筑东堂（F401）出土全景（由南向北）

114. 第四号遗址中心建筑东堂
     （F401）局部（由东向西）

116. F401 厢房（由东南向西
     北）

115. 第四号遗址中心建筑东堂
     （F401）后壁壁面（由西
     向东）

117. F401 厢房北壁西段（由
     北向南）

118.F401 隔墙（由南向北）

119.F401，133 号至 132 号础石间的地基
（由东向西）

120.F401 厢房内出土的刻字土坯

121. 第四号遗址东门出土情形（由东向西）

122. 第四号遗址东门出土情形（由南向北）

124. 第四号遗址东门北台基边上的础石（由南向北）

123. 第四号遗址东门门道内的门槛槽（由北向南）

125. 第五号遗址中心建筑北堂
（F504）的 436 号础石和
十一号方台（由南向北）

126. 第五号遗址中心建筑北堂
（F504）413 号壁柱出土情
形（由北向南）

127. 第七号遗址中心建筑北堂（F704）428 号、
432 号、436 号础石压印痕迹（由南向北）

128. F704 的 412 号壁柱础和 413 号壁柱槽（由北向南）

129. F704 的 412 号壁柱础出土情形（由北向南）

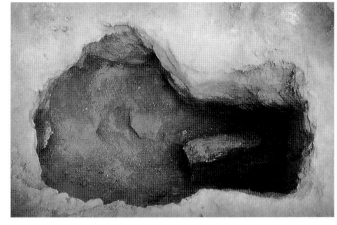

131. 第十一号遗址东堂地基上的柱洞和土坑

130. F704 的 412 号壁柱础（由北向南）

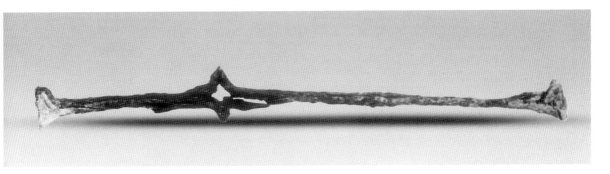

132.F401 出土的铁条形器（F401:1）

133.F203 出土的铜板状器（F203:5）

134.F203 出土的铜凸形器（F203:6）

135. 发掘前的第十二号遗
址（F12）中心建筑
地貌（由北向南）

136. 第十二号遗址（F12）
中心建筑北堂开工发
掘（由东向西）

137. 发掘人员和来工地实习的东德留学生
在第十二号遗址工地上（右：黄展岳，
左：张建民）

138. 近代扰坑中出土的泥塑

139. F12 中心台及东墙出土情形（由南向北）

140. F12 中心台及东墙出土情形（由北向南）

141.F12 中心台出土的带有竹篾痕迹的草泥土

142.F12 中心台东墙门道（由西向东）

143.F12 中心台东墙门道两侧之础石坑
（由东向西）

144.F12 中心台中央的 14 号础石（由南向北）

145. F12 中心建筑南堂全景（由东向西）

146.F12 北堂东部和东堂北部出土情形（由东北向西南）

147.F12 中心建筑南堂被烧焦的地面（由东向西）

48.F12 中心建筑北堂 67 号础石及被烧焦的地面（由北向南）

149.F12 中心建筑北堂的草泥土

150.F12 中心建筑南堂后壁（由南向北）

151.F12 中心建筑北堂 16 号柱槽（由北向南）

152.F12 中心建筑北堂 20 号柱槽（由北向南）

153.F12 中心台东北角 22 号柱槽（由东向西）

154.F12 中心建筑东堂 30 号壁柱槽（由东向西）

155.F12 中心建筑南堂 32 号壁柱槽（由南向北）

156. F12 中心建筑南堂 34 号壁柱础（由南向北）　　　157. F12 中心建筑南堂 34 号壁柱础（放大，由南向北）

158. F12 中心建筑南堂 35 号壁柱础石出土情形（由南向北）　　　159. F12 中心建筑南堂 35 号壁柱础

160. F12 中心建筑南堂 107 号上础石　　　　　　161. F12 中心建筑南堂 107 号上础石残块（上有朱书）

162.F12 中心建筑北堂 52 号下础石（由南向北）

163.F12 中心建筑南堂 86 号下础石

164.F12 中心建筑南堂 101 号下础石

165.F12 中心建筑南堂 113 号下础石

166.F12 中心建筑东堂 43 号础石
（上有刻文"史子□"，由南向北）

167.F12 中心建筑东堂 66 号础石（上有朱书"张君卿伯"
等字，由南向北）

168. F12 中心建筑北堂出土的刻字残土坯

169. F12 中心建筑南堂被烧焦的地基夯土

170. F12 中心建筑南堂地面下的土坯地基（由西向东）

171.F12 中心建筑南堂地面下的构造（由东南向西北）

172.F12 中心建筑南堂 34 号壁柱至 107 号础石之间的地面下构造（由西南向东北）

173.F12 中心建筑南堂东部地面出土情形（由西向东）

174.F12 中心建筑北堂厢房东半部（由北向南）　　175.F12 中心建筑北堂厢房西半部（由北向南）

176.F12 中心建筑北堂厢房东墙（由东向西）

177.F12 中心建筑东堂厢房 82 号础石之上础石
（由南向北）

178.F12 中心建筑北堂厢房 73 号上础石（由东向
西）

179.F12 中心建筑北堂厢房 74 号上础石（由东向
西）

180.F12 中心建筑北堂厢房中部的地
　　基（由西北向东南）

181.F12 中心建筑北堂厢房地面下构造
　　（由西向东）

182.F12 中心建筑东堂厢房墙基
　　（由西北向东南）

183.F12 中心建筑南堂隔墙（由西南向东北）

184.F12 中心建筑南堂 84 号础石及前台
（由西向东）

185.F12 中心建筑北堂出土的石礅

186.F12 中心建筑东堂 54 号础石（由西北向东南）

187. 发掘前的"影山楼"（第十三号遗址）全景（由西南向东北）

188. 发掘前的"影山楼"（第十三号遗址）西面断崖（由西向东）

189. 第十三号遗址（F13）开
工发掘（由北向南）

190. 第十三号遗址（F13）发
掘探方全景（由东向西）

191. 与民工讨论发掘事项
（由南向北）

192. F13 台基（主殿）14 号、13 号、12 号、11 号柱槽（由南向北）

193. 裸露在断崖上的 F13 台基（主殿）南壁（由东北向西南）

194. F13 台基（主殿）南壁上的 14 号柱槽（由东向西）

195. F13−2 房内西南隅之并立柱槽（由东北向西南）

196.F13-1、F13-2 出土情形（由南向北）

198.F13 台基（主殿）上的砖阶（由北向南）

197.F13-1、F13-2 房前之廊道（由东向西）

199.F13-8和井3、井4（由东向西）

200.F13，井10、井11、井12和30号础石（由北向南）

201.F13，第五排水管道和井8、井9（由北向南）

202.F13，第五排水管道和井9（由南向北）

203.F13，井6、井7出土情形（由北向南）

204.F13－7和井2出土情形（由东向西）

205. F13，井 13 出土高陶圈

206. F13，井 3 出土低陶圈

207. F13，券井陶砖
（第十三号遗址上采集）

209.F13，第二排水管道出土情形（由南向北）

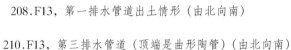

208.F13，第一排水管道出土情形（由北向南）

210.F13，第三排水管道（顶端是曲形陶管）（由北向南）

211.F13，第三排水管
道和竖立陶管3、
4，础石9、10
（由北向南）

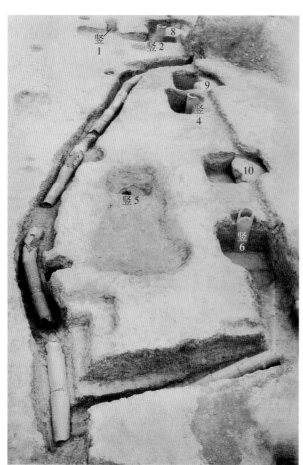

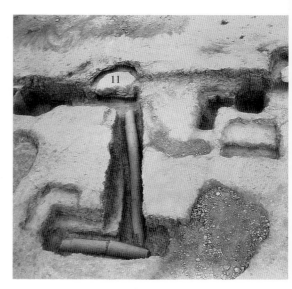

213.F13，第三、第四排水管道和础石 11（由北向南）

212.F13，第三、第四排水管道和竖立陶管 1、2、
4、5、6，础石 8、9、10（由西向东）

214.F13，第三、第四排水管道和竖立陶管 5、6，础石 10、11（由北向南）

215.F13，第七（右）、第八排水管道
（由南向北）

216.F13，第七排水管道（由南向北）

217.F13，第七排水管道的管口（由南向北）

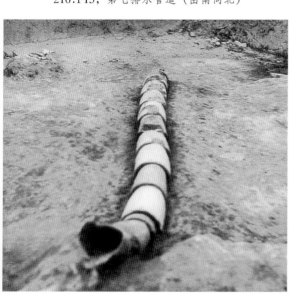

218.F13，第八排水管道（由北向南）

219.F13，第八排水管道的管口（由南向北）

220.F13，第三排水管道内的曲形陶管

221.F13，第一排水管道的陶管

222.F13，第二排水管道的陶管

223.F13，用于排水管道的陶管（第十三号遗址上采集）

225.F13，竖立陶管1、2和础石7、8（由北向南）

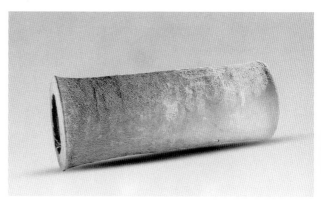

224.F13，5号竖立陶管

226. F13－4、F13－5 出土情形
（由东向西）

227. F13－4 出土情形（由北向南）

228. F13－5 出土情形（由北向南）

229. F13－5 的土坯铺砌地面（由东向西）

230. F13-6 出土情形
（由北向南）

231. 壁炉（F13L1）出土情形
（由北向南）

232. 壁炉（F13L1）近照（由北向南）

233.F13H1 出土情形（由南向北）　　　　　　234.F13H1 底部（由东向西）

235.F13H2 出土情形（由北向南）

236.F13H3（右）和 F13H4（由南向北）

237. Ⅰ式陶盆 F13H2②:2

239. 戳印"共器"的陶盆片 F13H2②:24

238. Ⅰ式陶盆 T1308③:2

240. Ⅰ式陶权 T1343②:1

241. 陶丸 F13H2②:27

242. 陶鼓风管 F13H2②:9

243. 陶拍 T1309③:9

244. 铁锸 T1339③:1

247. 铁斧 T1306②:2

245. 铁锄 T1307③:4

248. 铁锛 F13H2②:20

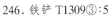

249. 铁器柄 F13H2②:11

246. 铁铲 T1309③:5

250. 铁凿 F13H2②:12　　251. 铁凿 T1308③:13　　252. 铁削 T1307③:3　　253. 铁锥 T1310③:8

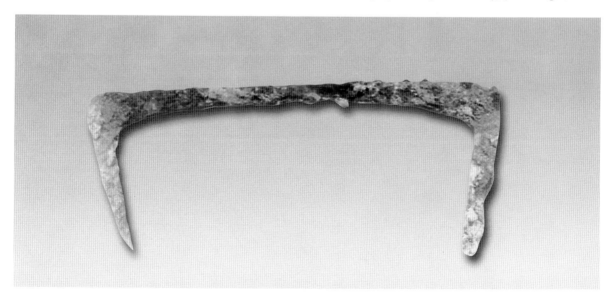

254. 铁码钉 F13 井 7:2

255. 铁钩 T1310③:3　　256. 铁钩 F13H2②:33　　257. 铁钩 F13H2②:34　　258. 铁钩 F13 井 7:1

259. 铁鼎 T1310③:1

260. 铁鼎 T1310③:2

261. 铁灯 F13H2②:13

262. 圆形铁钉 F13H4②:2

263. 铁栏条 F13H2②:21

264. 铁剑 F13H2②:19

265. 铁镞 F13H2②:18、F13 采:4、T1341②:1、F13 采:3

266. 铜容器残片 F13H2 出土

267. 铜容器残片 F13H2 出土

268. 刻有"阳朔元年"等铭文的铜锅残片 F13H2②:16

269. "千金·氏"铜键 F13H2②:10

270. 残铜镜 F13H3①:17

271. 铜印 F13H3②:2

272．鸟形盖纽 F13H2②：15

274．马蹄形铜片 F13－5：1

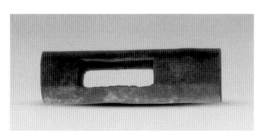

273．铜筒 T1310③：6

275．铜饼 T1307③：1

276．铜环 F13H2②：35

277．铜环纽 F13H2②：32

278.F13出土铜钱（半两、Ⅰ型五铢、Ⅱ型五铢、大泉五十、货泉、无字钱、契刀五百）

279.泥钱范（F13-4出土）

280. 铅饼 F13 井 6:1

281. 铅饼 T1310①:7

282. 加工骨料（F13H3 出土）

283. 石盘 T1346②:2

284. 第十四号遗址（F14）外围墙北门门址发掘区全景（由西向东）

285. 第十四号遗址（F14）外围墙北门门址发掘区全景（由南向北）

286. 第十四号遗址（F14）外围墙北门门址上的 4 号、5 号并立础石（由南向北）

287. 在河卵石上雕琢出圆槽的础石
（《考古通讯》1957 年 6 期，图版玖，1）

288. 在河卵石中腰间琢出裙肩的础石（F14 附近采集）

289. 在河卵石中腰间琢出裙肩的础石
（F14 附近采集）

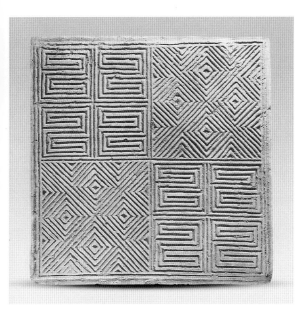

290．几何形纹方砖 F13 井 3：1

291．几何形纹方砖 T1302③：6

292．小方块纹方砖 F13 井 7：5

293．小方块纹方砖 T1341②：7

294. 绳纹方砖 F13 井 7:6

295. 绳纹方砖 T1316③:3

296. 绳纹方砖 T1316③:2

297. 绳纹方砖上的"五"字刻文 F401:13

298. 空心砖 T1303②:3

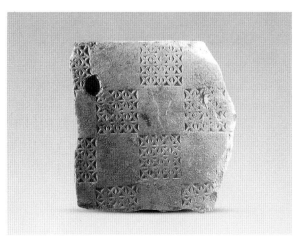

299. 空心砖 T1302③:10

301.B 型板瓦 T1312②:3

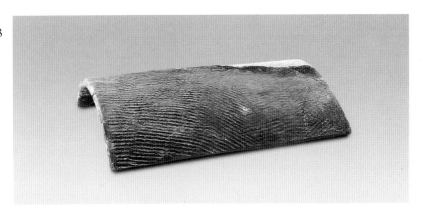

300.A 型板瓦 T1313③:1

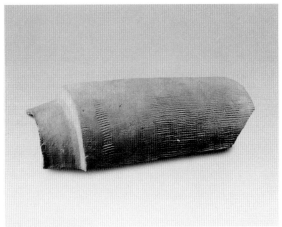

302.A 型筒瓦 T1313③:2

303.B 型筒瓦 F13H3:36

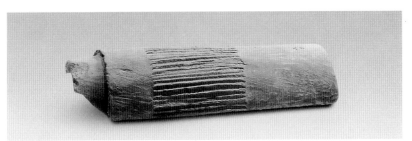

304.B 型筒瓦 F14 北门:1

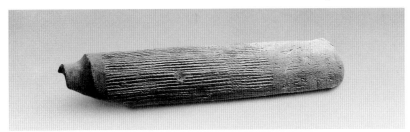

305.B 型筒瓦 T1339③:6

306. A 型延年半当 F13H2②:37

307. B 型延年半当 F13 井 6:2

308. C 型延年半当 T1339③:2

309. D 型延年半当 T1306③:5

310. D 型延年重文瓦当 T1345③:4

311. A 型Ⅰ式延年益寿瓦当 T1308③:3

312. A 型 II 式延年益寿瓦当 F13H2:38

315. B 型延年益寿瓦当 T1306③:6

313. A 型 III 式延年益寿瓦当 T1329③:1

316. C 型延年益寿瓦当 T1341③:2

314. A 型 IV 式延年益寿瓦当 F13L1:2

317. C 型延年益寿瓦当 T1311③:2

318. 长生未央瓦当 T1302③:9

319. 长乐未央瓦当 T1301③:2

320. 长乐未央瓦当 T1301③:3

321. 长生无极瓦当 F1201:1

322. A型与天无极瓦当 F13-5:2

323. B型与天无极瓦当 F13-5:3

324. C型与天无极瓦当 T1342②:5

325.A 型千秋万岁瓦当 F7 东门采:1

328. 汉并天下瓦当 T1302③:5

326.B 型Ⅰ式千秋万岁瓦当 F13－5:4

329.A 型上林半当 F4 围墙东南角:1

327.B 型Ⅱ式千秋万岁瓦当 T1345③:7

330.B 型上林半当 T1306③:7

331.C 型上林半当 T1339③:4

332. A 型上林瓦当 T1302③:3

333. B 型上林瓦当 T1346②:1

335. C 型 I 式上林瓦当 F3 西门:12

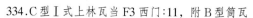

334. C 型 I 式上林瓦当 F3 西门:11，附 B 型筒瓦

337. C 型 II 式上林瓦当 F12 采:5

336. C 型 II 式上林瓦当 F12 采:4

338. 素面半当 T1314③:3

339. A型云山纹瓦当 F13采:1

342. A型葵纹瓦当 T1326③:1，带刻文筒瓦

340. B型云山纹瓦当 T1342③:3

341. B型云山纹瓦当 T1342③:4，附A型筒瓦

343. A型葵纹瓦当 T1326③:2

344. B型葵纹瓦当 F13采:5

345. A型轮辐纹瓦当 T1315③:7

346. B型轮辐纹瓦当 T1315③:6

347. C型轮辐纹瓦当 T1342③:2

348.A型勾云纹瓦当 T1342③:8

351.B型Ⅱ式勾云纹瓦当 F13H4②:3

349.B型Ⅰ式勾云纹瓦当 T1307③:5

352.C型Ⅰ式勾云纹瓦当 F13H4②:4

350.B型Ⅰ式勾云纹瓦当 F13H3:1

353.C型Ⅱ式勾云纹瓦当 T1315②:2

354. A型Ⅰ式云纹瓦当 T1312③:5

357. A型Ⅱ式云纹瓦当 T1345②:6

355. A型Ⅰ式云纹瓦当 T1312③:4

358. B型Ⅰ式云纹瓦当 T1342③:11

356. A型Ⅰ式云纹瓦当 T1312③:6

359. B型Ⅰ式云纹瓦当 T1303③:1

360.B 型 I 式云纹瓦当 T1342③:9

363.C 型 I 式云纹瓦当 T1342③:12

361.B 型 I 式云纹瓦当 T1342③:10

364.C 型 I 式云纹瓦当 T1342③:7

362.B 型 II 式云纹瓦当 T1316③:1

365.C 型 II 式云纹瓦当 T1341③:5

366.C型Ⅱ式云纹瓦当 T1342③:6

369.C型Ⅱ式云纹瓦当 T1342③:19

367.C型Ⅱ式云纹瓦当 F13H4②:5

370.C型Ⅲ式云纹瓦当 F13H4②:6

371.C型Ⅳ式云纹瓦当 T1342③:14

368.C型Ⅱ式云纹瓦当 T1342③:13

372.D 型 I 式云纹瓦当 F13H4:9

375.D 型 I 式云纹瓦当 T1314③:4

373.D 型 I 式云纹瓦当 T1342③:15

376.D 型 II 式云纹瓦当 T1342③:16

374.D 型 I 式云纹瓦当 T1314③:1

377.D 型 II 式云纹瓦当 T1306③:8

378.D 型 II 式云纹瓦当 T1342③:20

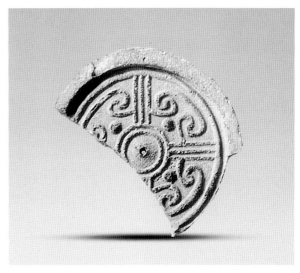

381.D 型 IV 式云纹瓦当 F13H3②:4

379.D 型 II 式云纹瓦当 F4 东南角采:2

382.E 型 I 式云纹瓦当 F4 采:1

380.D 型 III 式云纹瓦当 F13H3②:3

383.E 型 II 式云纹瓦当 T1342③:17

384. E 型 II 式云纹瓦当 F13H4②:7

387. E 型 III 式云纹瓦当 T1302③:7

385. E 型 III 式云纹瓦当 F13H4②:8

388. E 型 III 式云纹瓦当 F3 东门:2

386. E 型 III 式云纹瓦当 F12 采:6

389. E 型 IV 式云纹瓦当 T1308②:5

390. E 型 IV 式云纹瓦当 F13 采:6

393. E 型 V 式云纹瓦当 T1342②:18

391. E 型 IV 式云纹瓦当 F12 采:3

394. E 型 VI 式云纹瓦当 T1315③:9

392. E 型 IV 式云纹瓦当 F13 采:8

395. E 型 VII 式云纹瓦当 F13 采:10

396. F 型云纹瓦当 F3 南门:1

399. F 型云纹瓦当 F3 西门:9

397. F 型云纹瓦当 F3 南门:2

400. G 型云纹瓦当 T1302③:8

398. F 型云纹瓦当 F3 西门:8

401. 异型瓦当 T1325③:4

402. 异型瓦当 T1303③:2

403. 苍龙纹瓦当 F3 东门:5

404. 白虎纹瓦当 F3 西门:10

405. 朱雀纹瓦当 F3 南门:4

406. 玄武纹瓦当 F14 外北门②:2

407. 月牙形瓦当 F302:3

408. 大土门遗址未发掘前的堆积情况（由南向北）

409. 大土门遗址的中心建筑残存（全部，由北向南）

410. 大土门遗址中心建筑南堂遗迹（由东向西）

411. 大土门遗址中心建筑西堂遗迹（由南向北）

412．大土门遗址中心建筑北堂遗迹（由西向东）

413．大土门遗址中心建筑转角双柱础情况

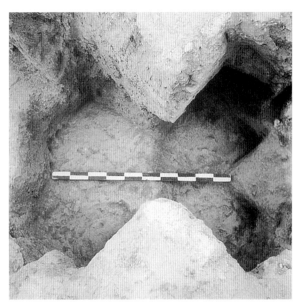

414．大土门遗址中心建筑西堂厅堂北头小屋角与
北堂厅堂西头小屋角相邻四个柱础坑

415．大土门遗址中心建筑北堂抱厦
西头小尾通外残坡路（由东向西）

416．大土门遗址中心建筑北堂隔墙内的
一端方形一端圆形柱础

417．大土门遗址中心建筑北堂厅堂内圆柱础

418．大土门遗址中心建筑北堂厅堂西头小屋

419．大土门遗址中心建筑夹墙砌法

420．大土门遗址中心建筑北堂西头廊屋墙壁（由西向东）

421. 大土门遗址中心建筑北堂夹墙土坯结构及柱洞情况

422. 大土门遗址中心建筑高粱秆儿痕迹的墙皮土

423. 大土门遗址中心建筑高粱秆儿痕迹的墙皮土

424．大土门遗址围墙防水坡与柱础

425．大土门遗址东门遗迹（由南向北）

426．大土门遗址西门遗迹（由南向北）

427. 大土门遗址南门遗迹（由北向南）

428. 大土门遗址西门门洞遗迹（由西向东）

429. 大土门遗址铺地回纹砖

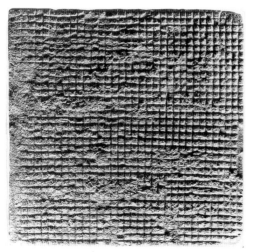

430. 大土门遗址由大厅通往中心建筑的
斜坡路上的铺地砖（小格纹）

431. 大土门遗址西门斜坡（有砖处为斜坡路，由北向南）

432. 大土门遗址配房东南拐角处残存情况（由南向北）

433. 大土门遗址曲尺形配房东北角残迹

434. 大土门遗址配房转角处石子路及铺砖结构

435．大土门遗址东门南配房北头结构情况（由北向南）

436．大土门遗址南门东边配房西头情况（由东向西）

437. 大土门遗址井圈出土情况

439. 大土门遗址大小水沟结构

438. 大土门遗址水沟转角结构及乱石板情况

440. 大土门遗址圈水沟遗迹

责任印制 陆 联

责任编辑 谷艳雪

图书在版编目（CIP）数据

西汉礼制建筑遗址/中国社会科学院考古研究所编著．

北京：文物出版社，2003.12

ISBN 7-5010-1454-X

Ⅰ．西… Ⅱ．中… Ⅲ．宫殿遗址-发掘报告-西

安市 Ⅳ．K878.35

中国版本图书馆 CIP 数据核字（2003）第 013108 号

西汉礼制建筑遗址

中国社会科学院考古研究所 编著

＊

文 物 出 版 社 出 版 发 行

（北京五四大街 29 号）

http://www.wenwu.com

E-mail：web@wenwu.com

北 京 安 泰 印 刷 厂 印 刷

新 华 书 店 经 销

787×1092 1/16 印张：24.5 插页：9

2003 年 12 月第一版 2003 年 12 月第一次印刷

ISBN 7-5010-1454-X/K·694 定价：200 元